Gwyddoniaeth Ddwbl TGAU

Ffiseg

Y Llyfr Gwaith
Haen Uwch

Gydag Atebion

Golygwyd gan Richard Parsons

Fersiwn Saesneg:
© Coordination Group Publications 2001 yw'r dylunio, gosodiad ac arlunwaith
gwreiddiol. Cedwir pob hawl.
Cyhoeddwyd gan Coordination Group Publications Ltd
Cydlynwyd gan Paddy Gannon BSc MA

Cyfranwyr:
Bill Dolling
Jane Cartwright
Alex Kizildas

Golygydd Dylunio: Ed Lacey BSc PGCE
Diolch i Colin Wells am ddarllen y proflenni

Diweddarwyd gan:
Chris Dennett BSc (Anrhydedd)
James Paul Wallis BEng (Anrhydedd)
Dominic Hall BSc (Anrhydedd)
Suzanne Worthington BSc (Anrhydedd)

Gwefan: www.cgpbooks.co.uk

Fersiwn Cymraeg:
℗ Awdurdod Cymwysterau, Cwricwlwm ac Asesu Cymru (ACCAC) Ionawr 2003
Mae hawlfraint ar y deunyddiau hyn ac ni ellir eu hatgynhyrchu na'u
cyhoeddi heb ganiatâd perchennog yr hawlfraint

Cyhoeddwyd y fersiwn Cymraeg gan:
Y Ganolfan Astudiaethau Addysg, Prifysgol Cymru Aberystwyth
gyda chymorth ariannol Awdurdod Cymwysterau, Cwricwlwm ac Asesu Cymru

Addasiad Cymraeg gan Gwen Aaron

Golygwyd a pharatowyd ar gyfer y wasg gan Janice Williams

Dymuna'r Ganolfan gydnabod yn ddiolchgar gyfraniad y diweddar Dafydd Kirkman i'r gyfrol
hon ac i waith y Ganolfan ym maes Gwyddoniaeth dros gyfnod maith.

Dyluniwyd gan Owain Hammonds
Clawr gan Ceri Jones

Diolch i Gwenno Watkin am ei chymorth

Argraffwyd gan Argraffwyr Cambria, Aberystwyth, Ceredigion

Gwefan: www.caa.aber.ac.uk

ISBN 1 85644 642 5

Cynnwys

Cerrynt, Foltedd a Gwrthiant

Mae'r cwestiynau isod am gerrynt trydan: beth ydyw, beth sy'n gwneud iddo symud a beth sy'n ceisio ei rwystro.

C1 Llenwch y bylchau yn y paragraff canlynol am gerrynt trydan.

Geiriau i'w defnyddio: *electronau, wedi'u gwefru, positif, metel, cylched*

Llif o ronynnau _____ _____ yw cerrynt, yn llifo o gwmpas _____.
Dim ond os oes _____ rhydd fel sydd mewn _____ ble mae electronau
yn llifo trwy strwythur o ïonau _____ y gall y cerrynt trydan lifo.

C2 Copïwch y diagram cylched a marciwch y (+) a'r (–) ar y gell.
Nodwch gyfeiriad y cerrynt, ⟶ , a chyfeiriad yr
electronau sy'n symud ⋯⋯⋯⋅⫶⊩ .

Metel

C3 Copïwch y brawddegau gan ddefnyddio'r gair cywir o'r rhai sydd wedi eu tanlinellu.

Mae *cerrynt/foltedd/gwrthiant* mewn cylched yn llifo o'r *positif/negatif* i'r *positif/negatif*.
Mae electronau'n llifo *i'r un cyfeiriad/i'r cyfeiriad dirgroes* i lif y 'cerrynt confensiynol'.

C4 Copïwch y diagram ar y dde.
Labelwch yr electrodau positif (+) a negatif (–) .

Rhowch saethau i ddangos symudiad yr ïonau
(⊕ ⤙▲ , ▲⤚ ⊖).

C5 Copïwch a chwblhewch y paragraff canlynol am electrolysis.

Defnyddiwch y geiriau hyn: sodiwm clorid, hydoddiant sodiwm clorid,
hylifau, positif, negatif, gronynnau wedi'u gwefru, wedi'u hydoddi.

_____ yw electrolytau sydd yn cynnwys _____ _____ _____ sy'n symud yn rhydd.
Maent naill ai'n ïonau sydd _____ _____ mewn dŵr megis _____ _____ _____
neu'n hylifau ïonig tawdd megis _____ _____. Pan fo'r cerrynt yn llifo, mae'r ïonau _____
yn symud tuag at yr electrod positif ac mae'r ïonau _____ yn symud tuag at yr electrod negatif.

Gwrthiant yw unrhyw beth sy'n lleihau'r cerrynt mewn cylched.
Mae gan bob cydran drydanol a phob dyfais drydanol yn y cartref rywfaint o wrthiant.

C6 Caiff tegell trydan ei gysylltu â soced y prif gyflenwad
230V. Mae cerrynt o 10A yn yr elfen wresogi.
Cyfrifwch wrthiant yr elfen wresogi.

C7 Cyfrifwch y cerrynt mewn gwrthydd 18Ω pan yw wedi ei
gysylltu i fatri 9V.

C8 Cwblhewch y tabl ar y dde.

Foltedd (V)	Cerrynt (A)	Gwrthiant (Ω)
	2.0	6.0
230		23.0
6	3.0	
1.5		15.0
12	4.0	
	1.5	5.0

C9 Dengys y tabl fesuriadau'r foltedd ar draws a'r cerrynt drwy gydran.

a) Plotiwch graff yn dangos y foltedd (folt) yn erbyn cerrynt (ampau).

b) Cyfrifwch wrthiant y gydran.

c) A yw'r gydran yn wrthydd, yn lamp ffilament neu'n ddeuod?

d) Esboniwch eich ateb i ran **c)**.

Foltedd (V)	Cerrynt (A)
0	0
0.75	1.0
1.50	2.0
2.25	3.0
3.00	4.0
3.75	5.0

Cerrynt, Foltedd a Gwrthiant

C10 Atebwch y cwestiynau am gylchedau **a)** i **f)**.

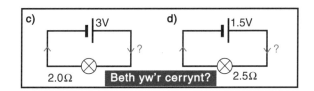

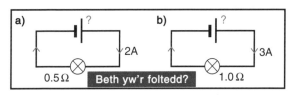

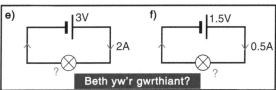

C11 Llenwch y bylchau neu rhowch gylch o gwmpas yr ateb cywir.

GWIFREN HIR A BYR

Y graff mwyaf serth yw'r wifren hir/fer o'r un defnydd gan fod ganddo wrthiant uwch/is.

GWIFREN DRWCHUS A THENAU

Y graff mwyaf serth yw'r wifren drwchus/denau o'r un defnydd gan fod ganddo wrthiant uwch/is.

LAMP FFILAMENT

Wrth i _____ y ffilament _____ mae'r gwrthiant yn cynyddu.

DEUOD

Dim ond mewn _____ y gall cerrynt mewn deuod lifo.

C12 Cysylltwch y geiriau gyda'r disgrifiad cywir:

a)	cerrynt
b)	gwrthiant
c)	coulomb
d)	deuod
e)	wat (W)
f)	electrolyt
g)	cynnydd mewn foltedd
h)	amp (A)
i)	amedr
j)	nicrom
k)	foltmedr
l)	cynyddu'r gwrthiant
m)	copr
n)	folt (V)

Uned gwefr

Llif o ronynnau wedi'u gwefru

Mwy o gerrynt

Lleihau'r cerrynt

Mesur foltedd

Gwifren fetel o wrthiant uchel

Mesur cerrynt

Ïonau wedi'u hydoddi mewn dŵr

Caniatáu cerrynt mewn un cyfeiriad yn unig

Uned foltedd

Uned cerrynt

Uned pŵer

Gwifren fetel o wrthiant isel

Llai o gerrynt

Gair i Gall

Rhaid i chi ddeall **beth yw trydan, beth sy'n gwneud iddo symud, a beth sy'n ceisio ei rwystro** neu ni fyddwch yn deall un o'r cwestiynau am drydan yn yr adran hon. Mae angen **dysgu'r** pedwar graff cerrynt/foltedd yng nghwestiwn 11. Gwelir y rhain yn aml ar bapur arholiad.

Symbolau Cylchedau a Dyfeisiau

C1 Cwblhewch y tabl ar gyfer y cydrannau trydanol yma. Rhaid i chi fod yn gyfarwydd â'r rhain erbyn yr arholiad.

Symbol cylched	Yr enw am y symbol cylched	Beth mae'n ei wneud
⊣⊢		
	DAG (LED)	
		Newid egni trydanol yn egni sain
─Ⓥ─		
		Mae'r wifren tu mewn iddo'n torri os yw'r cerrynt rhy uchel, i amddiffyn y ddyfais
─▭─		
	Thermistor	
	Switsh ar Agor	
		Yn caniatáu i gerrynt lifo trwyddo i un cyfeiriad yn unig
		Caiff ei addasu er mwyn newid y cerrynt yn y gylched
─Ⓜ─		
	Amedr	

C2 **a)** Cynlluniwch gylched yn defnyddio'r cydrannau trydanol hyn a fyddai'n caniatáu i fuanedd y modur gael ei newid.

Gwrthydd newidiol　　　Modur　　　Amedr　　　Batri

b) *Caiff y gwrthydd newidiol ei addasu er mwyn arafu'r modur.*
Esboniwch hyn gan ddefnyddio'r geiriau gwrthiant a cherrynt.

c) Pan fo'r modur yn arafu beth sy'n digwydd i'r darlleniad ar yr amedr?

d) Awgrymwch sut i arafu'r modur ymhellach trwy newid un o'r cydrannau.

C3 *Mae switsh pylu'n rheoli disgleirdeb bwlb golau. Wrth droi'r switsh glocwedd, mae'r disgleirdeb yn cynyddu ond, wrth ei droi'n wrthglocwedd, mae'r disgleirdeb yn pylu. Mae'r switsh yn gweithio drwy ddefnyddio gwrthydd newidiol i reoli'r cerrynt yn y bwlb.*

Caiff ei ddangos yn y diagram gyferbyn.

a) Dangoswch lwybr y cerrynt pan fo'r golau yn wan, yn weddol ddisglair, ac yn ddisglair. Isod mae tri darlleniad o gerrynt a gwrthiant o'r switsh ar wahanol adegau.

b) Cwblhewch y tabl gan ddefnyddio'r un disgrifiad ar gyfer disgleirdeb a ddefnyddiwyd yn rhan **a)**.

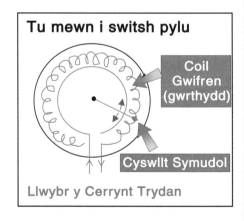

Tu mewn i switsh pylu

Coil Gwifren (gwrthydd)

Cyswllt Symudol

Llwybr y Cerrynt Trydan

c) Beth sy'n digwydd i faint y cerrynt pan fo'r gwrthiant wedi cynyddu?

d) Beth sy'n digwydd i faint y cerrynt pan fo'r gwrthiant wedi lleihau?

Disgleirdeb y golau	Cerrynt (A)	Gwrthiant (Ω)
	1.0	6.0
	2.0	3.0
	3.0	2.0

Mwy o Ddyfeisiau

C1 Lluniwch ddiagram cylched o dortsh sy'n gweithio ar fatri gyda 2 gell, switsh a bwlb ffilament.

C2 Lluniwch ddiagram cylched o uchelseinydd gyda chyflenwad c.e. a switsh.

C3 Lluniwch ddiagram cylched o wresogydd trydanol, cyflenwad pŵer c.u. a switsh.

C4 Lluniwch ddiagram cylched o larwm tresbaswr, gyda switsh agor/cau, switsh cuddiedig sy'n cael ei gau wrth sefyll arno, ac uchelseinydd i gyd yn gweithio ar gyflenwad c.e.

Nawr lluniwch ddiagram cylched o larwm tebyg sy'n cael ei reoli gan olau.

C5 Defnyddiwch y data yn y tabl gyferbyn i blotio graff o wrthiant R yn erbyn arddwysedd golau. Lluniwch y gromlin ffit orau.

Gwrthiant (Ω)	Arddwysedd Golau/unedau
100,000	0.5
55,000	2.0
40,000	3.0
20,000	5.0
1000	7.5
100	10.0

a) Sut mae'r gwrthiant yn newid wrth i'r golau fynd yn fwy llachar?

b) Sut mae'r gwrthiant yn newid wrth i'r golau bylu?

c) Wrth edrych ar oledd y graff, disgrifiwch sut mae'r gwrthiant yn newid mewn golau llachar o'i gymharu â golau pŵl, wrth i'r golau fynd yn fwy llachar.

d) Rhowch ddwy enghraifft o'r defnydd all gael ei wneud o'r gwrthydd golau-ddibynnol (neu GGD) ac esboniwch sut y bydd un enghraifft yn gweithio (efallai y bydd gwneud diagram cylched o help i chi).

C6 Dengys y graff isod sut mae gwrthiant thermistor yn newid gyda thymheredd.

a) Ysgrifennwch frawddeg i ddisgrifio beth sy'n digwydd i wrthiant y thermistor wrth i'r tymheredd newid.

b) Beth yw'r gwrthiant ar 25°C (yn fras)?

c) Rhowch enghraifft o ddefnydd o thermistor fel synhwyrydd tymheredd.

d) Pa newid mewn tymheredd sy'n cynyddu'r gwrthiant o 90Ω i 130Ω?

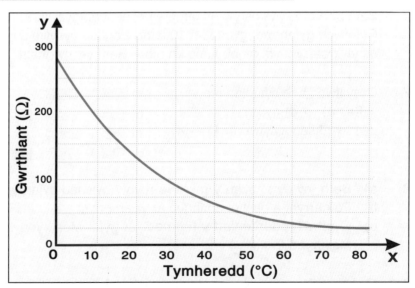

Gair i Gall

Fel arfer mae cliw yn y symbol hefyd — y brif lythyren M yw'r modur, ac mae saeth fach ar y deuod yn dweud wrthych pa ffordd mae'r cerrynt yn mynd. Edrychwch am y pum cydran 'arbennig' — gwrthydd newidiol, deuod, deuod sy'n allyrru golau (DAG), gwrthydd golau-ddibynnol (GGD) a thermistor.

Cylchedau Cyfres

Fel y gwyddoch mae dyfeisiau trydanol yn cael effaith tra gwahanol os ydynt wedi'u trefnu mewn <u>cyfres</u> neu <u>baralel</u>. Bydd y pedair tudalen nesaf yn profi os ydych yn gwybod y rheolau ynglŷn â'r ddau fath o gylched.

> **Defnyddiwch bensil a phren mesur wrth wneud diagramau cylched fel eu bod yn glir, neu dim ond hanner marciau gewch chi!**

C1   Lluniwch ddiagram cylched o fatri 6V, switsh a dwy lamp mewn cyfres.

C2   Lluniwch ddiagram cylched o gyflenwad pŵer 12V gyda ffiws a gwresogydd mewn cyfres.

C3   Dengys y gylched isod ddwy lamp. I gychwyn mae gan y lampau ddisgleirdeb normal.

Gweithiwch allan ddisgleirdeb y lamp(au) gyda'r newidiadau **a)** i **f)**.
Dewiswch eich ateb o: **wedi diffodd, yn fwy pŵl, normal, yn fwy disglair**

a)   Un lamp yn cael ei datgysylltu.
b)   Un gell yn cael ei throi o chwith.
c)   Un gell yn cael ei hychwanegu yn yr un cyfeiriad â'r ddwy arall.
d)   Un gell yn cael ei hychwanegu o chwith i gyfeiriad y ddwy arall.
e)   Bwlb arall yn cael ei ychwanegu.
f)   Y ddwy gell yn cael eu troi o chwith.

C4   Lluniwch gylched o wrthiant 2Ω a 4Ω mewn cyfres gyda batri 6V.

a)   Beth yw cyfanswm y gwrthiant?
b)   Cyfrifwch y cerrynt yn y gylched.

C5   Mae gwrthiant y ddau wrthydd yn y gylched hon yn hafal.

Beth yw gwrthiant y ddau os yw'r amedr yn darllen 1A?

C6   Enghraifft amlwg o lampau mewn **cyfres** yw goleuadau'r goeden Nadolig.

Beth sy'n digwydd os yw un lamp yn cael ei datgysylltu?
Cyfrifwch **gyfanswm gwrthiant** 10 lamp wedi eu cysylltu â'r prif gyflenwad (240V), os yw'r cerrynt ym mhob lamp yn 0.5A. Beth yw gwrthiant pob lamp yn unigol?

C7   Cysylltwch bob cyfuniad mewn cyfres **a)** → **d)** gyda'r gwrthydd sengl cyfwerth **1)** → **4)**.

a)   1Ω — 9Ω   1) — 9Ω
b)   3Ω — 4Ω — 5Ω   2) — 11Ω
c)   6Ω — 3Ω   3) — 12Ω
d)   5Ω — 3Ω — 3Ω   4) — 10Ω

C8   a)   **Beth yw cyfanswm y gwrthiant** yn y gylched gyferbyn?
b)   Pa gerrynt a gaiff ei ddangos ar yr amedr?
c)   Cyfrifwch **ddarlleniad y foltmedr** ar gyfer Mesurydd 1 a Mesurydd 2.

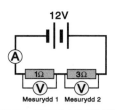

C9   Cwblhewch y canlynol gan ddefnyddio'r geiriau hyn: _lleihau, mwyaf pŵl, codi, cynyddu, llai_

> Os yw lampau wedi eu cysylltu mewn cyfres mae'r cerrynt yn llifo trwy bob lamp yn ei thro. Y mwyaf o lampau yr ychwanegwch _____ yw'r golau ynddynt. Mae darlleniad yr amedr yn _____ achos bod y cerrynt yn _____. Golyga hyn fod y gwrthiant yn y gylched wedi _____. Pan ychwanegwn fwy o wrthyddion i gylched cyfres mae cyfanswm y gwrthiant yn _____.

Cylchedau Cyfres

C10 Edrychwch ar y gylched ar y dde.

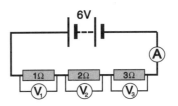

a) Cyfrifwch gyfanswm y gwrthiant yn y gylched.
b) Pa gerrynt mae'r amedr yn ei ddangos?
c) Cyfrifwch ddarlleniadau'r foltmedr am y mesuryddion 1, 2 a 3.

C11 *Edrychwch ar y gylched gyferbyn.*

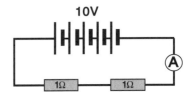

a) Cyfrifwch **gyfanswm** y gwrthiant.
b) Darlleniad yr amedr yw 5A. Petaech chi'n dymuno gostwng y cerrynt i 2A (gan ddefnyddio'r un cyflenwad pŵer ac amedr) sawl gwrthydd 1Ω **ychwanegol** fyddai angen i chi eu cysylltu mewn cyfres?

C12 Lluniwch ddiagram cylched o gyflenwad pŵer, amedr a dau wrthydd mewn cyfres. *Cysylltir foltmedrau mewn paralel gyda'r gwrthyddion hyn.* Os yw'r foltmedrau yn darllen 4V a 20V ac os mai O.5A yw'r cerrynt:

a) cyfrifwch wrthiant y ddau wrthydd yn eu tro.
b) cyfrifwch y foltedd a roddir gan y cyflenwad pŵer.

C13 **Edrychwch ar y gylched gyferbyn.**

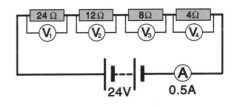

Cyfrifwch beth fydd y darlleniad ar y foltmedrau, V_1, V_2, V_3 a V_4.

C14 Cysylltwch y 'Pennau a'r Cynffonnau' er mwyn cwblhau'r datganiadau am gylchedau cyfres:

 Pennau ⟹ Cynffonnau

Pennau	Cynffonnau
a) Y mwyaf yw gwrthiant cydran	foltedd y cyflenwad (prif gyflenwad/cell/batri)
b) Penderfynir maint y cerrynt gan	cyfanswm pob un gwrthiant unigol.
c) Y mae'r cerrynt yr un maint	y mwyaf yw ei ran o'r g.p.
d) Mae'r foltedd mewn cylched gyfres bob amser yn adio i fyny i	ym mhob rhan o gylched cyfres
e) Cyfanswm y gwrthiant yw	gyfanswm g.p. y celloedd ac ar gyfanswm yr holl wrthiant yn y gylched.

C15 Cwblhewch y gwerthoedd sydd ar goll yn y diagram cylched yma.

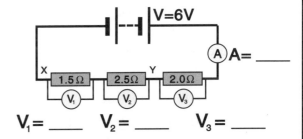

Beth yw'r gwahaniaeth potensial ar draws y gwrthydd 1.5Ω a'r gwrthydd 2.5Ω (h.y. ar draws X a Y)?

Gair i Gall

Mae cylchedau cyfres yn reit syml i'w deall. Cysylltir y cydrannau un ar ôl y llall mewn cyfres rhwng positif a negatif y cyflenwad pŵer (heblaw am y foltmedrau sydd bob amser yn cael eu cysylltu mewn paralel). Hefyd mae'r un cerrynt yn llifo drwy bob cydran o'r gylched cyfres.

Cylchedau Paralel

C1 **Lluniwch** gylched dwy lamp wedi eu cysylltu mewn paralel gyda batri 6V a...

a) Switsh i ddiffodd y ddwy lamp gyda'i gilydd.
b) Switsh i bob lamp ar wahân.

C2 **Lluniwch** gylched yn dangos lamp wedi'i chysylltu'n baralel gyda modur trydan.
Mae angen switsh i reoli'r lamp a switsh i reoli'r modur. 24V yw'r cyflenwad trydan.

C3 Dengys y gylched isod ddwy lamp wedi eu cysylltu'n baralel. Ar y cychwyn mae'r lampau yn **disgleirio'n normal**. Gweithiwch allan ddisgleirdeb y lamp(au) pan fo'r addasiadau **(a)** i **(d)** wedi'u gwneud. Dewiswch eich ateb o **wedi diffodd; yn fwy pŵl; normal; yn fwy disglair**.

a) Un lamp yn cael ei datgysylltu.
b) Cell arall yn cael ei hychwanegu.
c) Y celloedd yn cael eu rhoi mewn paralel.
d) Bwlb arall yn cael ei ychwanegu yn baralel gyda'r bylbiau gwreiddiol.

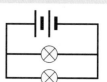

C4 *Mae popeth trydanol mewn car wedi eu cysylltu yn baralel.*

Lluniwch ddiagram cylched o gyflenwad pŵer 12V gyda ffan (modur), golau a sychwr ffenestr (modur). Mae angen switsh ar wahân ar gyfer y tair dyfais.

C5 Edrychwch ar y cylchedau **a)** i **f)** isod. Dim ond tri chynllun gwahanol sydd yma. Rhannwch hwy yn barau o gylchedau tebyg.

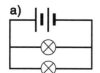

C6 Edrychwch ar y diagram cylched gyferbyn. Pa lampau 1 → 5 sy'n cael eu rheoli gan switshis A, B a C?

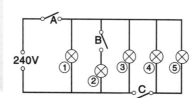

Cymerwn fod pob switsh wedi ei gau i ddechrau.
Mae switsh A yn rheoli: _____
Mae switsh B yn rheoli: _____
Mae switsh C yn rheoli: _____

C7 **Lluniwch** gylched gyda gwrthydd 2Ω a 4Ω yn baralel, yn cael eu rhedeg ar fatri 6V.

a) Beth yw'r cerrynt yn y gwrthydd 2Ω?
b) Beth yw'r cerrynt yn y gwrthydd 4Ω?
c) Beth yw'r cerrynt drwy'r gell?
d) *Mae'r ddau wrthydd yn cael eu symud ac un gwrthydd sengl yn cael ei osod yn eu lle, wedi ei gysylltu mewn cyfres â'r gell. Beth fyddai maint y gwrthiant os yw'r cerrynt yn y gell yn aros yr un peth?*

C8 *Mae gwrthiant y ddau wrthydd yn y gylched gyferbyn yr un maint. Y darlleniad ar yr amedr yw 1A.*

Beth yw gwrthiant y gwrthyddion?

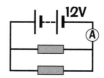

C9 Lluniwch ddiagram cylched o gyflenwad pŵer 12V a dau wrthydd, 6Ω a 3Ω, wedi eu cysylltu yn baralel. Cyfrifwch y cerrynt yn y ddau wrthydd ac yn y prif gyflenwad. Marciwch y ceryntau ar eich diagram cylched.

C10 Lluniwch y 3 gwrthydd yma yn baralel gyda chyflenwad pŵer 24V.
Ar y diagram nodwch y cerrynt yn y gell ac ym mhob un o'r gwrthyddion.

Cylchedau Paralel

C11 Cysylltwch y brawddegau **a) → e)** am gylchedau paralel:

 Pennau Cynffonnau

a) Mae'r foltedd yr un peth	ar draws pob cangen baralel.
b) Mae cerrynt cyfan	yn llai na gwrthiant lleiaf unrhyw un o'r canghennau.
c) Mae'r cerrynt ym mhob cydran	yn dibynnu ar ei wrthiant.
d) Mae'r gwrthiant cyfan	y mwyaf yw'r cerrynt.
e) Y lleiaf yw'r gwrthiant	yn hafal i gyfanswm pob cerrynt yn y canghennau paralel.

C12 a) Edrychwch ar y diagram gyferbyn a **gorffennwch y canlynol**:
Defnyddiwch y geiriau hyn: llai, cangen, paralel, A_2 ac A_3, mwy, A_1

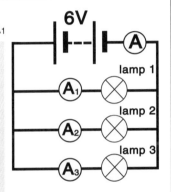

Os yw'r lampau wedi eu cysylltu mewn _____, mae'r cerrynt ym mhrif ran y gylched yn hollti ac yn mynd trwy bob _____.
Mae disgleirdeb y lampau'n aros yr un fath, wrth i chi ychwanegu _____ o lampau mewn _____.
Mae darlleniad yr amedr _____ yn llai na'r darlleniad yn A ond yr un fath â darlleniad amedrau _____.
Mae cyfanswm gwrthiant y lampau mewn paralel yn _____ na gwrthiant unrhyw un o'r lampau unigol.

   b) Edrychwch eto ar y diagram. Cyfrifwch **gyfanswm gwrthiant** y lampau os oes gan bob lamp wrthiant o 3Ω. Beth yw'r **ceryntau** yn A, A_1, A_2 ac A_3.

C13 Edrychwch ar y ddwy gylched gyferbyn.

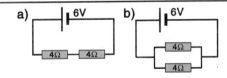

   a) Beth yw'r cerrynt ym mhob un o ganghennau paralel cylched (b)?
   b) Beth yw'r cerrynt ym mhrif gangen y ddwy gylched?

C14 Beth yw'r cerrynt yn y gylched (ar y dde) pan fydd:

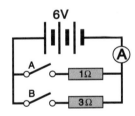

   a) switsh A yn unig wedi ei gau?
   b) switsh B yn unig wedi ei gau?
   c) Cyfrifwch y cerrynt trwy'r 2 gangen (trwy'r gwrthydd 1Ω a'r gwrthydd 3Ω). Yna cyfrifwch y cerrynt yn y gylched pan fo'r ddau switsh wedi cau.

C15 **Astudiwch y diagram cylched isod a chwblhewch y tabl.**

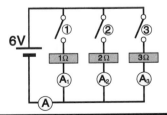

Switsh wedi cau	Darlleniad y cerrynt ar yr amedr			
	A	A_1	A_2	A_3
1 a 2				
1 a 3				
1, 2 a 3				

Gair i Gall

Mae cylchedau paralel yn fwy synhwyrol na chylchedau cyfres — gallwch droi popeth i ffwrdd ac ymlaen yn annibynnol. Cofiwch fod y **foltedd** ar draws **pob cydran** yr un faint â foltedd y ffynhonnell, a bod y **cerrynt** yn dibynnu ar y gwrthiant. Mae **cyfanswm** y gwrthiant bob amser **yn llai** na'r **gwrthiant lleiaf** yn y gylched.

Trydan Statig

C1 Cwblhewch y brawddegau isod:

a) Mae gwefrau positif (+) a negatif (−) — ei achosi gan ffrithiant.

b) Caiff trydan statig — yn gwrthyrru ei gilydd.

c) Y gwefrau negatif (−) — trwy ei gysylltu â'r Ddaear.

d) Mae foltedd yn — y mwyaf yw'r foltedd.

e) Mae gwefr wedi ei hanwytho — yn gwrthyrru ei gilydd.

f) Y mwyaf yw'r wefr — yn atynnu ei gilydd.

g) Dadwefrwch ddargludydd — cynyddu os yw gwefr yn cynyddu.

h) Mae dwy wefr negatif (−) — yn cael ei golli, os yw'r rhoden wedi ei gwefru yn symud i ffwrdd.

i) Mae electronau — sy'n symud, nid y gwefrau positif.

j) Mae dwy wefr bositif (+) — yn cael eu gadael ar roden wedi rhwbio'r electronau i ffwrdd.

k) Mae gwefrau positif (+) — yn cael eu darganfod ar roden os oes electronau wedi'u rhwbio arno.

C2 *Dengys y diagram gyferbyn gadach a rhoden bolythen.*

rhoden bolythen

Copïwch y diagram a defnyddiwch saethau i ddangos symudiad y wefr pan fo'r rhoden yn cael ei rhwbio gyda'r cadach, a'r wefr sy'n cael ei gadael ar bob gwrthrych.

C3 **Trefnwch** y datganiadau canlynol yn y drefn gywir i esbonio sut mae statig yn cael ei drosglwyddo ar roden asetad pan gaiff ei rhwbio â chadach.

...o'r rhoden i'r cadach.

...mae electronau'n cael eu symud...

...ac mae'r rhoden yn cael...

...gwefr bositif.

...gwefr negatif...

Felly mae'r cadach yn cael...

Os rhwbiwch rhoden asetad gyda chadach...

C4 Mae'r rhodenni hyn, $\boxed{+++++++}$ $\boxed{------}$ yn atynnu ei gilydd gyda grym F₀. Astudiwch y parau o rodenni isod ac ysgrifennwch os ydynt yn atynnu gyda grym sy'n fwy na F₀ neu'n llai na F₀. Esboniwch eich atebion.

a) $\boxed{+++++++}$ $\boxed{------}$

b) $\boxed{+++++++}$ $\boxed{\vdots}$

c) $\boxed{+++++++}$ $\boxed{------}$

d) $\boxed{+ + + + + +}$ $\boxed{- - - - - -}$

C5 a) Copïwch y brawddegau am y rhoden gyferbyn a **llenwch y bylchau**. Defnyddiwch y geiriau: *gwefr, negatif, hafal, gwefrau tebyg yn gwrthyrru, niwtral, positif.*

$\boxed{\begin{array}{c} +-+-+-+-+- \\ -+-+-+-+-+ \end{array}}$

Mae'r rhoden yma ar y cyfan yn _____. Mae ganddi niferoedd _____ o wefrau _____ a _____. Mae'r arwyddion + a − yn cynrychioli dosbarthiad y _____ positif a negatif. Yn hytrach na ffurfio ardaloedd o wefr bositif ac ardaloedd o wefr negatif maent yn lledu oherwydd bod _____.

Caiff gwrthrych wedi'i wefru'n bositif ei ddal yn agos at roden gopr.

b) **Lluniwch** y trefniant newydd o wefrau positif (+) a negatif (−) yn y rhoden fetel. **Esboniwch** y patrwm.

rhoden gopr

c) Caiff un pen o'r rhoden fetel ei atynnu i'r gwrthrych sydd wedi ei wefru'n bositif ac mae'r pen arall yn cael ei wrthyrru. Mae'r grym atyniad yn fwy na'r grym gwrthyriad. **Esboniwch** pam.

Trydan Statig

C6 *Defnyddir trydan statig i chwistrellu paent ar ddrws car.*

Cwblhewch y canlynol:

Defnyddiwch y geiriau hyn:
gwrthyrru, lledaenu, yn bositif, atynnu, positif, daear, terfynell negatif.

> Caiff ffroenell y chwistrell baent ei chysylltu i derfynell _____. Golyga
> hyn fod diferion o'r chwistrell yn cael eu gwefru _____ _____. Felly byddant
> yn _____ ei gilydd, ac yn _____. Mae'r drws wedi ei gysylltu i'r
> _____ neu'r _____ _____ felly caiff y diferion eu _____ ato.

C7 Lluniwch ddiagram syml i ddangos sut y defnyddir trydan statig mewn peiriant llungopïo er mwyn gosod yr inc du yn y man lle mae ei angen.

C8 **a)** Esboniwch sut mae car sy'n symud yn medru derbyn gwefr bositif.

b) Beth a deimlwch wrth gyffwrdd â drws car wedi ei wefru?
Esboniwch pam mae hyn yn digwydd.

C9 Beth yw'r rheswm eich bod weithiau'n cael sioc wrth dynnu eich dillad dros eich pen. Defnyddiwch y termau canlynol yn eich ateb: 'gwefrau statig', 'mudiant electronau', 'gwreichion/siociau'.

C10 Lluniwch ddiagram i ddangos sut mae mellt yn digwydd. Dylai'r diagram gynnwys cwmwl, diferion glaw, y Ddaear, a gwefrau positif a negatif.

C11 Mae'n bosib i drydan statig fod yn angheuol...

a) Rhestrwch 3 sefyllfa gwaith lle gall statig arwain at wreichion peryglus yn y gweithle.

b) Dewiswch un o'r sefyllfaoedd yn (a). Lluniwch ddiagram sy'n dangos sut mae'r statig yn cynyddu. Labelwch y gwefrau (+) a (−).

c) Esboniwch yn ofalus sut i ddatrys y broblem a ddisgrifiwch yn (b).

C12 Dargludyddion mellt...

a) Pam y mae gan adeiladau uchel ddargludyddion mellt?
b) O ba ddefnydd y gwneir dargludyddion mellt?
c) Esboniwch sut mae dargludydd mellt yn gweithio.

C13 Disgrifiwch sut y medrwch wneud i 2 ddarn o haenen lynu (*cling film*):

a) atynnu ei gilydd.   **b)** gwrthyrru ei gilydd.

Gair i Gall

Trydan statig — gwefrau sydd ddim yn rhydd i symud, ond sydd yn dadwefru gyda gwreichion pan fyddant o'r diwedd yn symud. Mae'r cynnydd yn y statig yn cael ei achosi gan **ffrithiant**. Cofiwch mai **dim ond electronau sy'n symud**; os ydynt yn cael eu rhwbio **arno**, mae gwrthrych yn cael gwefr **negatif**, os ydynt yn cael eu rhwbio **i ffwrdd**, mae gwrthrych yn cael gwefr **bositif**.

Egni mewn Cylchedau

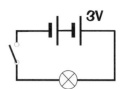

C1 Defnyddiwch y geiriau hyn i **lenwi'r** bylchau yn y paragraff canlynol am y gylched:

egni, golau, gwres, trydanol, trosglwyddo, cell, gwefr, dwy, golau, foltedd, llifo, mwy llachar, cylched drydanol, torri

Pan gaiff y swits ei gau mae _____ yn llifo o gwmpas y gylched ac mae'r lamp yn goleuo. Mae'r batri 3V wedi ei wneud o _____ _____ 1.5V. Caiff yr egni ei _____ gan y _____ _____ i'r lamp. Mae'r lamp yn newid egni _____ i egni_____ a _____, yr egni _____ yw'r allbwn defnyddiol. Os yw'r switsh ar agor mae'r gylched wedi _____ ac nid oes gwefr yn _____ na throsglwyddiad o _____. Pan fo _____ y batri yn cynyddu i 6V mae'r lamp yn disgleirio'n _____ _____ ac mae mwy o egni trydanol yn cael ei drosglwyddo na gyda'r batri 3V.

C2 Mae'n bosib newid egni trydanol i ffurfiau defnyddiol eraill o egni.

Yn y 4 enghraifft gyferbyn, **enwch** y ffurf newydd mae'r egni trydanol wedi newid iddi.

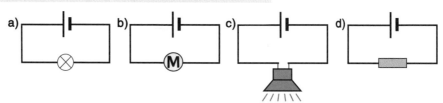

C3 Edrychwch ar y diagram gyferbyn sy'n dangos arbrawf gwresogi dŵr.

Mae'r arbrawf yn cael ei gynnal am amser arbennig yna mesurir tymheredd y dŵr. Sut fydd y tymheredd yn cymharu os ydym yn:

a) cynyddu'r foltedd i 24V?

b) cyfnewid y coil gwresogi gydag un â hanner y gwrthiant?

c) cyfnewid y coil am un byrrach ond gyda'r un gwrthiant?

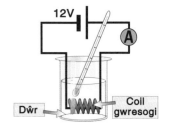

C4 **Dangosir** data o arbrawf gwresogi ar y tabl gyferbyn:

a) Plotiwch graff tymheredd (°C) yn erbyn amser (mun).

b) **Esboniwch** siâp y gromlin. Pam nad yw'r tymheredd yn codi wedi 7 munud?

c) Beth oedd tymheredd y dŵr wedi 2½ munud a 5½ munud?

d) Os oes gwifren â gwrthiant mwy yn cymryd lle'r wifren yn y coil gwresogi, a fydd yn cymryd mwy neu lai o amser i ferwi'r dŵr? **Esboniwch** eich ateb.

e) Pa gamau diogelwch fedrwch chi eu cymryd yn ystod yr arbrawf?

f) Sut fedrwch chi wneud eich darlleniadau'n fwy cywir?

Tymheredd (°C)	Amser (munudau)
20	0
40	1
58	2
71	3
82	4
87	5
94	6
100	7
100	8

C5 Atebwch y cwestiynau canlynol.

a) **Beth sy'n digwydd** i ran o'r egni trydanol pan fo cerrynt yn y gwrthydd?

b) Beth yw effaith cynyddu'r **cerrynt** ar faint o egni gwres a gynhyrchir?

c) Beth yw effaith cynyddu'r **foltedd** ar faint o egni gwres a gynhyrchir?

d) Beth yw effaith cynyddu **gwrthiant** y gylched ar faint o egni gwres a gynhyrchir?

e) Pa declyn mesur y byddech chi'n ei ddefnyddio i fesur faint o egni gwres a gynhyrchir?

Egni mewn Cylchedau

C6 Cysylltwch y meintiau **a)** → **d)** gyda'u disgrifiadau cywir ar y dde:

a) Un folt	—	yw'r egni a drosglwyddir gan bob uned o wefr sy'n pasio.
b) Egni	—	yw cerrynt x amser.
c) Un amper	—	yw un coulomb yr eiliad.
d) Foltedd	—	yw un joule y coulomb.
e) Gwefr	—	yw gwefr x foltedd.

C7 Cwblhewch y ddau dabl isod.

Beth ydyw?	Llythyren	Uned	Symbol
Foltedd	V	folt	V
Cerrynt	I		
		ohm	Ω
	E	joule	
Gwefr drydanol	Q		
	t	eiliad	
Pŵer		wat	

Os oes cerrynt o:	yn llifo am:	—yna'r wefr sy'n pasio yw
1 amper	1 eiliad	1 coulomb
2 amper	1 eiliad	
2 amper	2 eiliad	
4 amper	3 eiliad	
5 amper		15 coulomb
6 amper	5 eiliad	
10 amper	6 eiliad	

C8 Cyfrifwch yr egni a gyflenwir gan fatri torts, foltedd 6V, os oes 1500C o wefr yn llifo.

C9 Cyfrifwch werthoedd yr egni, y wefr a'r foltedd sydd ar goll yn y tabl isod.

Egni (J)	Gwefr (C)	Foltedd (V)
500	50	
	15	3
4800		240
10 000		20
	75	12

C10 Cysylltwch y geiriau isod. Cewch gychwyn gyda: 'Os yw'r foltedd mewn cylched yn newid o ...'

ac os yw'r cerrynt yn 3A bydd y batri yn cyflenwi 36J/s i'r gylched.

6V i 12V

yw 36W.

trwy newid y batri,

4Ω.

Cyfanswm gwrthiant y gylched, felly, fydd

bydd pob gwefr drydanol sy'n pasio drwy'r batri

yn derbyn dwywaith gymaint o egni.

Felly bydd pob coulomb o wefr yn awr yn cario

Felly y pŵer a gyflenwir

12J o egni,

Gair i Gall

Mae hyn yn ffordd arall o edrych ar gylchedau trydanol. Cewch feddwl am foltedd yn gwthio'r wefr o gwmpas (yn creu cerrynt), ac am wrthiant yn gwrthwynebu'r llif – neu fe gewch feddwl am bob cydran yn trawsnewid egni trydanol i ffurfiau eraill o egni, sydd fymryn yn fwy diddorol.

Pris Trydan yn y Cartref

C1 **Edrychwch** ar y ddau fil trydan hyn gan Gwmni Twyll Trydan:

a) Cwblhewch y ffigurau sydd ar goll yn y biliau.

b) Beth yw'r enw gwyddonol am y term 'uned'.

c) Petaech yn amcangyfrif darlleniad y mesurydd trydan am y chwarter nesaf, beth fedrai fod?

Y darlleniad y tro diwethaf:	4 7 0 4 1
Y darlleniad y tro hwn:	4 7 5 2 5
Unedau a ddefnyddiwyd:	
Cost yr uned (ceiniogau):	7.35
Cost y trydan a ddefnyddiwyd:	
Tâl sefydlog am y chwarter:	£9.49
Cyfanswm y bil:	
TAW ar y cyfanswm o 8.0%:	
Cyfanswm terfynol:	£48.67

Y darlleniad y tro diwethaf:	2 6 9 3 5
Y darlleniad y tro hwn:	2 7 6 0 1
Unedau a ddefnyddiwyd:	
Cost yr uned (ceiniogau):	7.35
Cost y trydan a ddefnyddiwyd:	
Tâl sefydlog am y chwarter:	£9.49
Cyfanswm y bil:	
TAW ar y cyfanswm o 8.0%:	
Cyfanswm terfynol:	£63.12

d) Petai'r biliau am chwarter yr haf (Mai, Mehefin a Gorffennaf), pa **wahaniaeth** y disgwyliech ei weld yn y bil am chwarter y gaeaf (Tachwedd, Rhagfyr ac Ionawr). Esboniwch eich ateb.

C2 *Dyma enghreifftiau o gyfarpar trydanol a ddefnyddir yn y cartref.*

microdon	tostydd	lamp	sugnwr llwch	stereo
tegell	gwresogydd trydan	sychwr gwallt	teledu	popty

Pa bedwar cyfarpar sydd fwyaf costus i'w rhedeg (am amser penodol)?
Beth sydd ganddynt yn gyffredin?

C3 Llenwch y bylchau isod.

a) Mae'r rhain yn unedau o egni:

- - - - - - - - - - -

b) Mae'r rhain yn unedau o bŵer:

- - - - - - - - - - -

'Unedau'
kWh J kJ
kW W

c) Ystyr 'deci' yw:

- - - - - - - - - - -

d) Ystyr 'cilo' yw:

- - - - - - - - - - -

100 1000
10 10,000 1
100,000 $\frac{1}{10}$

C4 Llenwch y tabl gyferbyn i'ch helpu i gyfrifo sawl joule mae'r gwresogydd gwallt yn ei ddefnyddio mewn awr...

Pŵer (cilowatiau)	1 kW
Yr amser rhedeg mewn oriau	1 awr
Pŵer mewn watiau	
Yr amser rhedeg (eiliadau)	
Yr egni ddefnyddiwyd (mewn cilowat oriau)	
Yr egni ddefnyddiwyd (mewn jouleau)	

C5 **Gorffennwch y tabl.** Mae'r un cyntaf wedi ei wneud ar eich cyfer.

Dyfais	Ei gyfradd (kW)	Amser (awr)	Egni (kW-awr)	Cost fesul 10c yr uned
Gwresogyddion Stôr	2	4	2 × 4 = 8	8 × 10 = 80c
Popty	7	2		
Tân trydan 1 bar	1	1.5		
Tegell	2	0.1		
Haearn smwddio	1	1.2		
Oergell	0.12	24.0		
Lamp	0.06	6.0		
Casét radio	0.012	2.0		

[Cost y trydan = pŵer (kW) x amser (h) x cost 1kWawr.]

Pris Trydan yn y Cartref

C6 Gorffennwch y crynodeb canlynol gan ddefnyddio geiriau o'r rhestr yma:

joule   egni   egni   ddwywaith   foltedd   blaenorol   cymerwch

> Er mwyn canfod nifer yr unedau a ddefnyddiwyd ar fil trydan, _____ y darlleniad _____ ar y mesurydd o'r un presennol. Yr ydych yn talu am yr _____ a ddefnyddiwyd gennych nid am y _____ na'r cerrynt a gyflenwyd. Os oes label ar ddyfais yn dweud 1kW golyga ei fod yn defnyddio _____ ar gyfradd o 1000 _____ yr eiliad. Mae dyfais 2kW yn defnyddio egni _____ mor gyflym â dyfais 1kW.

C7 Cyfrifwch yr egni a ddefnyddiwyd gan y canlynol mewn (kWawr):

a) Lamp 100W am 10 awr
b) Radio 10W ar y prif gyflenwad am 5 awr
c) Microdon 500W am ½ awr
d) Blanced drydan 100W am 1 awr

C8 Cyfrifwch y gost (10c/uned) o ddefnyddio:

a) Dril trydan â phŵer o 300W am 2 awr.
b) Brwsh steilio gwallt 20W am ½ awr.
c) Dau fwlb trydan 100W yn tywynnu am 9 awr y diwrnod am wythnos.
d) Tostydd 900W am 15 munud bob dydd am fis (30 diwrnod — mae'n fis Medi!).
e) Pedwar golau trydan 60W am 12 awr y dydd am wythnos waith hen ffasiwn (5 diwrnod).

C9 *Mae'r darlun yn dangos llawlyfr radio stereo 60W sy'n cael ei bweru gan y prif gyflenwad.*

a) Cyfrifwch pa mor hir fydd y radio yn ei gymryd i ddefnyddio 1kW-awr.
b) Pa dybiaeth a ddefnyddiwyd gennych yn eich ateb i **a)**?

C10 Yn y cwestiynau canlynol, cyfrifwch pa un o'r ddwy ddyfais sy'n defnyddio'r egni mwyaf.

a) Gwresogydd 2k am 4 awr   *neu*   tân 3kW am 3 awr.
b) Tostydd 900W am 15 munud   *neu*   sugnwr llwch 800W am 20 munud.
c) Dril 300W am ½ awr   *neu*   bwlb 100W am 1½ awr.
d) Haearn smwddio 1kW am 1 awr   *neu*   tegell 2kW am 20 munud.
e) Gwresogydd troch 2.1kW am 1 awr   *neu*   tân 1.5kW am ½ awr.

C11 *Mae'r tabl canlynol yn crynhoi costau prynu a rhedeg lampau ffilament a lampau fflwroleuol cryno (CFL).*

Math o lamp	Oes y lamp (oriau)	Pŵer (kW)	Cost 1kW-awr o drydan (£)	Cost y trydan am oes y lamp (£)	Cost 1 lamp (£)	Cyfanswm cost rhedeg a phrynu am 12000 awr (£)
CFL	12000	0.02	0.1		10.00	
Ffilament	1000	0.1	0.1		0.50	

a) Copïwch a chwblhewch y tabl.
b) Rhowch **ddwy fantais** lampau CFL o'u cymharu â lampau ffilament.
   (Mae lamp CFL 20W yn rhoi'r un faint o oleuni â lamp ffilament 100W.)

Gair i Gall

Mae mesuryddion trydan yn mesur mewn **cilowat-awr** (kWawr), ac ystyr hynny yw'r **egni** trydanol a ddefnyddir gan ddyfais **1kW** pan fydd yn rhedeg am **1 awr**. Peidiwch â chael eich twyllo gan yr enw, nid mesur o bŵer yw hyn.

Plygiau a Ffiwsiau

C1 Enwch y **peryglon** trydanol ym mhob diagram isod, a dywedwch sut y byddech yn gwneud pob un yn ddiogel:

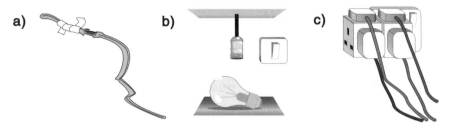

a)   b)   c)

C2 Rhestrwch gymaint o beryglon trydanol eraill yn y cartref ag y medrwch. Dylech allu rhestru o leiaf chwech arall.

C3 _Dyma'r arwyddion o berygl ar daflen sychwr gwallt._

Esboniwch eu hystyr a pham y mae'n rhaid eu nodi ar y sychwr gwallt.

C4 _Cysylltu â'r prif gyflenwad:_

Labelwch y plwg ar y dde gyda: **gwyrdd a melyn, glas, brown, byw, daearu, niwtral.**

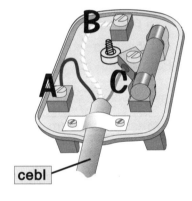

C5 **Pa rannau** o'r plwg sydd wedi eu gwneud o'r defnyddiau canlynol a pham?

a) **pres** neu **gopr**

b) **plastig.**

C6 Ysgrifennwch **restr wirio** o bum peth i'w nodi er mwyn sicrhau bod plwg newydd ei wifro'n gwbl ddiogel.

cebl

C7 _Fel arfer nid oes gwifren ddaearu ar radio, teledu na lamp._

a) Beth yw **pwrpas** gwifren ddaearu?

b) Pam y mae dyfais fel teledu'n ddiogel i'w ddefnyddio **heb wifren ddaearu**?

C8 Gorffennwch y paragraff canlynol:

Defnyddiwch y geiriau: diogelwch, eiledol, niwtral, byw, 230, daearu, foltedd

> _____ y wifren fyw yw foltedd _____ o _____V. Mae'r trydan fel arfer yn llifo ar hyd y gwifrau _____ a _____ yn unig. Unig bwrpas y wifren _____ yw er mwyn_____.

C9 Ymchwiliwch a disgrifiwch y nodweddion diogelwch ychwanegol sy'n cael eu defnyddio ar beiriannau torri gwair a gwrychoedd a driliau.

Plygiau a Ffiwsiau

C10 *Dengys y tabl gyferbyn 7 dyfais a'r cerrynt ynddynt.*

Penderfynwch pa ffiws 3A, 5A neu 13A sydd ei angen ar bob dyfais. (Mae'r un cyntaf wedi ei wneud ar eich cyfer).

Dyfais	Y cerrynt mae'n ei ddefnyddio (A)	Gwerth y ffiws (A)
Cymysgydd bwyd	2	3
Chwaraeydd casetiau	3	
Sychwr gwallt	4	
Gwresogydd	12	
Tostydd	4	
Tegell	9	
Sugnwr llwch	3.5	

C11 *Atebwch y cwestiynau canlynol am ffiwsiau.*

a) Pam y mae angen defnyddio ffiws?

b) Beth sydd y **tu mewn** i ffiws?

c) **Esboniwch** beth sy'n digwydd pan fo nam yn achosi cerrynt 6A mewn dyfais sydd â ffiws 3A?

d) Pam na ddylid defnyddio ffiws 1A mewn plwg sychwr gwallt?

e) **Esboniwch** beth fyddai'n digwydd petai'r wifren fyw mewn tostydd yn cyffwrdd y cas metel. Disgrifiwch sut mae'r **wifren ddaearu** a'r **ffiws** yn cydweithio i wneud y ddyfais yn ddiogel.

C12 *Dengys y diagram yma gylched tegell trydan sydd wedi ei lunio'n anghywir.*

a) Edrychwch am 4 camgymeriad.

b) Ail-luniwch y gylched yn gywir.

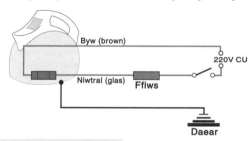

C13 **Llenwch y bylchau** yn y blwch isod, gan ddefnyddio'r geiriau hyn:

gorchuddio   chwythu   arbenigwr   gwifro   ffiws   daearu   newid

Dyfais: Rhaid ei bod wedi ei _____ yn gywir i blwg sydd â'r _____ cywir wedi ei osod ynddo, a gyda gwifren _____ sydd wedi ei chysylltu â phob rhan fetel sy'n bosib ei chyffwrdd.

Ffiwsiau wedi chwythu: Rhaid darganfod pam y mae ffiws wedi _____. Os nad yw'n amlwg gofynnwch i _____. Peidiwch â _____ y ffiws am un o gyfradd uwch.

Perygl tân: Peidiwch byth â _____ dyfais, yn arbennig gyda rhywbeth all fynd ar dân.

C14 Astudiwch y diagram gyferbyn sy'n dangos cyflenwad trydan i gartref cyffredin. Beth fyddai'n digwydd i'r goleuadau yn y gegin, y lolfa a'r ystafell fwyta petai:

a) ffiws 1 yn chwythu?

b) ffiws 2 yn chwythu?

c) ffiws 3 yn chwythu?

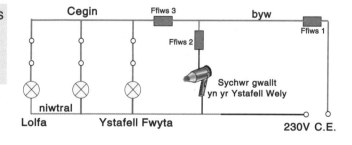

Gair i Gall

Fe wyddoch eisoes fod trydan yn beryglus ac yn medru eich lladd. Yr hyn sydd angen i chi ei wneud yma yw enwi pob **perygl trydanol** posibl a dweud sut i gael **gwared** o'r perygl. Dim ond synnwyr cyffredin yw hyn yn y pen draw. Cofiwch fod yn rhaid i chi wybod sut i wifro plwg.

Y Grid Cenedlaethol a'r Prif Gyflenwad Trydan

C1 *Dengys y diagram isod sut y caiff trydan ei wneud mewn gorsaf bŵer, a'i yrru i gartrefi a diwydiant.*

a) Gorffennwch y labeli ar y diagram.

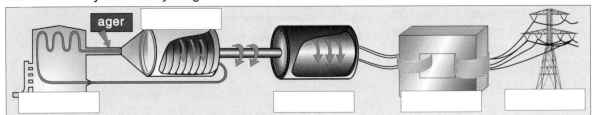

b) Cwblhewch y canlynol gan ddefnyddio'r geiriau hyn:

anwythiad, olew, tanwydd wraniwm, ager, nwy, glo, tyrbin, generadur, magnetig

Cynhyrchir egni gwres mewn gorsaf bŵer trwy losgi tanwydd ffosil megis _____, _____ neu _____. Defnyddir _____ _____ mewn pwerdai niwclear. Mae'r boeler yn gwneud _____ sy'n gyrru _____sy'n troi _____. Mae'r generadur yn cynhyrchu trydan trwy ddefnyddio egwyddor _____ electromagnetig. Digwydd hyn pan fo coil metel yn cylchdroi mewn maes _____ cryf.

C2 Cyfunwch y parau o ddatganiadau am y Grid Cenedlaethol a'r Prif Gyflenwad Trydan.

a) Mae ceblau ar foltedd uchel	• oherwydd y gwrthiant yn y ceblau
b) Mae'r pŵer a gyflenwir	• yn golygu bod angen newidyddion yn ogystal â pheilonau mawr gydag ynysyddion mawr
c) Er mwyn trawsyrru llawer o bŵer	• yn hafal i I^2 x R
d) Mae cerrynt uchel yn golygu colli gwres	• er mwyn sicrhau trawsyriant effeithlon
e) Mae'r pŵer a gollir oherwydd gwrthiant yn y ceblau	• i'w gyfrifo orau trwy ddefnyddio V x I
f) Mae'n rhatach codi'r foltedd i 400,000V	• a chadw'r cerrynt yn isel
g) Mae codi'r foltedd i 400,000V	• mae angen foltedd uchel neu gerrynt uchel
h) Mae newidyddion yn codi'r foltedd	• ac yn cadw'r cerrynt yn isel iawn
i) Mae newidyddion yn gostwng y foltedd i'n cartrefi	• i'w ddychwelyd i lefelau diogel i'w defnyddio
j) Rhaid cael foltedd C.E. ar y Grid Cenedlaethol	• oherwydd dydy newidyddion ddim yn gweithio ar C.U.

C3 *Prawf llythrennau.* Ydy'r holl lythrennau yna yn eich drysu? Ysgrifennwch i lawr beth mae pob un yn ei gynrychioli.

a) Symbolau am feintiau **i)** V **ii)** I **iii)** P **iv)** R

b) Llythrennau am unedau **i)** Ω **ii)** A **iii)** W **iv)** V

C4 Cysylltwch yr unedau yng nghwestiwn 3 gyda'r meintiau maent yn eu cynrychioli.

C5 Cysylltwch y geiriau  ...gyda'r ystyr isod:

a) Trawsyrru	• motor sy'n cael ei droi gan ager
b) CE	• man cynhyrchu a dosbarthu pŵer trydanol
c) CU	• cerrynt union
d) Tyrbin	• gyrru o un lle i'r llall
e) Gorsaf bŵer	• newid foltedd cyflenwad cerrynt eiledol
f) Newidydd	• cerrynt eiledol

C6 *Foltedd y prif gyflenwad yw 230V.* Cyfrifwch bŵer:

a) Tostydd sy'n cymryd cerrynt o 3A.

b) Dril sy'n cymryd cerrynt o 2A.

c) Teledu sy'n cymryd cerrynt o 0.5A.

Y Grid Cenedlaethol a'r Prif Gyflenwad Trydan

C7   *Mae cerrynt yn llifo mewn gwrthydd 5Ω.*

Cyfrifwch y **pŵer** os yw'r cerrynt yn: **a)** 2A **b)** 4A.
c) Faint yn fwy yw eich ateb i **b)** na **a)**? **Esboniwch pam**.

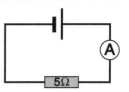

C8   Dangosir isod gylched gyda batri 12V a gwrthydd 4Ω.

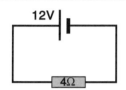

   a)   Cyfrifwch y **pŵer** a roddir i'r gwrthydd gan y **batri**.
   b)   Cyfrifwch y pŵer os yw'r foltedd yn dyblu i 24V.
   c)   Cyfrifwch y pŵer os yw'r gwrthydd yn cael ei gyfnewid am un 2Ω.

C9   Cwblhewch y tabl isod. Cymerwch fod foltedd y prif gyflenwad yn 230V.

Dyfais	Pŵer mewn cilowatiau (kw)	Pŵer mewn Watiau (W)	Cerrynt mewn Ampau (A)	Ffiws: 3A neu 13A?
Haearn smwddio	0.92			
Teledu	0.115			
Tegell	2.3			
Recordydd fideo	0.046			
Gwresogydd ffan	1.2			

C10   *Mae gwresogydd 1.5kW a chloc 2W yn rhedeg ar y prif gyflenwad trydan 230V.* **Cyfrifwch**:

   a)   Y **cerrynt** sy'n mynd drwy bob un.
   b)   Y **ffiws sydd ei angen** ym mhlwg y gwresogydd a'r cloc. **Pam** y maen nhw'n wahanol?

C11   *Mae'r g.p. ar draws 120 o oleuadau bychain 3W yn 240V. Cysylltir y goleuadau mewn cyfres.*

   a)   Cyfrifwch y **gostyngiad yn y foltedd** ar draws pob lamp.
   b)   Beth yw'r cerrynt ym mhob lamp unigol?
   c)   Beth yw'r cerrynt yn y gylched gyfan?

C12   *Gall cebl gymryd cerrynt mwyaf o 2A pan gysylltir gyda'r prif gyflenwad trydan o 230V.*

   a)   Dyfalwch y **pŵer mwyaf** y gall y cebl ei gario.
   b)   **Sawl** bwlb 60W mewn paralel fedrwch chi ei redeg o'r cebl?

C13   **Trefnwch** yr ymadroddion hyn yn frawddegau:

   Mae gan gerrynt uchel fwy o bŵer

   i gario'r egni bob eiliad.

   oherwydd bod pob electron yn cario mwy o egni.

   Mae foltedd uchel yn rhoi mwy o bŵer

   oherwydd bod mwy o electronau

C14   Pa feintiau sy'n cael eu cynrychioli gan yr unedau canlynol: C/s, J/s, J/C?

Gair i Gall

Mae pob gorsaf bŵer fwy neu lai r'un fath — mae ganddynt **foeler** sy'n gwneud **ager** sy'n troi **tyrbin** sy'n gyrru **generadur** sy'n cynhyrchu trydan. Cofiwch y fformiwlâu hyn am bŵer a chofiwch pryd i'w defnyddio: $P = VI$ $P = I^2R$ $P = V^2/R$.

Meysydd Magnetig

C1   Dywedwch a yw'r defnyddiau hyn yn fagnetig ai peidio.

> _haearn,   copr,   alwminiwm,   pres,   dur,   arian,   aur,   nicel_

C2   Rhoddir darn o bapur dros fagnet a gwasgaru naddion haearn drosto.

     a)   Ble mae'r rhan fwyaf o'r naddion haearn yn casglu a beth yw'r rheswm am hyn?

     b)   Tynnwch lun o batrwm y maes magnetig o amgylch bar magnet sengl.
        Rhowch saethau ar y llinellau maes sy'n pwyntio at y de magnetig.

C3   Ar y diagramau isod, labelwch bolau De a Gogledd magnetau **a) b) c)** a **d)**.
          Dywedwch os yw'r magnetau'n atynnu neu'n gwrthyrru ei gilydd.

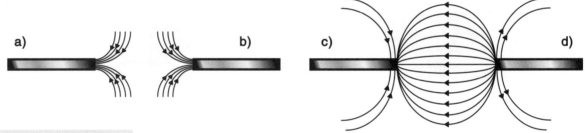

C4   Esboniwch y canlynol:

     a)   Yn aml, gosodir magnetau ar ddrysau cypyrddau.

     b)   Caiff blawd ei basio heibio magnet cyn ei bacio.

     c)   Os yw magnet yn cael ei dorri'n hanner, mae'r ddau hanner yn fagnetau.

     d)   Os yw bar haearn neu far dur yn agos i fagnet, cânt eu magneteiddio.

     e)   Os yw'r barau yn **d)** yn cael eu symud i ffwrdd o'r magnet, mae'r bar dur yn dal i fod yn
        fagnetig, ond nid yw'r bar haearn.

C5   Dychmygwch eich bod yn cael bar magnet bychan heb ddim arno i ddweud
          wrthych pa ben yw 'G' a ph'un yw 'D'.

     a)   Esboniwch sut y medrwch ganfod pa ben yw 'G' a pha un yw 'D' gan
        ddefnyddio magnet arall sydd â'r polau wedi eu marcio'n gywir.

     b)   Esboniwch sut i wneud hyn heb ddefnyddio magnet arall.

C6   Defnyddiwch y geiriau canlynol i orffen y brawddegau isod
          (bydd angen i chi ddefnyddio un gair fwy nag unwaith).

        gogledd   hongian   de   croes   polau   plotio   rhydd

> Mae _____ magnetig yn _____ i'r pegynnau daearyddol; hynny yw mae'r pôl
> _____ magnetig ym mhegwn y Gogledd. Ar nodwydd cwmpawd saeth ddwbl du a gwyn, y
> pen du yw'r pôl _____. Mae unrhyw fagnet sy'n _____ fel y gall droi yn _____ yn dod i
> orffwys yn wynebu'r de-gogledd. Medrir defnyddio cwmpawd er mwyn _____ maes magnetig.

C7   **a)**   Pa broblemau y gallai creigiau magnetig eu hachosi i gerddwyr wrth chwilio am lwybr ar fynydd?

        b)   I ba gyfeiriad y byddai magnet sy'n hongian yn rhydd yn pwyntio pan fyddai yn y Pôl Gogledd
            magnetig?

        c)   I ba gyfeiriad y byddai nodwydd cwmpawd yn pwyntio pan fyddai yn y Pôl Gogledd magnetig?

        d)   Tuag at ba wlad y byddai nodwydd cwmpawd yn pwyntio pan fyddai yn y Pôl Gogledd daearyddol?

Meysydd Magnetig

C8 Rhowch yr ymadroddion hyn at ei gilydd i ffurfio brawddeg yn disgrifo meysydd magnetig.

fel haearn a dur	yw ardal lle mae	a hefyd gwifrau'n cario cerrynt
Maes magnetig	defnyddiau magnetig	yn profi grym
	yn gweithredu arnynt	

C9 *Mae'r cwestiwn hwn am faes magnetig o gwmpas gwifren sy'n cario cerrynt.*

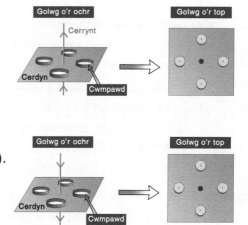

a) Mae cwmpawdau yn cael eu rhoi ar gerdyn o gwmpas gwifren sydd â cherrynt mawr yn llifo i fyny drwyddi. **Dangoswch** i ba gyfeiriad y mae nodwyddau'r cwmpawd yn pwyntio yn ffigur **a)**.

b) Cafodd yr arbrawf ei wneud eto gyda'r cerrynt yn llifo i LAWR, drwy'r cerdyn. **Dangoswch** i ba gyfeiriad y mae nodwyddau'r cwmpawdau yn pwyntio yn ffigur **b)**.

c) **Disgrifiwch** reol syml i ddarganfod cyfeiriad y maes magnetig o gwmpas gwifren sydd â cherrynt trydan yn llifo drwyddi.

d) **Dewiswch** y geiriau cywir:
Mae'r maes magnetig yn gryfach **yn agosach at/ymhellach oddi wrth** y wifren. Mae **cynyddu/lleihau'r** cerrynt yn gwneud y maes magnetig yn gryfach. Mae llinellau'r maes yn rhedeg o **gwmpas/ar hyd** y wifren.

C10 Cynhyrchir maes magnetig pan fo cerrynt yn llifo mewn solenoid.

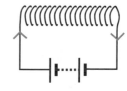

a) Copïwch y diagram gyferbyn a dangoswch batrwm y maes magnetig o gwmpas y coil.

b) Disgrifiwch y maes magnetig y **tu mewn** i'r solenoid.

c) Disgrifiwch ddau ddull o **gynyddu** cryfder y maes magnetig.

C11 *Mae pedwar myfyriwr yn gosod coiliau gwahanol, pob un gyda'r **un cerrynt** yn y gwifrau.*

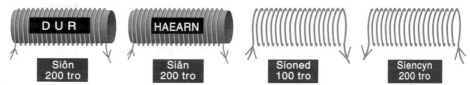

Siôn 200 tro · Siân 200 tro · Sioned 100 tro · Siencyn 200 tro

a) Coil pwy:
i) sy'n rhoi'r maes magnetig **gwannaf**?
ii) sydd â phôl De ar y pen chwith?
iii) fydd yn para i gael maes magnetig wedi **diffodd** y cerrynt?

b) Ydy'r wifren yn y coil wedi'i hynysu? Pam?

Gair i Gall

Dysgwch y diffiniad: Ardal yw **maes magnetig** lle mae **defnyddiau magnetig** (fel haearn a dur) a hefyd **gwifrau'n cario cerrynt** yn profi **grym** yn gweithredu arnynt. Yn aml mewn arholiad ceir diagramau meysydd o gwmpas magnet a solenoid, felly dysgwch y diagramau yng nghwestiynau 2, 3 a 10a.

Electromagnetau a Dyfeisiau Electromagnetig

C1 Edrychwch ar y diagram yma o electromagnet:

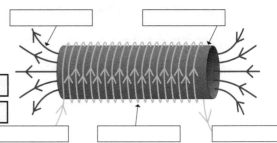

a) Labelwch y diagram â'r geiriau yma:

craidd haearn	solenoid	cerrynt i mewn

cerrynt allan	patrwm y maes magnetig

b) Eglurwch beth yw electromagnet.

c) Beth yw pwrpas y **craidd haearn?**

d) Pam y mae'r craidd wedi'i wneud o haearn ac nid, dyweder, copr?

e) Pam nad yw'r craidd wedi'i wneud o ddur?

f) Pa ben o'r electromagnet yw'r pôl gogledd?

g) Sut fyddech yn gwneud i bôl gogledd a phôl de electromagnet newid drosodd?

h) Caiff cwmpawd plotio ei roi yn A, B, C, D ac E. Dangoswch i ba gyfeiriad y bydd pen gogledd y cwmpawd yn pwyntio ym mhob safle.

i) Pam y mae'n rhaid ynysu'r wifren sydd o amgylch y craidd?

C2 Mae cryfder electromagnet yn dibynnu ar dri ffactor.
Ceisiwch eu darganfod yn y geiriau isod ...

y	sydd	ohono	craidd	cerrynt	y	wedi'i	maint
nifer	y	troeon	yn	beth	mae'r	coil	wneud

C3 Edrychwch ar y ddau solenoid isod.

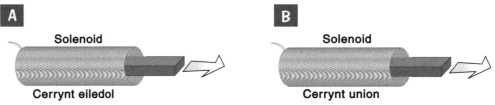

Penderfynwch a yw'r solenoidau A a B yn **magneteiddio** neu'n **dadfagneteiddio'r** bar dur.
Eglurwch y broses yn y ddau achos.

C4 *Cafodd arbrawf ei wneud i ddarganfod sut mae nifer y clipiau papur y mae electromagnet yn ei godi yn amrywio â'r cerrynt sy'n llifo drwyddo. Yn anffodus, mae dau o'r darlleniadau yn anghywir. Cafodd un ei gymryd wrth ddefnyddio craidd dur yn lle craidd haearn, a'r llall wrth ddefnyddio solenoid gwahanol â mwy o droeon.*

Yn gyntaf, esboniwch pam nad yw hyn yn brawf teg.

a) Ail-luniwch y tabl gyda nifer y clipiau papur wedi'u gosod mewn trefn, a dewch o hyd i'r ddau ddarlleniad anghywir. (Labelwch 'mwy o droeon' a 'craidd dur'.)

b) Plotiwch graff yn dangos nifer y clipiau papur (echelin fertigol) yn erbyn cerrynt, gan adael allan y ddau ddarlleniad anghywir. Tynnwch y llinell 'ffit orau'.

c) Gwnewch lun wedi'i labelu o'r offer fyddai eu hangen i wneud yr arbrawf.

Nifer y clipiau papur	Cerrynt (A)
13	3.0
4	1.0
8	2.0
3	1.5
1	0.5
2	1.0
14	3.5
5	1.5
11	2.5

Electromagnetau a Dyfeisiau Electromagnetig

C5   **a)**   Pa gylched (x neu y) sy'n cyfateb i'r electromagnetau yn 'a' a 'b'?

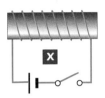 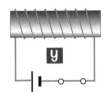 

b)   Eglurwch yn fras sut mae electromagnet yr iard sgrap yn gweithio. Beth yw ei brif gydrannau?

C6   Mae'r diagram sydd gyferbyn yn dangos torrwr cylched â'r labeli ar goll.

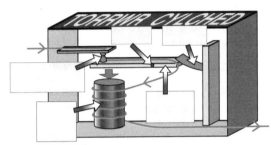

a)   Labelwch y diagram yn gywir gan ddefnyddio'r geiriau yma:

Colyn	Sbring	Craidd Haearn
Siglydd Haearn	Cysylltau Pres	

b)   Rhowch y brawddegau canlynol am dorrwr cylched mewn trefn:

> Gellir ei ailosod â llaw. **Hyn sy'n agor y switsh.** Caiff y torrwr cylched ei roi yn y wifren fyw. **Bydd yn fflicio'i hun i ffwrdd eto os yw'r cerrynt yn rhy uchel.** Os yw'r cerrynt yn rhy uchel, bydd y maes magnetig yn y coil yn tynnu'r siglydd haearn. Mae hyn yn torri'r gylched.

C7   *Mae'r diagram sydd gyferbyn yn dangos modur tanio.*

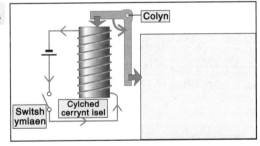

a)   Tynnwch lun yr hyn sydd ar goll ar ochr dde'r diagram.

b)   Pa ran o drydanwaith car sy'n defnyddio relái, a beth yw pwrpas y relái?

c)   Disgrifiwch beth sy'n digwydd yn y relái pan gaiff y switsh ei gau.

C8   *Mae rhywun yn cau switsh y gloch drydan hon.*

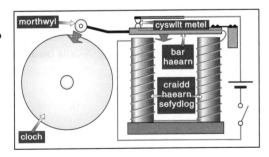

a)   Beth sy'n digwydd i'r creiddiau haearn sefydlog?

b)   Eglurwch pam mae'r morthwyl yn symud ac yn taro'r gloch.

c)   *Mae'r symudiad hwn yn torri'r gylched.* Eglurwch pam.

d)   Beth sy'n digwydd i'r bar haearn ar ôl i'r morthwyl daro'r gloch?

C9   Pa rai o'r canlynol sy'n ddefnyddiau magnetig?

<u>haearn</u>   <u>copr</u>   <u>sinc</u>   <u>dur</u>   <u>nicel</u>   <u>pres</u>

Gair i Gall

Cofiwch y diffiniad pwysig yma: Mae cryfder electromagnet yn dibynnu ar dri ffactor: maint y cerrynt, nifer y troeon sydd yn y coil a beth mae'r craidd wedi'i wneud ohono. Cofiwch hefyd y gwahaniaeth rhwng haearn a dur, a sut i ddadfagneteiddio darn o ddur.

Yr Effaith Modur

C1 Mae'r diagram sydd gyferbyn yn dangos gwifren yn cludo cerrynt ar ongl sgwâr i'r maes magnetig.

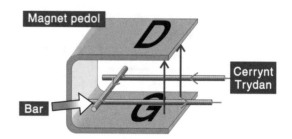

a) Rhowch saeth ar y diagram i ddangos cyfeiriad y grym mae'r wifren yn ei brofi.

b) Nodwch **ddau** beth y gallwch eu gwneud i gynyddu maint y grym ar y wifren.

c) **Disgrifiwch** y rheol sy'n rhagfynegi cyfeiriad y grym ar y wifren.

d) Os caiff y wifren ei throi trwy 90° fel ei bod yn rhedeg ar hyd y maes magnetig a fyddai grym wedyn? (**Eglurwch** eich ateb.)

C2 Mae'r diagram sydd gyferbyn yn dangos magnet pedol. Gellir gyrru cerrynt mewn gwifren rhwng y polau. Mae bar metel yn cwblhau'r gylched ac yn gorffwys yn rhydd ar y gwifrau.

Disgrifiwch **fudiant** y bar pan gaiff **cerrynt union** ei droi ymlaen.

Disgrifiwch fudiant y bar pan gaiff **cerrynt eiledol** ei droi ymlaen.

C3 **Copïwch** y diagram isod sy'n dangos dau fagnet a gwifren yn cludo cerrynt rhyngddynt.

Dangoswch y canlynol ar y diagram:

a) Cyfeiriad y cerrynt.

b) Y maes magnetig a'i gyfeiriad (G i D).

c) Cyfeiriad symudiad y wifren.

d) Mynegwch un ffordd o wneud i'r wifren symud i'r cyfeiriad dirgroes.

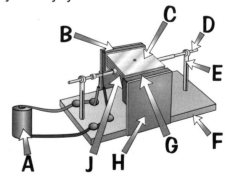

C4 Mae'r diagram isod yn dangos fersiwn labordy o fodur trydan syml.

a) Enwch holl rannau'r modur a labelwyd A i J.

b) Pa rai o'r rhannau A i J sydd wedi'u gwneud o ddefnyddiau ynysu?

c) Mae tair ffordd o gynyddu buanedd y modur.

Llenwch y bylchau yn y brawddegau gyferbyn, sydd yn disgrifio sut i gynyddu buanedd y modur.

Defnyddiwch y geiriau yma:
troeon
mwy
cryfhau
cerrynt

1. Cynyddu nifer y _____ yn y coil.

2. _____'r maes magnetig.

3. Rhoi _____ _____ yn y coil.

Yr Effaith Modur

C5 *Mae'r diagram yn dangos sut mae modur trydan syml yn gweithio. Mae'r coil yn rhydd i gylchdroi rhwng polau'r magnet. Mae'r cymudadur modrwy hollt wedi'i lynu wrth y coil ac yn troi gydag ef.*

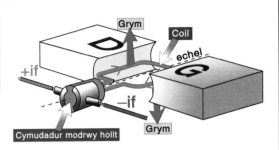

Llenwch y bylchau **isod gan** ddefnyddio'r geiriau yma:

cerrynt, i fyny, trorym, coil, grymoedd, cylchdroi, i lawr, dde

Pan fo cerrynt yn llifo trwy'r _____, caiff yr ochr chwith ei gwthio _____ a'r ochr _____ ei gwthio _____. Pan fo'r coil yn fertigol, ni all y grymoedd ei _____ bellach am nad oes _____. Wrth i'r coil fynd heibio'r fertigol, mae'r cymudadur modrwy hollt yn newid cyfeiriad y _____. Mae'r _____ nawr yn gweithredu i'r cyfeiriad dirgroes a'r coil yn cael ei wthio o amgylch ac o amgylch ac ...

C6 **Ail-luniwch** y gylched gydag amedr a foltmedr wedi'u gosod yn gywir i fesur y cerrynt trwy'r modur M a'r foltedd ar ei draws.

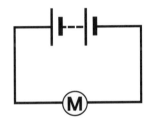

C7 **Enwch 5 teclyn** yn y cartref sy'n cynnwys modur trydan.

C8 **Rhowch y gosodiadau** canlynol yn y **drefn gywir** i ddangos sut mae uchelseinydd yn gweithio:

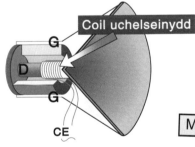

Hyn sy'n creu seiniau.

Mae'r rhain yn gwneud i'r coil symud yn ôl a blaen

rhwng polau'r magnet.

eu bwydo i mewn i goil y seinydd.

i'r côn cardbord ddirgrynu.

Mae'r symudiadau hyn yn gwneud

Caiff signalau CE o'r mwyhadur

C9 **Cysylltwch** bob disgrifiad a) i f) â'r gair cywir yn y golofn ar y dde.

a)	Mae'n newid y cysylltau drosodd bob hanner tro mewn modur trydan	• dirgrynu
b)	Mae'n trawsnewid egni trydanol yn egni sain	• coil (armatwr)
c)	Mae'n trawsnewid egni trydanol yn egni cinetig	• polaredd
d)	Mae'n cylchdroi ar echel	• modur trydan
e)	Symud yn gyflym ymlaen ac yn ôl, ond heb newid safle	• uchelseinydd
f)	Positif a negatif	• cymudadur modrwy hollt

Gair i Gall

Y peth gorau i'w wneud â'r effaith modur yw edrych ar eich llaw chwith i ateb y cwestiwn. (Mae hyn yn hwyl yn yr arholiad). Cofiwch bawD = muDiant, Mynegfys = Maes, Canolfys = Cerrynt. Dyma yw rheol llaw CHWITH Fleming sy'n bwysig, felly dysgwch hi.

Anwythiad Electromagnetig

C1 Mae trên model yn teithio'n gyflym i dwnel. Mae bar magnet wedi'i glymu ar ben y trên. Rhoddwyd coil o wifren wedi'i hynysu o amgylch y twnel a'r trac (ac wedi'i gysylltu mewn cylched i swnyn).

a) **Eglurwch** pam mae'r swnyn yn canu wrth i'r trên fynd trwy'r twnel.

b) A fyddai'r swnyn yn canu petai'r trên yn stopio yn y twnel? **Eglurwch** eich ateb.

c) **Awgrymwch ddwy ffordd** o wneud i'r swnyn ganu'n uwch (heb ddatgymalu'r twnel).

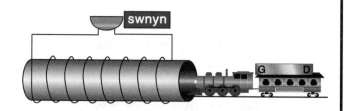

C2 Caiff magnet ei wthio tuag at goil o wifren wedi'i hynysu.

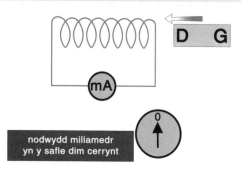

Magnet yn cael ei wthio i mewn	Nodwydd yn symud i'r dde
Magnet yn y coil – yn ddisymud	
Magnet yn cael ei dynnu allan	
Magnet yn cael ei dynnu allan yn gyflymach	

a) Mae'r tabl yn crynhoi pedwar arbrawf â'r magnet. Copïwch a chwblhewch y tabl.

b) Pa **fath** o bôl (G neu D) a gynhyrchir ar bennau'r coil wrth i'r magnet gael ei wthio i mewn? **Eglurwch** eich ateb.

c) Awgrymwch **ddwy** ffordd o gildroi'r polau a gynhyrchir yn y coil.

C3 Caiff gwifren ei symud i fyny trwy faes magnetig, fel y dangosir yn y diagram isod.

a) **Beth** yw cyfeiriad y cerrynt anwythol?
Ai o: X i Y neu Y i X?

b) Beth fyddai effaith:
i) defnyddio magnet **cryfach**
ii) symud y wifren yn **gyflymach**
iii) symud y wifren **i lawr**
iv) symud y wifren tuag at un o'r **polau**.

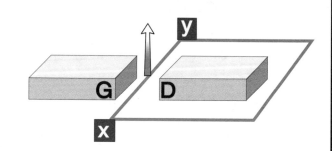

C4 Mae maint y foltedd anwythol yn dibynnu ar...

a) Aildrefnwch y geiriau yma yn bedair brawddeg i ddangos y **pedwar ffactor**.

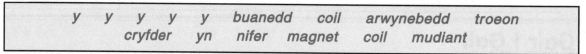

y   y   y   y   y   buanedd   coil   arwynebedd   troeon
cryfder   yn   nifer   magnet   coil   mudiant

b) Aildrefnwch y frawddeg ganlynol am dorri llinellau fflwcs magnetig.

Mae maint torri'r llinellau y foltedd anwythol yn gyfrannol â chyfradd maes.

Anwythiad Electromagnetig

C5 *Gwirio gair!* Cysylltwch y geiriau canlynol â'r cymalau **a)** i **f)**:

a) Pôl Gogledd	• Yn mesur ceryntau bychain
b) Pôl De	• Math o gerrynt a gynhyrchir gan eiliaduron
c) Miliamedr	• Mae angen mwy o'r rhain ar eneradur i gael mwy o gerrynt
d) Coiliau	• Llinellau maes yn pwyntio i ffwrdd o'r pôl hwn
e) Dynamoau	• Wrth gylchdroi maent yn cynhyrchu ceryntau
f) Cerrynt eiledol	• Llinellau maes yn pwyntio tuag at y pôl hwn

C6 Llenwch y geiriau coll am eneraduron.

newid   slip   modur   foltedd   cylchdroi   mwy   foltedd   uwch   cyflymach   magnetig

> Mewn generaduron mae coil yn _____ mewn maes _____. Mae eu lluniad yn debyg iawn i _____, ac eithrio bod modrwyau _____ yn hytrach na chymudadur modrwy hollt, fel nad yw'r cysylltau yn _____ drosodd bob hanner tro. Mae hyn yn golygu eu bod yn cynhyrchu _____ eiledol fel y dangosir ar sgrin OPC. Mae cylchdroi'n _____ yn cynhyrchu nid yn unig _____ o frigau ond hefyd _____ _____.

C7 Isod mae sgrin OPC ar gyfer generadur. **Lluniwch yr olin** i ddangos sut mae cerrynt o eneradur yn newid wrth i'r coil gylchdroi; a hefyd llenwch y **bylchau** yn y brawddegau canlynol.

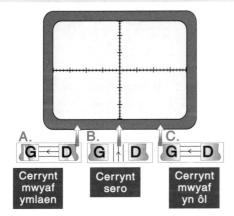

A. Mae'r cerrynt _____ pan yw'r coil yn _____. Mae'r coil yn _____ llinellau maes magnetig ——— yn y safle yma.
B. Mae'r cerrynt yn _____ pan yw'r coil yn _____. Nid yw'r coil yn torri llinellau _____ yn y safle yma.
C. Unwaith eto, mae'r cerrynt fwyaf pan yw'r coil yn llorweddol.

Defnyddiwch y geiriau:
maes, torri, llorweddol, fertigol, sero, mwyaf, cyflymaf.

C8 *Nodwch dair ffordd* y gellir newid generadur i roi mwy o gerrynt.

C9 Isod mae data am eneradur labordy bychan, generadur mewn gorsaf bŵer a dynamo.

a) Defnyddio electromagnet sy'n cylchdroi yn hytrach na magnet parhaol.	f) Cynhyrchu cerrynt eiledol, CE.
b) Defnyddio magnet parhaol sy'n cylchdroi.	g) Cynhyrchu cerrynt union, CU.
c) Generadu cerrynt o 20,000A ar foltedd 25,000V.	h) Defnyddio magnet sy'n cylchdroi 50 gwaith bob eiliad.
d) Generadu cerrynt llai nag 1A.	
e) Defnyddio magnet parhaol sy'n ddisymud.	i) Defnyddio magnet sy'n cylchdroi ar fuaneddau amrywiol.

Lluniwch dabl â cholofnau: 'generadur syml', 'generadur gorsaf bŵer' a 'dynamo'. Ysgrifennwch y data yn y golofn gywir. Gallwch ddefnyddio data unwaith, fwy nag unwaith neu ddim o gwbl.

Gair i Gall

Mae anwythiad electromagnetig **yn** rhyfedd, ond nid yw'n anodd dysgu'r diffiniad: Creu **foltedd** (a cherrynt) mewn gwifren wedi'i gosod mewn maes magnetig sy'n newid. Mae pedwar ffactor yn effeithio ar faint y foltedd anwythol ac mae angen i chi eu dysgu.

Newidyddion

C1 Mae trên model wedi'i gysylltu â'r prif gyflenwad trwy newidydd.
Mae'r wybodaeth ganlynol ar gefn y newidydd …

Mewnbwn	230V	50Hz	12W
Allbwn	12V	1A	12W

a) Beth yw **pwrpas** y newidydd?

b) A yw'n **newidydd codi** neu'n **newidydd gostwng**? Eglurwch eich ateb.

c) Beth yw amledd y **prif** gyflenwad?

d) Mynegwch beth yw ystyr symbolau V, Hz, A a W?
    Hefyd mynegwch uned o beth yw pob un.

C2 Mae 2 newidydd codi a 2 newidydd gostwng yma.

P'un yw p'un? (Mae'r coil cynradd ar y chwith a'r coil eilaidd ar y dde).

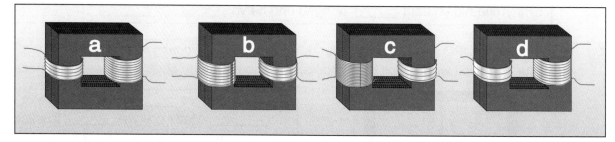

C3 Mae'r tabl yn dangos nifer y troeon yn y newidyddion uchod a'r foltedd mewnbwn ym mhob un.

Darganfyddwch y **foltedd allbwn** bob tro.

Newidydd	a	b	c	d
Troeon mewnbwn	5	8	16	3
Troeon allbwn	10	4	4	9
Foltedd mewnbwn	230	230	24	24
Foltedd allbwn				

C4 Mae'r tabl yn dangos folteddau mewnbwn ac allbwn a nifer y troeon ar y coil mewnbwn.

Newidydd	t	u	x	y
Foltedd mewnbwn	180	230	12	20
Foltedd allbwn	9	23	180	50
Troeon mewnbwn	400	100	9	16
Troeon allbwn				

a) Cwblhewch y tabl uchod.

b) Pa rai o'r newidyddion, t, u, x ac y, yw'r **newidyddion codi**?

c) P'un o'r newidyddion sydd â chymhareb troeon 10:1?

d) P'un o'r newidyddion sydd â'r **nifer mwyaf** o droeon allbwn?

Newidyddion

C5 Mae radio 9V yn cymryd cerrynt o 2A.
Mae'r cyflenwad i'r radio o newidydd wedi'i gysylltu i brif gyflenwad 230V.

    a) Beth yw **cymhareb** y troeon ar goil mewnbwn a choil allbwn y newidydd hwn?
    b) Beth yw'r **pŵer** a ddefnyddiwyd gan: i) y radio ii) y prif gyflenwad?
    c) Beth yw'r **cerrynt** y mae'r prif gyflenwad yn ei gymryd?

C6 Dyma ddiagram o ran o system atal lladron.

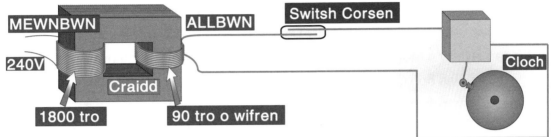

    a) Defnyddiwch yr wybodaeth i gyfrifo'r foltedd allbwn.
    b) Eglurwch yn ofalus sut y caiff foltedd ei gynhyrchu yn y coil eilaidd.

C7 Caiff newidyddion codi eu defnyddio i drawsyrru trydan ar foltedd uchel dros bellteroedd hir.

Eglurwch sut mae hyn yn lleihau colledion egni.

C8 Mae'r cwestiwn hwn am newidyddion rhwng gorsafoedd pŵer a chartrefi pobl.

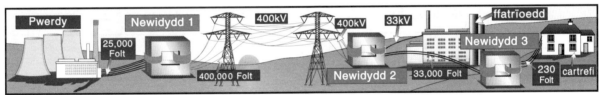

Cyfrifwch y gymhareb foltedd mewnbwn i foltedd allbwn ar gyfer pob newidydd 1–3.
Nodwch p'un ai newidydd codi neu newidydd gostwng sydd ei angen.

C9
    a) Cwblhewch y tabl gyferbyn ar gyfer y newidyddion e, f, g, h.
    b) Darganfyddwch **allbwn pŵer** pob un o'r newidyddon e, f, g, h.

Newidydd	e	f	g	h
Foltedd (Cynradd)	24	230	12	
Cerrynt (Cynradd)	1	2	3	0.5
Foltedd (Eilaidd)	6		6	6
Cerrynt (Eilaidd)		1		1.5

C10 **Eglurwch** y termau canlynol:

    a) Craidd haearn wedi'i lamineiddio   **b)** Ceryntau trolif   **c)** Maes magnetig
    d) Anwythiad electromagnetig   **e)** Coil cynradd   **f)** Coil eilaidd
    g) Cymhareb   **h)** Cildroi

C11 **Eglurwch** pam nad yw newidyddion yn gweithio ar CU (cerrynt union).

Gair i Gall

Dyma'r fformiwla y mae angen
i chi ei dysgu — naill ffordd
neu'r llall.

$$\frac{\text{Foltedd cynradd}}{\text{Foltedd eilaidd}} = \frac{\text{Nifer troeon y Coil Cynradd}}{\text{Nifer troeon y Coil Eilaidd}}$$

Màs, Pwysau a Disgyrchiant

C1 Llenwch y bylchau:

Defnyddiwch y geiriau yma:
gwrthrychau, mawr, atynnu, gwan, cryf, maes, canol, newtonau, pwysau

Disgyrchiant yw'r grym _____ rhwng _____. Grym _____ iawn yw disgyrchiant rhwng gwrthrychau ar y Ddaear, ond os yw'r màs yn _____ iawn fel yn achos seren neu blaned, gall disgyrchiant fod yn _____ iawn. Cyfeirir at yr ardal lle mae grym disgyrchiant i'w deimlo fel _____ disgyrchiant. Mae maes disgyrchiant y Ddaear yn atynnu pob gwrthrych ar y Ddaear. Hyn sy'n rhoi _____ i wrthrych. Caiff pwysau ei fesur mewn _____, ac mae bob amser yn gweithredu tuag at _____ y Ddaear.

C2 Caiff y termau 'màs' a 'phwysau' eu defnyddio ar lafar fel pe baent yn golygu yr un peth.

Lluniwch dabl â dwy golofn dan y penawdau 'màs' a 'pwysau'. Penderfynwch pa wybodaeth sy'n perthyn i ba golofn, ac ysgrifennwch nhw i mewn:

- faint o fater
- mesurir mewn newtonau
- mesurir â chlorian
- nid yw'n rym
- mesurir â chlorian sbring

- grym
- achosir gan dynfa disgyrchiant
- yr un fath yn unrhyw fan yn y bydysawd
- mesurir mewn cilogramau
- yn llai ar y lleuad nag ar y Ddaear

C3
a) 'Mae bag o flawd yn pwyso un cilogram'. Eglurwch pam nad yw'r gosodiad yma yn gywir.

b) Ailysgrifennwch y gosodiad uchod yn gywir.

c) Cwblhewch y tabl gyferbyn ar gyfer amrywiaeth o fasau ar y Ddaear ($g = 10$ N/kg).

Màs (g)	Màs (kg)	Pwysau (N)
5		
10		
100		
200		
500		
1000		
5000		

C4 Cryfder disgyrchiant ar y Ddaear yw $g = 10$ N/kg. Darganfyddwch bwysau creigiau â'r masau canlynol.

a) 5kg   b) 10kg   c) 2.5kg

Darganfyddwch fasau creigiau â'r pwysau canlynol ar y Ddaear:

d) 30N   e) 150N   f) 450N

C5 Cryfder disgyrchiant ar y Lleuad yw $g = 1.6$ N/kg. Darganfyddwch bwysau creigiau lleuad â'r masau canlynol:

a) 5kg   b) 10kg   c) 2.5kg

Darganfyddwch fasau creigiau â'r pwysau canlynol ar y Lleuad:

d) 16N   e) 80N   f) 960N

Momentau: Trorymoedd

C1 Ar gyfer pob si-so **a)** i **d)** ysgrifennwch a yw'n gytbwys neu'n anghytbwys.

a)

c)

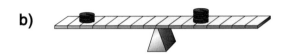

b)

d)

C2 A'r gyfer pob si-so A i D, cyfrifwch y moment clocwedd a'r moment gwrthglocwedd, a dywedwch a yw'r si-so yn gytbwys neu'n anghytbwys.

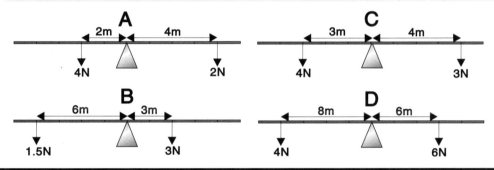

C3 Mae'r diagramau i) i iv) yn dangos pedair rhoden denau sy'n troi am y pwynt X gyda grymoedd yn gweithredu ar wahanol bellteroedd o X.

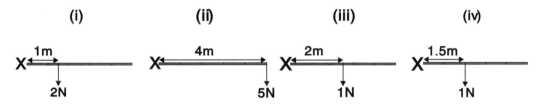

a) Pa roden sydd â'r moment mwyaf o amgylch y colyn X?
b) Pa roden sydd â'r moment lleiaf o amgylch y colyn X?
c) Pa ddwy roden sydd â moment hafal o amgylch y colyn X?

C4 Ar gyfer pob si-so isod, cyfrifwch gyfanswm y moment clocwedd a chyfanswm y moment gwrthglocwedd. I ba gyfeiriad y bydd pob si-so yn troi — gwrthglocwedd neu glocwedd?

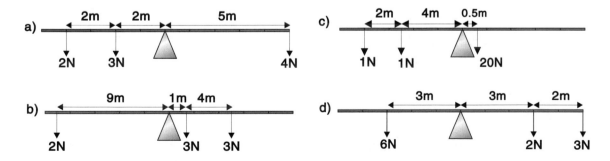

C5 Caiff llwyth o 100N ei roi ar roden ysgafn denau 4m o'r colyn.
Pa rym sydd angen ei roi 2m o'r colyn ar yr ochr ddirgroes i gydbwyso'r llwyth?

Rhagor o Fomentau

C6
a) **Beth** yw pwysau'r garreg os yw ei màs yn 50kg (gan gymryd bod tyniad y Ddaear yn 10 N/kg)?

b) Os mai 2.0m yw hyd y bar metel, beth yw'r **grym lleiaf** y mae angen ei weithredu ar ben arall y bar metel i godi'r garreg?

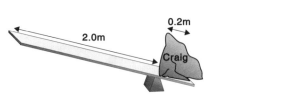

Carreg 1.6m

C7
Edrychwch ar y diagram ar y dde. Darganfyddwch y grym lleiaf sydd raid ei ddefnyddio i godi'r graig sydd â phwysau 800N.

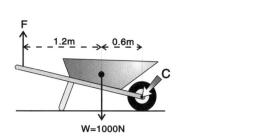

0.2m 2.0m Craig

C8
C yw colyn y ferfa.

Cymerwch fomentau o amgylch C i ddarganfod y grym **fertigol**, F, y mae angen ei weithredu ar fraich y ferfa i'w chodi oddi ar y llawr.

F 1.2m 0.6m C

W=1000N

C9
Mae Sali yn mynd â llyfr yn hwyr yn ôl i'r llyfrgell. Màs y llyfr yw 2kg.

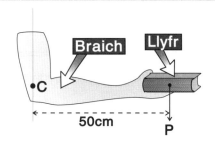

Braich Llyfr

•C

50cm P

a) Darganfyddwch bwysau, P, y llyfr.

b) Copïwch y diagram a rhowch saeth ar gyfer y grym fertigol, F, sydd ei angen i gynnal y llyfr yn y safle hwn (meddyliwch yn ofalus lle bydd y grym hwn yn gweithredu).

c) Cyfrifwch foment pwysau'r llyfr o amgylch y colyn C.

C10
a) Edrychwch ar y diagram ar y dde. Beth yw'r darlleniad ar y ddwy glorian sbring os yw'r ddau ddarlleniad yr **un fath**?

b) Pe byddai pedair clorian sbring yn cael eu defnyddio â'r un blocyn 1Kg, beth fyddai darlleniad pob clorian os yw'r gwerthoedd yr un fath eto?

1kg

C11
Darganfyddwch y grym X sydd ei angen ar ochr chwith y planc i gael cydbwysedd.

1m 0.2m 0.2m

X 4N 6N

C12
Darganfyddwch y grym Y sydd ei angen ar ochr dde y planc i gael cydbwysedd.

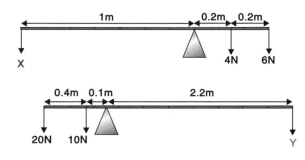

0.4m 0.1m 2.2m

20N 10N Y

Gair i Gall

Nifer o gwestiynau ar y si-so, ond bydd angen llawer o ymarfer arnoch chi. Pan fydd **grym** yn gweithredu ar rywbeth â **cholyn**, yna mae gennych **foment**, sydd yn **drorym** sy'n gwneud i'r peth **gylchdroi** o amgylch y colyn. Yr hafaliad sydd angen i chi ei ddysgu yw **Moment = Grym x pellter perpendicwlar**, sy'n gwneud synnwyr os meddyliwch am wthio drws agored yn agos i'r colyn neu yn agos i'r ddolen.

Diagramau Grym

C1 **Cysylltwch** y gwahanol rymoedd gyda'r disgrifiad cywir:

a) Yn gweithredu yn syth i lawr.	TYNIANT (TENSIWN)
b) Yn arafu pethau.	DISGYRCHIANT neu BWYSAU
c) Mewn rhaff neu gebl.	CODIANT
d) Oherwydd adain awyren.	GWTHIAD neu DYNIAD
e) Yn cyflymu rhywbeth.	GRYM ADWAITH
f) Yn gweithredu'n syth i fyny oddi ar blân llorweddol.	LLUSGIAD neu WRTHIANT AER neu FFRITHIANT

C2 Mae'r cwestiwn hwn yn ymwneud â gwrthrych sy'n ddisymud — cwpaned o de.

a) **Copïwch** y diagram. Dangoswch ble fyddai'r 2 rym fertigol a'u labelu.

b) **Eglurwch** sut y gwyddoch fod y pâr yma o rymoedd yn hafal.

c) **Beth** fyddai'n digwydd pe byddai dim ond un grym **fertigol**?

C3 Mae pysgodyn yn hongian wrth lein bysgota.

Copïwch y diagram a lluniwch y 2 rym fertigol. Labelwch y rhain.

C4 Mae car yn symud ymlaen â chyflymder llorweddol cyson.

a) **Copïwch** y diagram a **lluniwch** y ddau rym fertigol. **Labelwch y rhain**.

b) **Lluniwch** y **ddau** rym llorweddol. A yw un grym yn fwy na'r llall?

C5 Mae saethu â reiffl a pheiriannau roced yn cynhyrchu mudiant tuag ymlaen.

a) **Lluniwch** ddiagramau i ddangos y grymoedd sy'n digwydd yn ystod taniad pob un (nid oes angen llunio'r reiffl na'r roced).

b) Pam mae'r reiffl yn 'taro'n ôl' pan gaiff ei danio?

C6 Ar ôl neidio allan o awyren, mae dyn sy'n plymio o'r awyr yn cyflymu nes ei fod yn cyrraedd cyflymder fertigol cyson, sef y cyflymder terfynol.

Lluniwch y **ddau** rym fertigol pan yw'r plymiwr ar ei gyflymder terfynol, a'u labelu.

C7 **Cwblhewch y brawddegau canlynol** gan ddefnyddio'r geiriau isod:

llusgiad   cyson   disymud   ar i lawr
cytbwys   pwysau   disgyrchiant

Os yw'r holl rymoedd sy'n gweithredu ar wrthrych yn _____, mae'r gwrthrych naill ai'n _____ neu'n symud â chyflymder _____. Mae grym _____ sy'n gweithredu ar wrthrych (gan roi iddo _____) yn pwyntio _____. Os yw'r gwrthrych yn disgyn trwy'r aer, bydd grym arall o'r enw _____ yn gweithredu i'r cyfeiriad dirgroes.

Adran Dau — Grymoedd a Mudiant

Diagramau Grym

C8 Astudiwch y diagramau hyn o long danfor sy'n llorweddol. Caiff y grymoedd sy'n gweithredu ar y llong danfor eu cynrychioli gan saethau fel bo hyd y saeth yn gyfrannol â maint y grym. Os yw'r llong danfor yn dechrau ar gyflymder cyson, nodwch ym mhob achos a fydd yn cyflymu i fyny / i lawr / ymlaen / yn ôl neu'n parhau ar y cyflymder cyson. Mae un enghraifft wedi'i gwneud i chi.

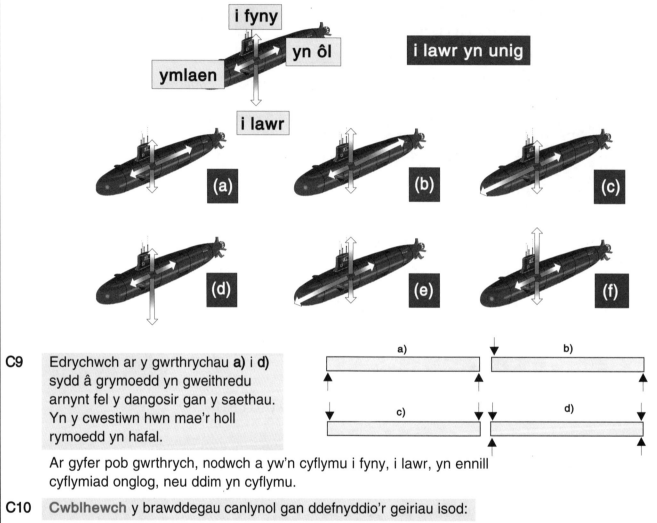

i fyny

ymlaen   yn ôl

i lawr yn unig

i lawr

(a)   (b)   (c)

(d)   (e)   (f)

C9 Edrychwch ar y gwrthrychau **a)** i **d)** sydd â grymoedd yn gweithredu arnynt fel y dangosir gan y saethau. Yn y cwestiwn hwn mae'r holl rymoedd yn hafal.

a)   b)

c)   d)

Ar gyfer pob gwrthrych, nodwch a yw'n cyflymu i fyny, i lawr, yn ennill cyflymiad onglog, neu ddim yn cyflymu.

C10 **Cwblhewch** y brawddegau canlynol gan ddefnyddio'r geiriau isod:

anghytbwys   cyflymach   mwyaf   mwyaf   gwthiad   i lawr   i fyny
pwysau   adwaith   llusgiad   llusgiad   grym   lleiaf

> Mae cyflymiad yn golygu mynd yn _____. Dim ond pan fo grym cydeffaith _____ y cewch gyflymiad. Po _____ yw'r _____ anghytbwys, y _____ yw'r cyflymiad. Y _____ yw'r grym anghytbwys, y lleiaf yw'r cyflymiad. Mae gan gar sy'n cyflymu ymlaen _____ sy'n fwy na _____, ond mae'r grymoedd fertigol (_____ ac _____) yn hafal. Mae gan blymiwr o'r awyr sy'n cyflymu ar _____ rym pwysau ar i lawr, sy'n llai na'r _____ ar i _____.

Gair i Gall

Rhagor o gwestiynau ar rymoedd i chi eu mwynhau, y tro hwn gyda lluniau. Mae'n rhaid i chi fedru llunio diagram yn dangos yr **holl** rymoedd sy'n gweithredu ar wrthrych. Peidiwch ag anghofio **parau** o rymoedd mewn **cydbwysedd**. Cofiwch yr holl rymoedd sydd yng nghwestiwn 1 — dyma'r unig chwech sydd raid i chi wybod amdanynt.

Ffrithiant

C1 **a)** Os yw gwrthrych yn ddisymud heb ddim grym yn gweithredu arno, beth sy'n digwydd?

b) Os yw gwrthrych yn symud ar fuanedd cyson ar arwyneb garw, heb rym yn ei wthio ymlaen, beth sy'n digwydd?

c) I barhau i deithio ar fuanedd cyson ar draws arwyneb garw, beth sydd ei angen ar y gwrthrych, a pham?

C2 Cyfatebwch y geiriau a'r ystyron:

a) Ar gar, i gydio yn y ffordd	ffrithiant llithro
b) Parhau i symud gyda phrin dim gafael ar ôl brecio'n rhy galed	parasiwt
c) Wedi'i lunio i osgoi ffrithiant	teiars
d) Cynyddu llusgiad yn yr aer	llilinio
e) Hanfodol os yw car i stopio yn ddiogel	sgidio
f) Ffrithiant rhwng arwynebau solet sy'n cydio	breciau
g) Ffrithiant rhwng arwynebau solet sy'n llithro heibio'i gilydd	ffrithiant statig

C3 Dywedwch a ddylai'r ffrithiant fod mor isel â phosibl neu mor uchel â phosibl ym mhob un o'r canlynol:

a) teiar car yn cyffwrdd ag arwyneb ffordd

b) plymiwr o'r awyr yn disgyn trwy'r aer

c) olwyn yn cylchdroi ar ei hechel

d) sglefriwr yn symud dros yr iâ

e) plymiwr yn taro arwyneb y dŵr

f) blociau brêc yn gwasgu ar ymyl olwyn beic

g) sled yn yr eira

h) dringo mynydd gan ddefnyddio rhaff.

C4 Mae'r diagram yma yn dangos sut i fesur ffrithiant.

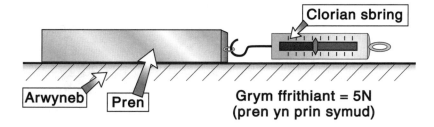

Clorian sbring

Arwyneb **Pren**

Grym ffrithiant = 5N
(pren yn prin symud)

a) Rhowch ddwy ffordd o gynyddu'r grym ffrithiant.

b) Rhowch ddwy ffordd o leihau'r grym ffrithiant.

C5 Atebwch y cwestiynau canlynol:

a) Pam mae sgiwyr yn rhoi cŵyr ar eu sgis?

b) Pam mae'n rhaid iro peiriannau ag olew?

c) Pam mae dringwyr yn defnyddio esgidiau â gwadnau rwber?

d) Pam mae dawnswyr yn gwisgo esgidiau gwadnau lledr ac yn dawnsio ar lawr sydd wedi'i bolisio'n dda?

Ffrithiant

C6 Mae reidio beic yn rhoi llawer o enghreifftiau lle mae ffrithiant yn ddefnyddiol ac yn niwsans. Rhowch y canlynol o dan y penawdau '**defnyddiol**' a '**niwsans**' ac eglurwch eich penderfyniad bob tro.

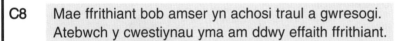

> gwrthiant aer   cyfrwy   gripiau llaw
> pedalau   berynnau olwyn   teiars   breciau

C7 **Rhowch y brawddegau yma yn eu trefn gywir:**

– o'i gymharu â 30 mya.
– Mae gan gar lawer mwy o ffrithiant
– nag a fyddai wrth deithio yr un pellter ar 30 mya.
– Felly mae'n defnyddio mwy o betrol
– dim ond i gynnal buanedd cyson.
– wrth i'r buanedd gynyddu.
– i weithio yn ei erbyn wrth deithio ar 70 mya
– Felly ar 70 mya rhaid i'r injan weithio'n llawer caletach
– Mae gwrthiant aer bob amser yn cynyddu

C8 Mae ffrithiant bob amser yn achosi traul a gwresogi.
Atebwch y cwestiynau yma am ddwy effaith ffrithiant.

a) **Rhowch dair enghraifft** lle mae ffrithiant yn gweithredu rhwng arwynebau sy'n llithro heibio ei gilydd.

b) Mae ffrithiant yn cynhyrchu egni **gwres**. Rhowch ddwy enghraifft lle mae hyn yn **ddefnyddiol**.

c) Beth ellir ei ddefnyddio i gadw ffrithiant mewn **peiriannau** mor isel â phosibl?

d) Eglurwch beth fydd yn digwydd i beiriant sy'n rhedeg heb olew.

e) **Eglurwch** pam y mae'n rhaid newid breciau yn fwy aml mewn car rasio nag mewn car sy'n cael ei ddefnyddio yn y dref yn unig (cyfyngiad buanedd 30 mya).

C9 Tybiwch fod rhywun wedi creu defnydd diffrithiant.

Pa rai o'r canlynol fyddai'n **amhosibl** eu gwneud gyda'r defnydd hwn, a **pham**:

a) Rhedeg ar draws siten denau o'r defnydd.

b) Llithro ar draws siten o'r defnydd.

c) Atal llithro ar draws siten o'r defnydd.
Pa rai o'r canlynol fyddai'n **ddefnyddiol** pe byddent wedi'u gwneud o'r defnydd:

d) Nytiau a bolltiau.

e) Byrddau.

f) Teiars.

g) Cyrff ceir.

h) Toeon.

Gair i Gall

Mae ffrithaint bob amser yn arafu pethau – ni allwch ei anwybyddu, felly dysgwch y gwaith sydd ar y tudalennau yma. Cofiwch fod ffrithiant yn digwydd mewn **tair** ffordd. Solidau yn cydio ei gilydd, solidau yn llithro heibio ei gilydd a llusgiad o hylifau. Peidiwch ag anghofio y gall ffrithiant fod yn ddefnyddiol yn ogystal â niwsans. Yn olaf, gan fod ffrithiant yn achosi traul a gwresogi, mae peiriant angen **olew** i'w **iro** i'w rwystro rhag treulio – neu **yn waeth**, weldio'i hunan i'w gilydd oherwydd gwres mawr.

Tair Deddf Mudiant

C1 Mae Deddf Mudiant Gyntaf Newton yn dweud bod <u>grymoedd cytbwys</u> yn golygu dim newid mewn <u>cyflymder</u>.

    a) **Eglurwch yn glir** y termau a danlinellwyd (grymoedd cytbwys a chyflymder).

    b) **Lluniwch ddiagram** o unrhyw beth (car, bws, person) yn symud ar fuanedd cyson. **Lluniwch** y grymoedd llorweddol.

    c) Disgrifiwch beth a olygir wrth y term grym 'cydeffaith'.

    d) Yn eich diagram yn **b) beth** yw'r grym cydeffaith?

C2   **a)** **Lluniwch ddiagram** o long danfor a'r gymoedd sy'n gweithredu arni os yw'n gorwedd ar wely'r môr.

    b) **Beth** yw cyflymder y llong danfor?

C3 Mae Ail Ddeddf Mudiant Newton yn dweud bod grym cydeffaith yn golygu cyflymiad.

Cwblhewch y brawddegau canlynol am y ddeddf hon gan ddefnyddio'r geiriau isod.

grymoedd   anhafal   arafu   cyflymu   stopio

cyflymu   arafu   cyfeiriad   cychwyn

> Os yw'r _____ yn anghytbwys, yna bydd gwrthrych yn _____ neu'n _____ yn y
>
> _____ hwnnw. Gall y newid hwn yn y mudiant ymddangos ar bump ffurf gwahanol: _____,
>
> _____, _____, _____ a newid cyfeiriad. Ar ddiagram grym bydd y saethau yn _____.

C4 Atebwch CYWIR neu ANGHYWIR. **Eglurwch** eich ateb.

    a) Os yw rhywbeth yn symud, rhaid bod grym cydeffaith yn gweithredu arno.

    b) Cewch fuanedd cyson o rymoedd cytbwys.

    c) Cewch gyflymiad/arafiad os oes grym cydeffaith yn gweithredu ar wrthrych.

    d) Y mwyaf yw'r grym y lleiaf yw'r cyflymiad.

    e) Y mwyaf yw'r màs y lleiaf yw'r cyflymiad.

    f) I gael màs bychan i gyflymu cymaint â màs mawr mae angen grym mwy.

C5   **a)** Yn yr hafaliad $F = ma$, **eglurwch** beth mae F, m ac a yn ei olygu.

    b) **Beth** yw unedau F, m ac a?

    c) **Aildrefnwch** yr hafaliad fel 'a = '.

    d) **Aildrefnwch** yr hafaliad fel 'm = '.

C6 Llenwch y bylchau:

Defnyddiwch y geiriau canlynol: grym, cyflymiad, màs, un newton, màs, dwbl.

> Er mwyn rhoi _____ o 1 metr yr eiliad sgwâr i _____ o 1 cilogram,
>
> rhaid cael grym o _____. Petai dwywaith y _____ yn gweithredu ar
>
> yr un _____ byddai _____ y cyflymiad.

C7 Cyfrifwch y **grym** sy'n gweithredu ar y gwrthrychau hyn:

    a) màs 10kg, cyflymiad 5 m/s^2.

    b) màs 50kg, cyflymiad 2.5 m/s^2.

    c) màs 400kg, cyflymiad 8 m/s^2.

Adran Dau — Grymoedd a Mudiant

Tair Deddf Mudiant

C8 Cyfrifwch gyflymiad y gwrthrychau yma:

a) Grym cydeffaith 100N, màs 10kg.
b) Grym cydeffaith 500N, màs 25kg.
c) Grym cydeffaith 75N, màs 2.5kg.
d) *Mae un o'r gwrthrychau uchod yn disgyn tua'r Ddaear. Pa un?*

C9

(i)	(ii)	(iii)	(iv)
2kg →4N	1kg →3N	4kg →8N	2kg →3N

a) Pa fasau sydd â'r un cyflymiad?
b) Pa un sydd â'r cyflymiad mwyaf?
c) Pa un sydd â'r cyflymiad lleiaf?

C10 Mae gofodwr, sy'n pwyso 900N ar y Ddaear, yn dringo i'w long ofod ac yn hedfan. Cyn gynted ag y mae yn ei orbit, mae'n gweithredu ei beiriannau pwerus sydd, yn ôl y cylchgrawn *Pa Long Ofod?* â grym allbwn macsimwm o 60 miliwn newton. Mae'n cyflymu o 0 i 60 (hynny yw 60 km/eiliad) mewn 10 eiliad. Wrth edrych eto ar ei gopi o *Pa Long Ofod?*, mae'n gweld bod y ffigur am fàs ei long ofod yn aneglur.

Allwch chi gyfrifo beth ddylai'r ffigur hwn fod?

C11 Pan fydd Sara yn eistedd yn ei go-cart, cyfanswm y màs yw 50kg. Gan gychwyn o ddisymudedd ar ben bryn, mae'n profi grym o 100N i lawr y bryn a gwrthiant cyson o 10N i'r cyfeiriad dirgroes. Mae Sara'n cychwyn â gwthiad bychan ac yn teithio am ddeg eiliad cyn i'r bryn lefelu.

Beth yw ei chyflymder pan yw'n cyrraedd y gwaelod?

C12 Mae'r cwestiwn yma am Drydedd Deddf Newton.

a) Dywedwch beth yw'r ddeddf. Dechreuwch fel hyn 'Os yw gwrthrych A yn gweithredu grym ar wrthrych B, yna ...'.
b) Eglurwch beth sy'n digwydd pan fyddwch yn gwthio yn erbyn wal, yn ôl Trydedd Deddf Newton. Lluniwch ddiagram i egluro eich ateb. Dangoswch y grymoedd.
c) Os yw gwrthrych ar arwyneb llorweddol, pa rym fydd yn ei wthio i fyny?
d) Pa rym arall yn gweithredu ar y gwrthrych sy'n hafal i'r grym yn **c)**?
e) Lluniwch ddiagram yn dangos eich atebion i **c)** a **d)**.

C13 Caiff canon syrcas ei danio gan roi cyflymiad o 5 m/s^2 i Coco'r Clown. Ei fàs yw 90kg.

a) Pa rym sy'n gyrru Coco?
b) Pa rym sy'n cael ei weithredu ar y canon?
c) Os mai màs y canon yw 450kg beth fydd ei gyflymiad ac i ba gyfeiriad?

Gair i Gall

Y tair deddf yw'r ffeithiau sylfaenol angenrheidiol i ddeall grymoedd a mudiant. Os ydych yn eu dysgu ac yn eu deall — ac maent yn eithaf hawdd — yna ni chewch eich dal yn dweud pethau dwl, megis 'os yw rhywbeth yn symud rhaid bod grym cydeffaith yn gweithredu arno'. Mae hyn yn hollol anghywir.

Buanedd a Chyflymder

C1 Ewch! **Pa mor gyflym yw:**

a) Athletwr sy'n rhedeg 100m (metrau) mewn 10s (eiliad)?
b) Car rasio sy'n teithio 240m mewn 12s?
c) Myfyriwr sy'n cerdded 600m mewn 240s?
d) Crwban yn symud 10m mewn 100s?

C2 Ewch ymlaen…

a) Mae awyren bapur a daflwyd o ganol yr ystafell ddosbarth yn prin fethu'r athro sydd 5m i ffwrdd. Mae'n cymryd 1.5 eiliad i'w gyrraedd. **Beth** yw ei buanedd? **Faint o amser** fyddai wedi'i gymryd pe byddai wedi ei thaflu o res gefn y desgiau, 10m i ffwrdd?
b) Mae malwen yn ymlusgo 1m mewn 500s. **Beth** yw ei buanedd?
c) **Darganfyddwch** fuanedd roced sy'n gwibio 280,000m mewn 20s. Beth yw'r buanedd mewn km/s?

C3 Faint o amser?

a) Mae eich cymydog balch yn honni y gall ei feic newydd gyrraedd 18 m/s. Mae'n cwblhau 10 lap o drac 120m mewn 70s. A yw ei honiad yn **anghywir**? **Cyfrifwch** ei fuanedd.
b) Mae rhedwr cyflym yn croesi llinell derfyn ras 100m. Ei fuanedd trwy gydol y ras oedd 10 m/s, felly **faint o amser** a gymerodd?
c) Hyd trac rasio milgwn yw 750m. Os mai buanedd Carlo yw 25 m/s, **faint** o amser mae'n ei gymryd?

C4 Pa mor bell?

a) **Pa mor bell** o amgylch y trac fyddai car rasio'n mynd os yw'n teithio 90 m/s am 30s?
b) Mae Concorde yn teithio drwy'r awyr 650 m/s. **Pa mor bell** fyddai'n mynd mewn 25s os yw'n teithio ar y buanedd hwn?
c) **Pa mor bell** fyddai tsita'n teithio os yw ei fuanedd yn 30 m/s (70 mya) ac yn rhedeg am 500s?
d) **Pa mor bell** fyddai cerbyd yn teithio ar fuanedd o 25 m/s (56 mya) mewn 700s?

C5 Buanedd a chyflymder! Cofiwch mai buanedd yw pa mor gyflym rydych yn teithio, ac mae gan gyflymder gyfeiriad. Os ydych yn newid cyfeiriad rydych yn newid cyflymder, hyd yn oed os yw eich buanedd yn aros yr un fath.

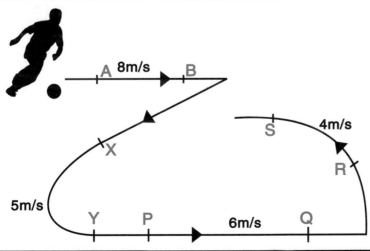

Rhwng y pwyntiau A a B, X ac Y, P a Q, S ac R mae Rhodri yn teithio ar y buaneddau cyson a ddangosir. Rhwng pa rai o'r pwyntiau mae ganddo gyflymder cyson hefyd?

Adran Dau — Grymoedd a Mudiant

Buanedd a Chyflymder

C6   Cwblhewch y brawddegau:

Defnyddiwch y geiriau yma: *cyfeiriad, pa mor gyflym, cyfeiriad*

> Buanedd yw _____ _____ _____ rydych yn symud heb roi sylw i'r _____.
> Mae cyflymder, fodd bynnag, yn cynnwys y _____.

C7   Rhannwch y rhain yn **3 colofn** — 'Unedau buanedd', 'Unedau cyflymder' ac 'Unedau eraill':   m/s   m/s GORLLEWIN   m   s   m/s GOGLEDD   mya

C8   Mae cath yn sleifio 50m mewn 90s. **Darganfyddwch:**

a)   ei buanedd

b)   faint o amser y mae'n ei gymryd i deithio 120m.

C9   Mae car yn teithio 600m mewn 30s.

a)   Darganfyddwch ei **fuanedd** cyfartalog.

b)   Mae buanedd cyfartalog car fel arfer yn wahanol i'w fuanedd ar unrhyw ennyd penodol. **Eglurwch** y rheswm dros hyn.

c)   **Pa mor bell** fyddai'r car yn teithio ar yr un buanedd mewn 1500s?

C10   Darganfyddwch fuanedd (mewn m/s):

a)   trên yn teithio 1200km mewn 8 awr

b)   cerddwr yn teithio 12km mewn 2½ awr.

C11   Pa mor bell:

a)   mae beiciwr yn teithio mewn 3 awr ar fuanedd cyfartalog o 12 km/awr?

b)   mae llong yn teithio mewn 5 awr ar fuanedd cyfartalog o 25 km/awr?

C12   Faint o amser:

a)   mae car yn ei gymryd i deithio 560km ar fuanedd cyfartalog o 70 km/awr?

b)   mae golau'n ei gymryd i deithio o'r Haul i'r Ddaear (150,000,000 km) ar fuanedd o 300,000 km/s? (ateb mewn munudau ac eiliadau).

C13   Cyfrifwch gyflymder car sy'n teithio 2000m i'r gogledd mewn 100s.

C14   Cyfrifwch gyflymder cerddwr sy'n teithio pellter o 1000m i'r dwyrain mewn 500s.

C15   Cyfrifwch gyflymder aderyn sy'n hedfan 450m i'r de-ddwyrain mewn 5s.

C16   Mae cerddwr yn cychwyn ym Mryn Coch am 10 a.m. Mae'n cerdded 5km i'r gogledd–ddwyrain i Fryn Glas gan gyrraedd yno am 11.00 a.m. Mae'n cymryd seibiant o hanner awr, ac yna'n cerdded yn ôl i Fryn Coch mewn 50 munud.

a)   Beth yw ei gyflymder (mewn m/s) wrth gerdded i Fryn Glas?

b)   Beth yw ei gyflymder wrth gerdded yn ôl i Fryn Coch?

c)   Beth yw ei fuanedd cyfartalog dros yr holl daith?

Gair i Gall

Buanedd a chyflymder, nid ydynt yn union yr un peth. Mae buanedd a chyflymder yn nodi pa mor gyflym rydych yn teithio wedi'i fesur mewn m/s (neu km/awr neu mya) ond rhaid i gyflymder nodi hefyd y cyfeiriad e.e. 30 m/s i'r gogledd. Cofiwch Buanedd = Pellter/Amser. Mae ei ysgrifennu fel fformiwla triongl lawer yn haws.

Cyflymiad

C1 a) Yn yr hafaliad $\mathbf{a} = \dfrac{\Delta V}{\Delta t}$ **beth** mae a, ΔV a Δt yn eu golygu?

b) Beth yw **unedau** arferol a, ΔV a Δt?

c) **Eglurwch** sut mae cyflymiad yn wahanol i fuanedd a chyflymder.

C2 Cwblhewch y brawddegau yma:

Defnyddiwch y geiriau yma: *cyflymiad, eiliad, 3 m/s, eiliad, cyflymiad, 4 m/s, cyflymder, cyflymder*.

> a) Mae gan feic modur _____ cyson o 3 m/s². Golyga hyn fod ei _____ yn newid _____ bob _____.
>
> b) Mae gan gar _____ cyson o 4m/s². Golyga hyn fod ei _____ yn newid _____ bob _____.

C3 Cwblhewch y tabl sy'n dangos cyflymiad ac arafiad cyson.

Amser (s)	1	2	3	4	5	6
Buanedd x (m/s)	2.0	4.0	6.0		10.0	
Buanedd y (m/s)	17.5	15.0	12.5		7.5	

Beth yw **cyflymiad** X?
Beth yw **arafiad** Y? **Sut** y gallwch chi ddweud ei fod yn arafu?

C4 **Cyfrifwch** gyflymiad:

a) Cath sy'n neidio o 0 m/s i 5 m/s mewn 4s.

b) Car sy'n cyflymu o 10 m/s i 30 m/s mewn 5s.

c) Rhedwr sy'n mynd o 3 m/s i 8 m/s mewn 3s.

C5 Mae gan gar gyflymiad cyson o 2 m/s². Os yw'n cychwyn o ddisymudedd, **beth yw ei gyflymder** ar ôl 10s?

C6 Beth yw arafiad car sy'n cymryd 8s i leihau ei fuanedd o 20 m/s i 0 m/s?

C7 Faint o amser mae beic modur yn ei gymryd i stopio os yw'n teithio ar fuanedd o 16 m/s ac yna'n **arafu** ar gyfradd o 2 m/s²?

C8 Mae Plismon Puw yn teithio yn ei gar ar 15 m/s.

a) Mae'n cadw i fynd am awr. **Pa mor bell** mae'n teithio, mewn cilometrau?

b) Mae car yn gwibio heibio ar 80 mya. Mae un filltir tua 1.6 cilometr. Pa mor gyflym mae'r car yn teithio mewn cilometrau yr awr ac mewn metrau yr eiliad?

c) Mae Plismon Puw yn mynd ar ei ôl gan gyflymu'n gyson 1 m/s² hyd at 40 m/s. **Faint o amser** mae hyn yn ei gymryd?

d) Ar ôl teithio am 3 munud ar 40 m/s mae'n dal y car cyflym. Pa mor bell y teithiodd ar ôl cyrraedd 40 m/s?

e) Mae'r car yn teithio yn awr ar 28 m/s. Mae Plismon Puw yn rhoi arwydd iddo aros, ac mae'n dod i aros wrth ochr y ffordd. Os yw'n cymryd 15s i stopio, **beth** yw ei arafiad?

Cyflymiad

C9 Mae'r cwestiwn yma am gar y mae ei fudiant yn cael ei ddisgrifio yn y graff cyflymder/amser.

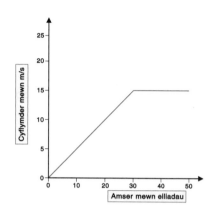

a) **Pa mor bell** mae'r car yn teithio yn y 30 eiliad cyntaf?

b) **Disgrifiwch** fudiant y car yn y 20 eiliad nesaf.

c) **Copïwch** y graff â'r echelin amser wedi'i hestyn i 100 eiliad a **chwblhewch** y graff gan ddefnyddio'r wybodaeth ganlynol:
   (i) rhwng 50 a 60 eiliad, mae'r car yn cyflymu'n gyson nes bod ei fuanedd yn 20m/s
   (ii) am yr 20 eiliad nesaf mae buanedd y car yn gyson ar 20m/s
   (iii) yn ystod y 20 eiliad nesaf, mae'r car yn arafu'n gyson i ddisymudedd.

d) **Cyfrifwch** y cyflymiad sy'n digwydd yn **c) (i)**.

e) **Cyfrifwch** yr arafiad sy'n digwydd yn **c) (iii)**.

f) **Darganfyddwch** y pellter a deithiwyd yn ystod 40 eiliad olaf y daith fer hon.

C10 Mae'r cwestiwn yma am fudiant beic modur a gaiff ei ddisgrifio gan y graff pellter/amser.

a) **Beth** yw buanedd **macsimwm** y beic modur?

b) **Pa bellter** mae'r beic modur yn ei deithio yn y 20 eiliad cyntaf?

c) **Cyfrifwch** fuanedd y beic modur rhwng 20 a 40 eiliad.

d) **Disgrifiwch yn ofalus** sut mae'r beic modur yn symud yn ystod y 60 eiliad (defnyddiwch eiriau megis cyflymu, arafu, buanedd cyson).

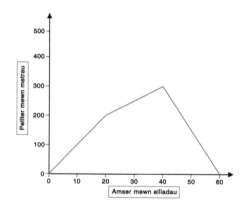

C11 Dyma gwestiwn arall am gar yn teithio.

Cyflymder (m/s)	Amser (s)
0	0
2	1
9	2
18	3
27	4
36	5
45	6
54	7
54	8
54	9
54	10

a) **Plotiwch** y graff cyflymder mewn m/s (echelin fertigol) yn erbyn amser mewn eiliadau (echelin lorweddol) ond estynnwch yr echelin amser i 15 eiliad.

b) **Beth yw cyflymiad y car** wedi iddo gychwyn symud?

c) **Disgrifiwch** fudiant y car rhwng 0 a 10 eiliad.

d) **Pa arafiad cyson** sydd ei angen ar y car rhwng 10 ac 15 eiliad er mwyn stopio ar 15 eiliad?

e) **Pa mor bell** y teithiodd y car?

Gair i Gall

Nid yw cyflymiad yr un peth â chyflymder neu fuanedd. **Cyflymiad** yw **pa mor gyflym** mae **cyflymder** yn newid. Yr hafaliad sydd raid ei gofio yma yw Cyflymiad = Newid yn y Cyflymder/Amser a gymerwyd. (Defnyddiwch driongl fformiwla i'ch helpu). **Unedau** cyflymiad yw m/s^2, gallwch feddwl amdanynt fel metr yr eiliad yr eiliad.

Graffiau Pellter/Amser a Chyflymder/Amser

C1 Mae'r cwestiwn yma am graff pellter/amser yn disgrifio mudiant car.

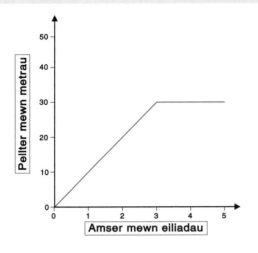

a) **Pa mor bell** mae'r car yn mynd mewn 3 eiliad?

b) **Beth yw** buanedd y car yn ystod y 3 eiliad cyntaf?

c) **Disgrifiwch** beth sy'n digwydd rhwng 3 eiliad a 5 eiliad.

d) **Copïwch** y graff a **thynnwch** linell yn dangos mudiant car arall sydd, yn ystod y 3 eiliad cyntaf, yn teithio ar hanner buanedd y car gwreiddiol.

C2 Mae'r cwestiwn yma am feiciwr yn reidio beic.

a) **Pa mor bell** mae'r beiciwr yn teithio yn ystod 20 eiliad cyntaf ei daith?

b) **Beth yw arafiad** y beiciwr rhwng 20 a 40 eiliad?

c) Pa mor bell mae'r beiciwr yn teithio yn ystod cyfnod yr arafiad yn b)?

d) **Beth sy'n digwydd** yn ystod 20 eiliad nesaf y daith?

e) Beth yw'r pellter cyfan mae'r beiciwr yn teithio yn ystod yr holl 60 eiliad?

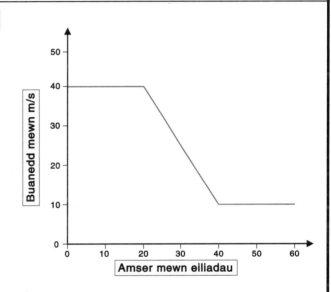

C3 Mae car yn mynd heibio i groesffordd. Caiff ei bellter o'r groesffordd ei fesur bob eiliad.

Pellter (m)	Amser (s)
0	0
2	1
9	2
18	3
27	4
36	5
45	6
54	7
54	8
54	9
54	10

a) **Plotiwch graff** pellter mewn metrau (echelin fertigol) yn erbyn amser mewn eiliadau (echelin lorweddol).

b) **Marciwch** ar y graff lle mae'r car (i) yn cyflymu, (ii) yn teithio ar fuanedd cyson, (iii) yn ddisymud.

c) **Beth** yw buanedd cyfartalog y car yn y 7 eiliad cyntaf?

d) **Pa mor bell** y teithiodd y car ar ôl 5.5 eiliad?

e) **Faint o amser** a gymerodd y car i deithio 23 metr?

Adran Dau — Grymoedd a Mudiant

Graffiau Pellter/Amser a Chyflymder/Amser

C4 **Cwblhewch** y tabl gan ddisgrifio'r nodweddion a welir weithiau ar y graffiau Pellter/Amser a Chyflymder/Amser.

Nodwedd ar y Graff	Pellter/Amser	Cyflymder/Amser
Graddiant y graff yn rhoi		
Adrannau fflat yn dangos		
Cromliniau yn golygu		
Adran ar i lawr yn golygu		
Arwynebedd o dan y gromlin yn dangos	AMHERTHNASOL	

C5 **Lluniwch** graff cyflymder/amser gan ddefnyddio'r mesuriadau yma a gymerwyd yn ystod taith car.

a) **Disgrifiwch** fudiant y car (ysgrifennwch ar y graff).

b) **Cyfrifwch** gyflymiad y car yn y 12 eiliad cyntaf.

c) Os mai màs y car yw 1000 cilogram, **beth** yw'r **grym** sydd ei angen i gynhyrchu'r cyflymiad yn (b)?

d) **Cyfrifwch** arafiad y car yn y 4 eiliad olaf.

Cyflymder (m/s)	Amser (s)
0	0
4	2
8	4
12	6
16	8
20	10
24	12
24	14
24	16
12	18
0	20

C6 **Lluniwch** graff pellter/amser gan ddefnyddio'r mesuriadau a gymerwyd yn ystod taith beic.

Pellter (m)	Amser (s)
0	0
20	5
40	10
60	15
80	20
100	25
100	30
50	35
0	40

a) **Disgrifiwch** fudiant y beic yn ystod y daith gyfan (ysgrifennwch ar y graff).

b) **Cyfrifwch** fuanedd y beic rhwng 20 a 25 eiliad.

c) **Am faint o amser** mae'r beic yn ddisymud?

d) **Cyfrifwch** fuanedd y beic rhwng 30 a 40 eiliad.

e) Beth yw **cyfanswm y pellter** a deithiodd y beiciwr?

Gair i Gall

Mae'r graffiau yma yn **edrych** yn debyg a'r **demtasiwn** fyddai osgoi dysgu'r gwahaniaethau rhyngddynt. **Ond cofiwch**, os **nad** ydych yn gwybod ystyr yr holl fanylion ac **na** fedrwch wahaniaethu rhwng y ddau fath o graff, gallwch gael y cwestiynau hyn i gyd yn **anghywir**.

Grym Cydeffaith a Chyflymder Terfynol

C1 Cwblhewch y brawddegau canlynol gan ddefnyddio'r geiriau yma:

adio tynnu cydeffaith grym cyfeiriad cyflawn mudiant un cyflymu arafu cyson

Yn y rhan fwyaf o sefyllfaoedd go iawn mae o leiaf ddau _____ yn gweithredu ar wrthrych i unrhyw _____. Effaith _____ y grymoedd hyn fydd yn penderfynu ar _____ y gwrthrych – a fydd yn _____, _____, neu'n teithio ar fuanedd _____. Cewch yr effaith gyflawn trwy _____ neu _____ grymoedd sy'n gweithredu i'r _____ cyfeiriad. Y grym cyflawn a gewch yw'r grym _____.

C2 Mae gan gar sydd â màs 2,000kg injan â nam arno sy'n rhoi grym gyrru o 5,500N bob amser. Ar 70 mya y grym llusgiad sy'n gweithredu ar y car yw 5,400N.

   a) **Lluniwch ddiagram** ar gyfer y ddau achos (disymudedd a 70 mya) yn dangos y grymoedd sy'n gweithredu ar y car. *Nid oes angen dangos y grymoedd fertigol.*

   b) **Beth yw** cyflymiad y car pan yw'n cychwyn o ddisymudedd? (Gellir anwybyddu'r grym llusgiad.)

   c) **Darganfyddwch** gyflymiad y car ar 70 mya.

C3 Mae gan gar llai o faint sydd â màs 1,500kg injan sy'n rhoi grym gyrru macsimwm o 4,500N. Ar 70 mya y grym llusgiad sy'n gweithredu ar y car yw 4,450N.

   a) **Lluniwch ddiagram** ar gyfer y ddau achos (cychwyn o ddisymudedd a theithio 70 mya) yn dangos y grymoedd sy'n gweithredu ar y car. *Nid oes angen dangos y grymoedd fertigol.*

   b) **Beth yw** cyflymiad y car ar 70 mya os yw troed y gyrrwr ar y llawr?

   c) **Pa** rym sydd ei angen i gyflymu'r car yn gyson i fuanedd o 4 m/s mewn 2 eiliad, os yw'n cychwyn o ddisymudedd? Tybiwch fod y grym llusgiad yn ddibwys.

C4 Mae'r cymalau isod yn rhoi gwybodaeth am geir a gwrthrychau sy'n disgyn yn rhydd yn cyrraedd cyflymder terfynol. Ond mae trefn y cymalau yn anghywir. Rhowch y cymalau yn y drefn gywir.

- grymoedd gwrthiant.
- nes yn y pen draw mae'r grymoedd gwrthiant yn cydbwyso'r grymoedd cyflymu,
- Pan fo ceir a gwrthrychau sy'n disgyn yn rhydd yn cychwyn
- ac yna ni all y ceir na'r gwrthrychau gyflymu ymhellach.
- mae'r grymoedd cyflymu yn fwy na'r
- Wrth i gyflymder y gwrthrych gynyddu mae'r grymoedd gwrthiant yn cynyddu

C5 Edrychwch ar y dyn â'r parasiwt sydd ar y dde:

   a) **Copïwch** y diagram a labelwch y ddau rym fertigol sy'n gweithredu arno.

   b) Brasluniwch graff cyflymder/amser yn dangos y newid yng nghyflymder y dyn wrth iddo ddisgyn (gan gynnwys cyfnod y disgyniad rhydd a'r cyfnod pan yw'r parasiwt ar agor). Eglurwch y graff yn nhermau'r grymoedd sy'n gweithredu ar y dyn.

C6 **Rhowch enw arall** ar gyfer pob un o'r canlynol:

   a) Y grym fertigol sy'n gweithredu ar wrthychau sy'n disgyn.

   b) Gwrthiant aer.

   c) Buanedd macsimwm gwrthrych sy'n disgyn yn rhydd.

   d) Offer defnyddiol i gynyddu gwrthiant aer.

   e) Siâp fydd yn lleihau gwrthiant aer.

Grym Cydeffaith a Chyflymder Terfynol

C7 Dywedwch a yw'r gosodiadau isod yn gywir neu'n anghywir.

a) Ar y Lleuad ni fyddai pluen a bochdew wedi'u gollwng gyda'i gilydd o'r un uchder yn taro'r llawr ar yr un pryd.

b) Mae cyflymiad yn hafal i grym wedi'i luosi â màs.

c) Mae grym llusgiad yn dibynnu ar siâp ac arwynebedd.

d) Mae grymoedd gwrthiant aer a phwysau yn hafal pan yw gwrthrych sy'n disgyn yn teithio ar ei fuanedd macsimwm (cyflymder terfynol).

e) Mae'r buanedd pan yw pwysau'n hafal i wrthiant aer yr un faint p'un ai yw parasiwt dyn yn plymio drwy'r awyr ar agor neu beidio.

C8 Llenwch y bylchau.   *un   pwysau   llusgiad   gwrthiant   disgyn*

> Y grym ar i lawr sy'n gweithredu ar bob gwrthrych sy'n _____ yw grym disgyrchiant. Byddai'r grym yma yn gwneud iddynt ddisgyn ar yr _____ gyfradd pe na byddai _____ aer. Penderfynir ar gyflymder terfynol unrhyw wrthrych gan y grym _____ sy'n gweithredu arno o'i gymharu â'i _____.

C9 **Plotiwch y graff** cyflymder (mewn m/s) [echelin fertigol] yn erbyn amser (mewn s) [echelin lorweddol] yn dangos mudiant dyn sy'n plymio o'r awyr wedi iddo neidio allan o awyren.

Yna atebwch y cwestiynau:

a) **Beth** yw cyflymder terfynol y plymiwr? [Rhowch yr unedau.]

b) **Amcangyfrifwch** gyflymder y plymiwr ar ôl
(i) 5s   (ii) 12.5s

c) Ar ba amser mae'r plymiwr yn cyrraedd ei gyflymder terfynol?

d) Mae'r plymiwr yn agor ei barasiwt 20 eiliad ar ôl neidio allan o'r awyren. Disgrifiwch y grym ychwanegol sy'n gweithredu arno a'r effaith ar ei fuanedd.

e) A fydd y plymiwr yn cyrraedd cyflymder terfynol newydd? Eglurwch eich ateb.

Cyflymder (m/s)	Amser (s)
0	0
4.5	2
16.5	4
23.0	6
29.0	8
36.0	10
43.5	12
50.0	14
56.0	16
60.0	18
60.0	20

C10 **Lluniwch** y diagramau isod gan ddangos y grymoedd cydeffaith. Os yw'r gwrthrych yn cyflymu, ysgrifennwch gyfeiriad (i fyny, i lawr, i'r dde, i'r chwith) y cyflymiad.

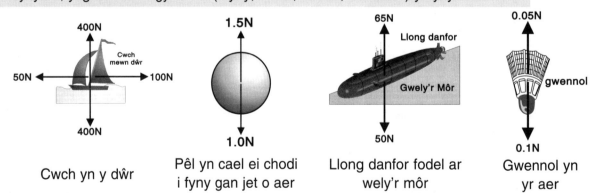

Cwch yn y dŵr

Pêl yn cael ei chodi i fyny gan jet o aer

Llong danfor fodel ar wely'r môr

Gwennol yn yr aer

Gair i Gall

Mae'r syniad o **Rym Cydeffaith** yn bwysig. Y grym cydeffaith yw'r **grym cyflawn** sy'n gweithredu ar wrthrych. Fe'i cewch trwy adio neu dynnu grymoedd sy'n gweithredu i'r un cyfeiriad. Y grym cyflawn sy'n gweithredu ar wrthrych sy'n penderfynu a yw'r gwrthrych yn cyflymu, yn arafu, neu'n aros ar fuanedd cyson.

Egwyddorion Sylfaenol Tonnau

C1   Copïwch y brawddegau canlynol a **llenwch y bylchau**:

a) Mae dau fath o fudiant ton: _____ ac _____.

b) Caiff nifer y tonnau sy'n mynd heibio i bwynt sefydlog bob eiliad ei alw'n _____ sy'n cael ei fesur mewn _____.

c) Caiff yr amser mae dau frig cyfagos yn ei gymryd i fynd heibio i bwynt sefydlog ei alw'n _____ sy'n cael ei fesur mewn _____ .

d) Caiff y pellter mwyaf mae gronyn yn symud o'r safle canol ei alw'n _____.

e) Caiff pwynt uchaf ton ardraws ei alw'n _____.

f) Caiff pwynt isaf ton ardraws ei alw'n _____.

g) Caiff y pellter mae pob ton yn ei deithio bob eiliad ei alw'n _____ sy'n cael ei fesur mewn _____.

h) Bydd tonnau yn newid eu buanedd a'u tonfedd wrth fynd drwy wahanol fathau o ddefnydd. Caiff hyn ei alw'n _____.

i) Bydd tonnau yn lledaenu ar ôl mynd trwy fwlch cul. Caiff hyn ei alw'n _____.

C2   Disgrifiwch fudiant y gronynnau yn nhonnau'r môr.

C3   Disgrifiwch fudiant y gronynnau mewn seindon yn teithio trwy aer.

C4   Diffiniwch 'tonfedd'. Beth yw'r uned sy'n cael ei defnyddio i'w mesur?

C5   Beth mae ton yn ei drosglwyddo?

C6   Gallwch anfon ton ar hyd darn o linyn trwy ysgwyd un pen i fyny ac i lawr (gweler y diagram).

a) Beth yw'r term a ddefnyddiwn i ddisgrifio mudiant y llinyn i fyny ac i lawr?

b) Sut fyddech chi'n cynyddu amledd y don hon?

c) Sut fyddech chi'n cynyddu ei hosgled?

d) Ton ardraws yw hon. Eglurwch pam na ellir gwneud i don arhydol o amledd tebyg deithio ar hyd y llinyn.

C7   Rydych yn arnofio ar y môr yn mesur tonnau. Yr amser rhwng un brig a'r nesaf yw 5 eiliad.

a) Beth yw cyfnod y don yma?

b) Beth yw amledd y don yma?

c) Trwy edrych ar donnau yn teithio ar hyd morglawdd rydych yn amcangyfrif mai'r pellter rhwng 10 o frigau yw 30m. Cyfrifwch **donfedd** cyfartalog y tonnau.

d) **Pa mor bell** mae'r tonnau wedi teithio bob tro y mae brig yn mynd heibio i chi?

e) **Faint o amser** mae ton yn ei gymryd i fynd heibio i chi?

f) Pa mor bell mae ton yn teithio mewn UN eiliad?

g) Beth yw **buanedd** y don?

h) Ym mha ffordd rydych chi'n symud wrth i don fynd heibio i chi?

C8   Ni fydd seindon yn teithio am byth.

Beth sy'n digwydd, **a)** i'r donfedd a **b)** yr osgled os na chaiff egni ei gyflenwi?

c) I ba fath o egni y caiff yr egni ei drawsnewid?

Egwyddorion Sylfaenol Tonnau

C9 Mae chwe hafaliad isod; rhai ohonynt yn anghywir.

a) Ysgrifennwch y fersiynau cywir, gan ddefnyddio geiriau yn gyntaf ac yna'r symbolau arferol.

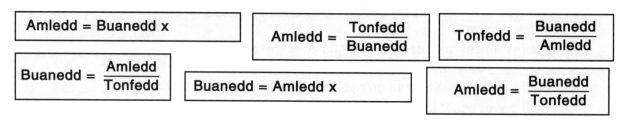

Amledd = Buanedd x

$$\text{Amledd} = \frac{\text{Tonfedd}}{\text{Buanedd}}$$

$$\text{Tonfedd} = \frac{\text{Buanedd}}{\text{Amledd}}$$

$$\text{Buanedd} = \frac{\text{Amledd}}{\text{Tonfedd}}$$

Buanedd = Amledd x

$$\text{Amledd} = \frac{\text{Buanedd}}{\text{Tonfedd}}$$

b) Ysgrifennwch yr hafaliad sy'n cysylltu cyfnod ton T â'i thonfedd a'i buanedd.

C10 Mae'r diagram isod yn dangos darn o linyn â thon yn teithio ar ei hyd. Mae gleiniau wedi'u cysylltu i'r cortyn ar y safleoedd A, B, C, D, E, F, G, H ac I.

a) Lluniwch ar y diagram safle'r llinyn pan fyddai'n ddisymud ar ôl i'r don ddarfod.

b) Pa leiniau sydd:

    i) ar y brigau?

    ii) ar y cafnau?

    iii) yn symud i fyny:

    iv) yn symud i lawr?

    v) yn newid cyfeiriad?

    vi) yn ddisymud?

    vii) yn symud â'r buanedd mwyaf?

    viii) yn symud â'r cyflymiad mwyaf?

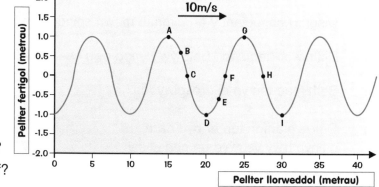

c) Cyfrifwch osgled, tonfedd ac amledd y don.

C11 Caiff rhaglen radio arbennig ei darlledu ar donfedd o 2.250km. Buanedd tonnau radio yw 3×10^8 m/s. Cyfrifwch amledd y trosglwyddiad.

C12 Ffliciwyd pren mesur ar ymyl bwrdd ac edrychwyd arno gan ddefnyddio golau'n fflachio'n gyflym (strobosgop). Cynyddir yr amser rhwng fflachiadau nes bod ymyl y pren mesur yn ymddangos yn ddisymud. Digwyddodd hyn pan oedd y golau yn cynhyrchu 48 pwls o olau yr eiliad.

a) Pam oedd y pren mesur yn edrych fel petai'n ddisymud o dan y golau yma?

b) Beth oedd cyfnod osgiliad y pren mesur?

c) Caiff cyfradd fflachio'r strobosgop ei leihau. Mae'r pren mesur yn edrych fel petai'n symud eto ac yna'n ymddangos yn ddisymud am yr eildro. Sawl fflachiad yr eiliad oedd ei angen fel bo hyn yn digwydd? Eglurwch eich ateb.

Gair i Gall

Peidiwch ag anghofio'r gwahaniaeth rhwng tonnau ardraws a thonnau tarhydol. Bydd angen i chi roi tair enghraifft o bob math o don. Peth pwysig arall yw'r fformiwlâu ton. Cofiwch pryd mae angen eu defnyddio — a gwyliwch yr unedau.

Tonnau Golau

C1 Disgrifiwch sut y caiff enfys ei ffurfio ac eglurwch beth mae hyn yn ei ddweud wrthych am gyfansoddiad golau haul.

C2 Rhowch ddau ddull gwahanol o rannu golau gwyn i'w liwiau gwahanol yn y labordy.

C3 **Copïwch a chwblhewch** y tabl gyferbyn sy'n cymharu golau coch a golau fioled. Defnyddiwch y geiriau canlynol i lenwi'r bylchau.

Hir, Isel, Yr un fath, Uchel, Byr

Nodwedd Ton	Golau Coch	Golau Fioled
Buanedd		
Amledd		
Tonfedd		

C4 **a)** Copïwch a chwblhewch y diagram i ddangos llwybr y paladr golau drwy'r prism a'r golau lliw sy'n dod allan drwy'r wyneb yr ochr draw. Labelwch y lliwiau yn eu trefn gywir.

b) Beth yw'r enw am yr effaith hon?

c) Pa liw sy'n dangos yr ongl wyriad fwyaf?

d) Marciwch ar y diagram ble ddylai'r golau uwchfioled ac isgoch ddod allan (er eu bod nhw'n anweledig).

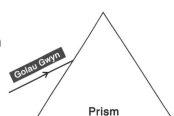

C5 Cael y golau gwyrdd......

a) Beth yw trefn gywir y lliwiau yn y sbectrwm gweladwy?

b) **Ysgrifennwch** pa rai o'r brawddegau yma sydd, yn eich barn chi, yn gywir.

- Mae gan olau **gwyrdd** donfedd hirach na golau **melyn**.
- Mae gan olau **coch** amledd is na golau **glas**.
- Gall cynyddu amledd golau **gwyrdd** ei droi yn olau **glas**.
- Mae golau **melyn** yn teithio'n arafach na golau **fioled**.
- Mae gan olau **oren** amledd mwy na golau **coch**.

Ceir golau gwyrdd o ffynhonnell arbennig.
Pa newidiadau yn y golau welech chi pe baech yn cynyddu:

c) **osgled** y tonnau golau?

d) **amledd** y tonnau golau?

e) **tonfedd** y tonnau golau?

C6 Mae tonnau A, B ac C isod yn cynrychioli tonnau golau coch, gwyrdd a fioled (nid yn y drefn hon).

Darllenwch y brawddegau isod ac ysgrifennwch y rhai sy'n gywir.
- B yw fioled.
- Gan y golau coch y mae'r osgled mwyaf.
- Gan C y mae'r amledd mwyaf.
- Gan wyrdd y mae'r osgled lleiaf.
- Gan A y mae'r donfedd fyrraf.

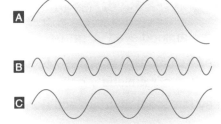

Gair i Gall

Bydd angen i chi wybod bod gan wahanol liwiau o olau wahanol donfedd – ac y gallwch hollti golau gwyn yn lliwiau'r enfys. Gallwch ddarganfod amledd ton golau yn rhwydd oherwydd bod buanedd golau bob amser yr un peth.

Seindonau

C1 Beth sydd raid ei gael i greu seindon?

 Drwm

 Ffidil

 Uchelseinydd

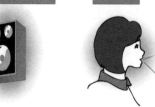 Llais

C2 Beth sy'n **dirgrynu** yn y gwrthrychau uchod er mwyn creu sain?

C3 Sut mae'r dirgryniad yn teithio o'r gwrthrych i'ch clust?

C4 **Brasluniwch y diagram** isod a chwblhewch y labeli.

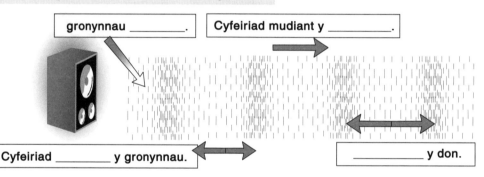

gronynnau _____.

Cyfeiriad mudiant y _____.

Cyfeiriad _____ y gronynnau.

_____ y don.

C5 A yw seindonau yn donnau **arhydol** neu'n donnau **ardraws**?

C6 Sut mae buanedd sain yn cymharu â buanedd golau?
Disgrifiwch rywbeth cyffredin sy'n dangos y ffaith yma.

C7 Mae'r diagram isod yn dangos arbrawf gyda seindon.
Caiff y gloch ei switsio ymlaen a'r pwmp ei gychwyn.

a) Beth sy'n digwydd i'r sain sy'n dod o'r gloch
ar ôl i'r pwmp gychwyn?

b) Pa gasgliad y gellir ei ffurfio o hyn?

c) Beth yw pwrpas y blocyn sbwng?

Cloch yn canu

Clochen wydr

Sbwng

aer

I'r pwmp gwactod

C8 Rhestrir chwe amledd isod.

2Hz, 20Hz, 200Hz, 2000Hz, 2kHz, 20kHz

a) Pa ddau amledd sydd **yr un peth**?

b) P'un sydd agosaf at yr amledd isaf y gall **pobl** ei glywed?

c) P'un sy'n rhoi'r amledd y gallwch ei gyfrif heb ddefnyddio offer?

d) P'un sydd agosaf at yr amledd **uchaf** y gall pobl ei glywed?

C9 **Copïwch a chwblhewch** y gosodiad isod gan ychwanegu'r geiriau sydd ar goll:

Wrth i bobl fynd yn _____ mae amledd _____ y sain y gallant ei glywed yn _____.
Mae hyn yn ei gwneud yn _____ i wahaniaethu rhwng geiriau sy'n cael eu llefaru. Mae'r
niwed yma yn digwydd yn gynharach i bobl sy'n gwrando'n gyson ar synau _____.

Adran Tri — Tonnau

Seindonau

C10 Cwblhewch y brawddegau a) i c) isod:

a) Mae sŵn diangen yn _____ yr amgylchedd.

b) Caiff lefelau sŵn eu mesur mewn _____.

c) Caiff defnyddiau sy'n lleihau sŵn eu galw'n _____ sŵn ac maent yn cynnwys carpedi, llenni a gwydr _____.

C11 Rhestrwch **bum** ffynhonnell llygredd sŵn.

C12 Rhestrwch **chwe** dull o oresgyn llygredd sŵn.

Gan gynnwys: • Dau ddull all gael eu defnyddio gan lywodraeth wladol neu lywodraeth leol.
• Dau ddull all gael eu defnyddio gan unigolion i osgoi sŵn diangen.
• Dau ddull all gael eu defnyddio gan unigolion i'w diogelu rhag gormod o sŵn.

C13 Mae sain yn teithio trwy rai pethau ond nid trwy bopeth.

a) Pa rai o'r canlynol y gall sain deithio drwyddynt? **Ticiwch** yr atebion.

☐ *SOLIDAU* ☐ *GWACTOD* ☐ *HYLIFAU* ☐ *NWYON*

b) Ar gyfer pob un o'r cyfryngau rydych wedi eu dewis yn a) rhowch UN darn o dystiolaeth i ddangos y gall sain deithio trwy'r cyfrwng hwnnw.

c) Trwy **ba** gyfrwng yn a) y mae sain yn teithio gyflymaf?

C14 Os yw sain yn don, rhaid iddi wneud y tri pheth y mae pob ton yn eu gwneud.

a) Y rhain yw _____, _____ a _____

b) Beth yw'r enw cyffredin ar adlewyrchiad sain?

c) Pan fyddwch mewn ystafell a'r drws yn agored, gallwch glywed sain yn dod o'r tu allan i'r ystafell lle bynnag yr ydych yn sefyll yn yr ystafell.

Disgrifiwch sut mae hyn yn bosibl.

C15 Mae gwyliwr ar gae mabolgampau 200m o'r man cychwyn. Mae'n gweld y gwn cychwyn yn cael ei danio ac yna'n clywed y sŵn 0.6s yn ddiweddarach.

a) **Cyfrifwch fuanedd** y sain.

b) Beth fydd y **donfedd**, os mai amledd y sain yw 200Hz?

c) Amledd ton sain arall yw 2000Hz. Sut mae ei hamledd yn cymharu ag amledd y don sydd yn rhan **b)**? Beth fydd cymhareb eu tonfeddi?

C16 Tonfedd ton sain o amledd 2000Hz mewn dŵr yw 7m.

Pa mor gyflym y mae'n teithio?

C17 **Cyfrifwch donfedd** sain sy'n teithio trwy ddur ag amledd 200Hz os yw buanedd sain mewn dur yn 5000m/s.

Gair i Gall

Rhagor o donnau, rhagor o waith cyfrifo, rhagor o hwyl. Rhaid i chi wybod beth sy'n gwneud tonnau a sut maent yn teithio – cofiwch nad yw sain yn teithio trwy wactod. Ni fydd angen i chi wybod amrediad clyw pobl, ond rhaid bod gennych syniad go lew am yr amleddau na allwn eu clywed. Rhaid i chi wybod am lygredd sŵn, ac enwi rhai ffyrdd o'i leihau – marciau hawdd mewn arholiad.

Traw a Chryfder Sain

Copïwch a chwblhewch, gan ddefnyddio geiriau o'r bocs sydd gyferbyn.

amledd	dirgryniad
gwactod	400
ardraws	cyfrwng
ton	tonfedd
330	arhydol
osgled	

C1 Math o fudiant _____ yw sain.

C2 Rhaid cael _____ i greu seindon.

C3 Ton _____ yw sain.

C4 Mae seindonau yn teithio tua _____ m/s mewn aer.

C5 Y pellter rhwng brigau cyfagos ton yw'r _____.

C6 Caiff nifer y dirgryniadau yr eiliad ei alw'n _____.

C7 Caiff pellter macsimwm y gronynnau o'r canol ei alw'n _____ y don.

C8 Ni all sain deithio trwy _____, rhaid iddo gael _____.

C9 Caiff trawfforch ei tharo ac mae'n cynhyrchu sain o draw uchel.

   a) Eglurwch **sut** gaiff y sain ei chynhyrchu.

   b) Disgrifiwch ffordd o fesur amledd y drawfforch.

   c) Beth fyddai'n wahanol pe baech yn clywed trawfforch â breichiau hirach yn cael ei tharo?

   d) Sut fedrwch chi ddangos y dirgryniadau heb ddefnyddio osgilosgop?

C10 Mae olin osgilosgop yn dangos signalau trydanol.

   a) **Beth ellir ei ddefnyddio** i newid sain yn signalau trydanol ar gyfer yr osgilosgop?

   b) Mae trawfforch yn cynhyrchu un nodyn pur. **Brasluniwch** siâp y don y byddech yn disgwyl ei gweld fel olin osgilosgop.

C11 Mae Sara yn arbrofi ag osgilosgop a generadur signalau wedi'u cysylltu i uchelseinydd.

Mae hi'n llunio olin osgilosgop ar gyfer amrediad o amleddau ac osgledau (gweler gyferbyn) ond mae'n cymysgu'r labeli.

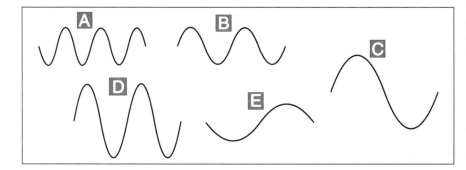

   a) Astudiwch yr olinau uchod a rhowch y data coll yn y tabl gyferbyn.

   b) Beth yw'r gwahaniaeth yn sain olinau B a D?

Olin Osgilosgop	Amledd (Hz)	Osgled (V)
	100	2
	100	4
	200	2
	200	4
	300	2

Traw a Chryfder Sain

C12 Mae newid amledd neu osgled seindon yn effeithio ar y sain y byddwch yn ei chlywed.

Dewiswch y geiriau cywir i gwblhau'r paragraff isod:

> **Bydd cynyddu** [amledd/osgled] **sain yn** [codi/gostwng] **traw y sain, gan gynhyrchu nodyn** [uwch/is]. **Bydd lleihau'r** [amledd/osgled] **yn** [codi/gostwng] **traw y sain. Bydd cynyddu'r osgled yn cynyddu** [traw/cryfder] **y sain a bydd lleihau'r osgled yn gwneud i'r sain fod yn** [gryfach/ddistawach/uwch/is].

C13 Mae Ceri yn defnyddio'r offer a ddangosir isod i ymchwilio i seiniau ag amledd uchel.

Mae hi'n cofnodi:

- yr amledd
- yr osgled
- beth mae'n ei glywed
- lluniad o'r darlun ar yr osgilosgop.

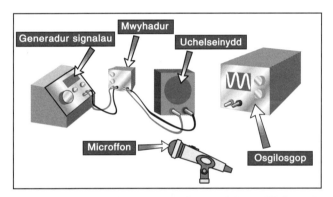

Cofnododd ei chanlyniadau mewn tabl fel yr un isod. Mae llinell gyntaf ei thabl wedi'i llenwi yn barod.

Lluniad	Amledd (Hz)	Osgled (V)	Sain a glywir
	10 000	2V	Uchel a Distaw
	15 000	4V	
	20 000	2V	
	25 000	2V	

a) **Cwblhewch** y tabl â'r canlyniadau y byddech yn disgwyl iddi eu cael ar gyfer yr amleddau eraill.

b) **Pam y mae'n anodd** bod yn sicr am golofn olaf 20 000Hz?

c) Pa anifail allai glywed yr amledd uchaf yn y tabl?

Gair i Gall

Mae'n **bwysig iawn** deall llun osgilosgop — mae cwestiynau am luniau osgilosgop yn **boblogaidd iawn** mewn arholiadau. Cofiwch fod olin **talach** yn golygu **osgled mwy** sy'n golygu **sain gryfach**. Cofiwch fod mwy o i fyny ac i lawr yn golygu **amledd uwch** sy'n golygu **traw uwch**.

Uwchsain

Uwchsain yw sain ag amledd uwch nag y gallwn ei glywed.

C1 Gellir defnyddio generadur signalau gydag uchelseinydd a mwyhadur i wneud seiniau sydd ag amrediad mawr o amleddau (gweler isod). Mae'r osgilosgop yn arddangos seiniau fel olinau.

a) **Pa fath o signal** a gynhyrchir gan eneradur signalau?

b) Beth mae'r **uchelseinydd** yn ei wneud i'r signal hwn?

c) At ba bwrpas y gellir defnyddio'r osgilosgop yma?

d) Pam mae angen cysylltu microffon wrth yr osgilosgop?

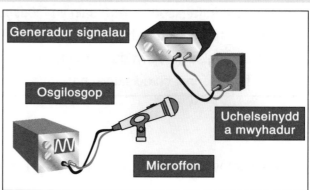

C2 Mae osgilosgop wedi'i osod i roi signal clir ar 10kHz.

a) Pa wahaniaeth a welwch yn yr osgilosgop os caiff yr amledd ei newid i **20kHz**.

b) Pa newid fyddech yn ei **glywed**?

c) Os cynyddir yr amledd i 25kHz pa newidiadau y byddech chi'n eu gweld a'u clywed?

C3 Copïwch a chwblhewch y canlynol:

> Mae gan seiniau uwch na 20 000Hz _____ rhy uchel i'w glywed gan y glust ddynol.
>
> Gellir newid seiniau o'r fath o osgiliadau _____ gan ddefnyddio uchelseinydd.
>
> Galwn seiniau sy'n uwch na'r amledd yn _____.

C4 Cyfrifwch donfeddi'r amleddau uwchsain hyn (mewn aer).

Cymerwch mai buanedd sain mewn aer yw 330 m/s.

a) 25kHz   **b)** 30kHz   **c)** 50kHz   **d)** 100kHz

C5 Pam y mae'n bwysig dweud bod y seiniau yn teithio trwy aer?

C6 **Pa amledd** fydd gan seindon mewn aer os yw ei donfedd yn 0.5cm?

C7 Mae ystlumod yn defnyddio uwchsain i ddal eu hysglyfaeth. Eu hysglyfaeth arferol fyddai mosgito neu wyfyn bychan.

Ni all ystlum synhwyro unrhyw beth yn llai na thonfedd y sain y mae'n ei defnyddio.

Pa amledd y mae angen i'r ystlum ei anfon allan i'w helpu i ddal mosgito?

Awgrym: rhaid i chi amcangyfrif maint mosgito yn gyntaf.

Uwchsain

C8 Dylech fedru disgrifio'r gwahanol ddefnydd a wneir o uwchsain gan bobl.

Mae'r tabl isod yn crynhoi chwe ffordd o ddefnyddio uwchsain. Mae'r wybodaeth wedi ei chymysgu.

Defnydd	Categori defnyddio	Uwchsain yn cael ei ddefnyddio er mwyn ...	Egwyddorion sylfaenol
Symud cerrig aren	Diwydiannol	Creu delwedd o'r ffoetws	Defnyddio egni mewn uwchsain i newid defnydd yn ffisegol
Rheoli ansawdd	Meddygol	Chwalu cerrig er mwyn caniatáu iddynt basio allan yn y troeth	Defnyddio egni mewn uwchsain i newid defnydd yn ffisegol
Symud tartar	Milwrol/Gwyddonol	Chwalu tartar ar ddannedd	Defnyddio egni mewn uwchsain i newid defnydd yn ffisegol
Sonar	Meddygol	Chwilio am graciau mewn castinau metel	Canfod uwchsain wedi'i adlewyrchu i adeiladu delwedd
Sgrinio cyn-geni	Diwydiannol	Glanhau mecanweithiau bregus heb eu datgymalu	Canfod uwchsain wedi'i adlewyrchu i adeiladu delwedd
Glanhau	Meddygol	Mesur y pellter i wrthrychau neu fapio gwely'r môr	Canfod uwchsain wedi'i adlewyrchu i adeiladu delwedd

Ailddarluniwch y tabl a'r wybodaeth yn y mannau cywir.

C9 Copïwch a chwblhewch:

Mae uwchsain yn ddefnyddiol er mwyn delweddu oherwydd caiff ei _____ yn rhannol ar ffiniau gwahanol _____. Gellir prosesu'r adlewyrchiad i ffurfio _____ o'r _____ mewnol yn y gwrthrych dan sylw.

C10 Pam y mae uwchsain...

a) yn well na phelydrau X i edrych ar ffoetws?

b) yn well na dulliau traddodiadol i lanhau mecanweithiau bregus?

c) yn well na llawdriniaeth i chwalu cerrig yn yr arennau?

d) yn cael ei ddefnyddio i edrych am ddiffygion mewn castinau metel?

e) yn cael ei ddefnyddio i gael gwared â thartar?

C11 Caiff uwchsain ei ddefnyddio'n ymaerferol mewn ffyrdd eraill.

a) Mae llongau tanfor yn ei ddefnyddio i gyfrifo'r pellter i wrthrychau. Sut?

b) Beth yw'r enw ar y broses?

c) Caiff uwchsain ei ddefnyddio mewn ffyrdd llai amlwg fel mewn camerâu awtoffocws. Sut y credwch y caiff ei ddefnyddio mewn achos o'r fath?

Gair i Gall

Mae'n eithaf amlwg beth yw uwchsain. Disgwylir i chi fedru enwi **pedair** enghraifft lle caiff **uwchsain** ei ddefnyddio, a dweud beth yw **manteision** defnyddio uwchsain yn hytrach na mecanweithiau eraill. Mae rhagor o ymarfer â'r hafaliad ton safonol ar y tudalennau yma hefyd.

Adran Tri — Tonnau

Buanedd Sain

C1 Beth yw buanedd sain mewn aer mewn metrau yr eiliad?

C2 Beth yw'r enw ar sain wedi'i hadlewyrchu?

C3 Sut mae buanedd sain yn wahanol mewn dŵr o'i gymharu ag mewn aer?

C4 Mae grŵp o fyfyrwyr wedi'u hanfon allan i amcangyfrif buanedd sain. Mae un myfyriwr yn taro dau floc pren â'i gilydd. Mae dau fyfyriwr arall yn mesur yr amser rhwng y bang a chlywed y sain a adlewyrchwyd gan wal fawr. Maent yn mesur y cyfwng amser sawl gwaith. Pellter y wal yw 200m.

Dangosir y deg amser a gofnodwyd yn y tabl isod.

Cyfwng Amser (s)				
1.11	1.23	1.29	1.17	1.15
1.19	1.21	1.13	1.27	1.25

  a) Cyfrifwch gyfartaledd yr amserau.
  b) Pa mor bell y teithiodd y sain yn ystod yr amser yma?
  c) Beth yw buanedd y sain a geir o'r arbrawf hwn?
  d) Pam oedd hi'n syniad da i ailwneud yr arbrawf?
  e) Pe bai'r myfyrwyr wedi cyfrifo buanedd sain gan ddefnyddio un o'r arsylwadau yn unig, beth yw'r cyfeiliornad mwyaf y gallai fod wedi digwydd yn eu cyfrifiad?

C5 Mae grŵp arall o fyfyrwyr yn mesur buanedd sain mewn ffordd arall.

Mae'r myfyrwyr yn sefyll bob 200m ar draws y cae. Mae gan bob un stopwats.
Mae'r myfyriwr â'r pistol cychwyn yn tanio'r gwn ac yn gostwng ei fraich yr un pryd.
Mae'r myfyrwyr yn cychwyn eu stopwatsys wrth weld y fraich yn gostwng ac yn stopio'u watsys wrth glywed y bang.

Mae'r amserau wedi'u crynhoi yn y tabl isod.

Pellter (m)	200	400	600	800	1000
Amser (s)	0.9	1.2	1.8	2.4	3.0

  a) Plotiwch graff y pellter o'r pistol yn erbyn amser.
  b) Defnyddiwch eich graff i gyfrifo buanedd sain.
  c) Dydy un pwynt ddim yn ffitio'r patrwm. Pam ddylech chi ddisgwyl i'r pwynt yna fod yr un lleiaf cywir a fesurwyd?

Adran Tri — Tonnau

Buanedd Sain

C6   Mae llong danfor fechan yn defnyddio sonar i leoli gwrthrych mewn dŵr cymylog.

Mae nifer o wrthrychau yn ei ffordd: llong danfor fawr, morfil, llongddrylliad, gwely'r môr. Mae'r llong danfor yn anfon pwls o'i blaen ac yn cael pedair atsain. Yna mae'n symud ymlaen 75m ac yn anfon pwls arall ac eto'n cael pedair atsain.

Mae'r tabl isod yn dangos yr amserau y mae'r atsain gyntaf a'r ail yn eu cymryd i ddod yn ôl o'r pedwar gwrthrych.

Gwrthrych	Amser yr Atsain Gyntaf (s)	Amser yr Ail Atsain (s)
1	0.2	0.1
2	0.1	0.1
3	0.4	0.2
4	1.0	1.1

Buanedd sain mewn dŵr yw 1500m/s.

a) Pa mor bell i ffwrdd yw pob gwrthrych adeg yr atsain gyntaf?

b) Pa mor bell i ffwrdd yw pob gwrthrych adeg yr ail atsain?

c) O gofio bod y llong danfor fechan wedi symud rhwng derbyn yr atsain gyntaf a'r ail atsain, **beth fedrwch chi ei ddweud** am symudiad y gwrthrychau eraill?

d) **Pa un** yw gwely'r môr a **pha un** yw'r llongddrylliad?

e) O'r gwrthrychau sydd ar ôl, dywedwch pa un yw'r morfil a pha un yw'r llong danfor. Mae'n werth cofio bod llong danfor yn fwy chwilfrydig na morfilod!

Ton yw sain ac mae dau hafaliad i gyfrif buanedd ton.

C7   Un dull arbennig o fesur sain yw defnyddio bar o fetel ac osgilosgop. Mae sain ag amledd o 10kHz yn cymryd 0.0004s i deithio ar hyd bar dur 1m o hyd a dychwelyd.

a) Pa mor bell y teithiodd y seindon?

b) Pa hafaliad fyddech chi'n ei ddefnyddio **i gyfrifo buanedd y don**?

c) Beth yw'r buanedd? A yw'n gyflymach neu'n arafach na buanedd mewn aer?

d) Pa hafaliad fyddech chi'n ei ddefnyddio i gyfrifo'r donfedd?

e) Beth **yw** ei donfedd?

Gair i Gall

Mae'n hawdd — buanedd = pellter/amser. Y peth **pwysig i'w gofio** wrth wneud y cwestiynau ar atsain yw bod yn rhaid i'r sain deithio **i'r** wal ac **yn ôl**, felly mae wedi teithio ddwbl y pellter. Mae golau yn teithio mor gyflym fel y medrwch weld rhywbeth yn union ar ôl iddo ddigwydd.

Adlewyrchiad

C1 Fel sain, gall golau adlewyrchu oddi ar arwynebedd. Llenwch y bylchau yn y brawddegau isod:

a) Mae rhai gwrthrychau yn allyrru eu golau eu hunain. Byddwn yn gweld yr holl wrthrychau eraill am eu bod yn _____ golau.

b) Mae rhai gwrthrychau yn adlewyrchu golau heb ei wasgaru i wahanol gyfeiriadau. Mae hyn yn adlewyrchiad _____ ac mae'r gwrthrychau sy'n gwneud hyn yn edrych yn _____.

c) Mae'r rhan fwyaf o wrthrychau yn adlewyrchu golau i nifer o wahanol gyfeiriadau gan roi adlewyrchiad _____. Mae'r gwrthrychau hyn yn edrych yn _____.

d) Dywed y ddeddf adlewyrchiad 'Mae'r ongl _____ yn _____ i'r ongl _____'.

C2 Beth yw'r enw ar y paladr o olau a ddefnyddiwyd i gynrychioli llwybr y golau?

C3 Beth yw'r enw ar linell a gafodd ei thynnu ar ongl sgwâr i ddrych neu arwyneb lens?

C4 Mae diagramau 1, 2 a 3 yn dangos pelydrau yn cyrraedd arwyneb.

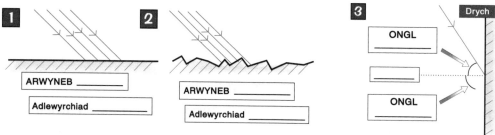

Gwnewch gopi o bob diagram. Cwblhewch y labeli a llenwch y pelydrau adlewyrchedig.

C5 Astudiwch y diagram yma o uwcholwg o ddau berson yn eistedd ar fainc mewn parc.

Gallant weld rhai cerfluniau wedi'u hadlewyrchu yn y ffenestr.

Defnyddiwch ddeddf adlewyrchiad i benderfynu **pa rai o'r cerfluniau** A, B, C a D y gall person 1 a 2 eu gweld?

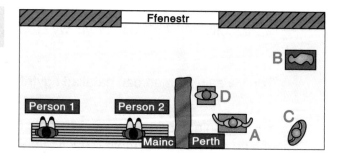

C6 Yn y diagram gyferbyn mae pelydrau yn disgyn ar y drychau crwm 1 a 2.

a) Lluniwch y diagramau a chwblhewch lwybrau'r pelydrau adlewyrchedig.

b) Enwch siapiau'r ddau ddrych.

c) Nodwch ddau ddefnydd ar gyfer pob un o'r drychau, 1 a 2.

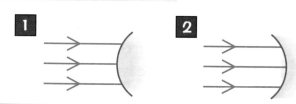

Gair i Gall

Rhaid dysgu pob **diagram** yng nghwestiwn 4 a gallu eu **llunio**. Rhaid ymarfer felly! Hefyd dylech fedru **llunio** diagram i ddangos sut y caiff delwedd ei ffurfio mewn drych fflat. Byddwch yn ofalus â'r labeli — mae'r onglau trawiad a'r onglau adlewyrchiad rhwng y **pelydryn a'r normal**, nid rhwng y **pelydryn a'r arwyneb**.

Adran Tri — Tonnau

Plygiant

C1 Llenwch y bylchau neu dewiswch y geiriau cywir ar gyfer y brawddegau canlynol:

    a) Mae golau yn teithio ar _____ gwahanol mewn cyfryngau gwahanol.

    b) Bydd golau yn [cyflymu/arafu] wrth iddo deithio o aer i wydr.

    c) Pan fydd golau yn teithio'n ôl i aer bydd yn [cyflymu/arafu].

    d) Mae'r newid mewn buanedd yn digwydd ar _____ y ddau gyfrwng.

C2 Beth yw ystyr 'normal' i arwyneb?

C3 A yw amledd golau yn newid wrth iddo fynd i mewn i gyfrwng newydd?

C4 Astudiwch y pelydrau yn y ddau ddiagram ar y dde.

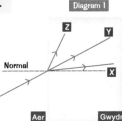
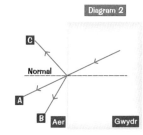

    a) Yn Niagram 1 mae pelydryn yn mynd i mewn i floc gwydr. Pa belydryn X, Y, neu Z sy'n dangos sut mae'n mynd ymlaen.

    b) Yn Niagram 2 mae pelydryn yn gadael y bloc. Pa belydryn A, B neu C sy'n dangos ei lwybr yn gywir?

C5 Copïwch a chwblhewch:

> Pan fo pelydryn o olau yn mynd i mewn i floc gwydr mae'n plygu [tuag at/i ffwrdd] o'r normal.
> Pan fo pelydryn o olau yn gadael bloc gwydr mae'n plygu [tuag at/i ffwrdd] o'r normal.

C6 Mae'r diagram hwn yn dangos pelydryn o olau yn mynd i mewn i floc gwydr fel blaendon.

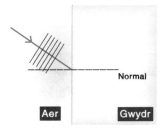

Ysgrifennwch ddarn i egluro plygiant y pelydryn hwn yn y bloc gan ddefnyddio'r syniad o flaendon — defnyddiwch y geiriau allweddol gyferbyn i'ch helpu.

GEIRIAU ALLWEDDOL
- ongl i'r normal
- blaendon
- arafu
- tonfedd
- cyfeiriad yn newid
- amledd ddim yn newid

C7 Mae'r diagram isod yn dangos pelydryn o olau yn gadael y bloc gwydr fel blaendon.

GEIRIAU ALLWEDDOL
- ongl i'r normal
- blaendon
- cyflymu
- tonfedd
- cyfeiriad yn newid
- amledd ddim yn newid

Ysgrifennwch ddarn i egluro plygiant y pelydryn hwn wrth iddo adael y bloc gan ddefnyddio'r syniad o flaendon — defnyddiwch y geiriau allweddol gyferbyn i'ch helpu.

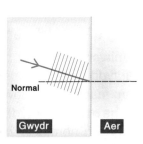

Gair i Gall

Plygiant ac Adlewyrchiad – rhaid deall y gwahaniaeth rhwng y ddau. Mae angen i chi wybod beth yw plygiant a sut mae'n digwydd. Dysgwch yr holl ddiagramau – gallant ofyn i chi eu llunio yn yr arholiad. Cofiwch nad yw golau yn plygu wrth iddo fynd i mewn ar 90° yn union, ond mae'n arafu.

Achosion Arbennig o Blygiant

C1 Gwnewch gopi o'r prism sydd gyferbyn — gan ddefnyddio pelydryn o olau unlliw yn mynd i mewn fel y dangosir.

a) Lluniwch **normal** i'r wyneb lle mae'r pelydryn golau yn mynd i **mewn**.
b) Sut fydd **tonfedd** a **buanedd** y pelydryn yn newid wrth fynd i mewn i'r prism?
c) Lluniwch lwybr y pelydryn drwodd i **ochr arall** y prism.
d) Lluniwch **y normal** i'r arwyneb lle mae'r pelydryn yn gadael y prism.
e) Lluniwch y pelydryn **y tu allan** i'r prism.
f) Os yw'r pelydryn golau yn olau 'gwyn' o'r haul, beth arall fyddech yn ei weld yn digwydd?

C2 Rhestrwch gymaint o offer ag y gallwch sy'n defnyddo prismau.

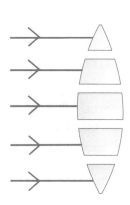

C3 Gellir meddwl am lens fel llawer o brismau gwahanol yn gweithio gyda'i gilydd. Mae'r lens ar y chwith wedi'i hollti'n bum prism.

a) Pa **fath o lens** sydd yn y diagram gyferbyn?
b) **Lluniwch normal i'r pelydrau** yn mynd i mewn i'r tri phrism uchaf.
c) Cwblhewch **lwybrau'r pelydrau** yn y gwydr ac yn gadael y gwydr.
d) Cwblhewch y ddau brism isaf trwy gymharu'r rhain â'ch ateb i ran **c**).
e) Disgrifiwch bwrpas lens o'r siâp yma.

C4 **Copïwch** a **chwblhewch** y paragraff yma am adlewyrchiad mewnol cyflawn.

'Bydd adlewyrchiad mewnol cyflawn yn digwydd pan fo golau yn teithio mewn defnydd megis [gwydr / aer] ac yn dod i [ymyl / canol] y bloc. Os yw'r golau yn cyfarfod y ffin ar ongl fawr i'r [ymyl / normal] caiff y pelydryn ei [plygu / diffreithio / adlewyrchu] nid [plygu / adlewyrchu]. Gelwir yr ongl pan fydd adlewyrchiad mewnol yn dechrau digwydd yn ongl [critigol / trawol / normal] ac mae tua [22 / 42 / 90] gradd mewn gwydr.'

C5 Gwnewch gopi o'r bloc gwydr isod gyda phelydryn yn mynd i mewn fel sy'n cael ei ddangos.

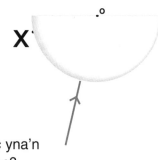

a) **Lluniwch normal** i'r bloc lle mae'r pelydryn yn mynd i mewn.
b) Sut fydd cyfeiriad y pelydryn yn **newid** wrth fynd i mewn? Pam mae hyn yn digwydd?
c) **Parhewch â'r pelydryn** y tu mewn i'r bloc.
d) **Lluniwch** normal i'r wyneb lle bydd y pelydryn yn gadael y bloc. Lluniwch y pelydryn yn gadael y bloc.
e) Pe byddai'r pelydryn wedi dod i mewn trwy'r pwynt X yn wreiddiol, byddai'r canlyniad yn wahanol. Lluniwch belydryn yn dod i mewn trwy bwynt X â'i gyfeirio at 'o'. Dangoswch ei lwybr trwy'r gwydr ac yna'n gadael y bloc. Beth yw enw'r effaith sy'n digwydd ar ochr fflat y bloc?

Adlewyrchiad Mewnol Cyflawn

C1 Mae'r diagram yn dangos dau floc gwydr unfath gyda phelydryn yn mynd i mewn ar ddwy ongl wahanol.

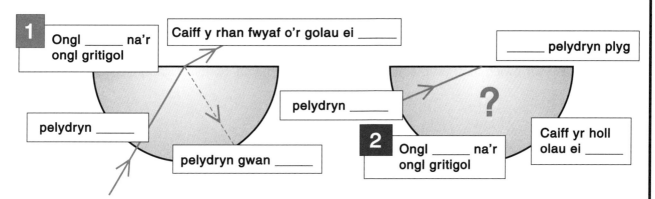

1 Ongl _____ na'r ongl gritigol

Caiff y rhan fwyaf o'r golau ei _____

_____ pelydryn plyg

pelydryn _____

?

pelydryn _____

pelydryn gwan _____

2 Ongl _____ na'r ongl gritigol

Caiff yr holl olau ei _____

a) Copïwch Ddiagram 1 a chwblhewch y labeli.
b) Copïwch Ddiagram 2. Lluniwch y pelydryn adlewyrchedig y tu mewn i'r bloc a chwblhewch y labeli.

C2 Mae'r diagram isod yn dangos pelydryn o olau yn mynd i mewn i brism gwydr ar ongl sgwâr i'r arwyneb.

a) Pam y mae'r pelydryn yn mynd i mewn i'r prism heb newid cyfeiriad?
b) Copïwch y diagram gyferbyn. Marciwch yr ongl drawiad a'r ongl adlewyrchiad a'u labelu.
c) Beth yw maint yr ongl drawiad ar yr arwyneb mewnol?
d) Beth sy'n rhaid ei bod yn wir am yr ongl drawiad a'r ongl adlewyrchiad?

45°

45°

C3 a) Lluniwch ddiagram ffibr optegol yn dangos:

- yr haenau yn y ffibr
- y pelydryn golau yn teithio ar ei hyd (dangoswch 3 neu 4 adlewyrchiad).

Marciwch gyda saethau y mannau ble mae adlewyrchiad mewnol cyflawn yn digwydd.

b) Rhestrwch fanteision ffibrau optegol dros wifrau am gario gwybodaeth.

C4 Disgrifiwch beth yw endosgop, a rhowch ddefnydd o endosgop mewn ysbyty. Fedrwch chi feddwl am ddefnydd arall o adlewyrchiad mewnol cyflawn?

Gair i Gall

Mae **prismau** a **lensiau** yn defnyddio plygiant. Rhaid i chi wybod trefn y lliwiau sy'n dod allan o brism — meddyliwch am y lliw gaiff ei **blygu** fwyaf a'r lliw gaiff ei blygu **leiaf**. Cofiwch fod Adlewyrchiad Mewnol Cyflawn yn achos arbennig o olau yn 'plygu' rhwng defnydd dwys ac aer.

Diffreithiant

C1 Llenwch y bylchau yn y brawddegau canlynol:

a) Bydd tonnau yn _____ wrth fynd trwy _____ neu heibio i _____.

b) Enw'r effaith yma yw _____.

c) Y _____ y bwlch y mwyaf yw'r diffreithiant.

d) Os yw'r bwlch tua'r un maint â _____ y don, yna cynhyrchir tonnau siâp _____.

C2 'Mae sain yn diffreithio mwy na golau'.

Eglurwch ystyr y frawddeg hon ac esboniwch pam y mae sain yn ymddwyn yn wahanol.

C3 Dengys y diagramau canlynol donnau plân yn agosáu at rwystr.

a)
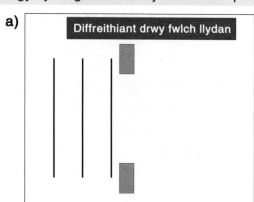
Diffreithiant drwy fwlch llydan

b)
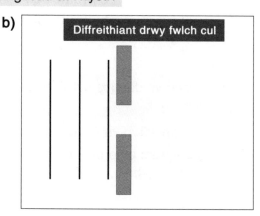
Diffreithiant drwy fwlch cul

c)
Diffreithiant ar ymyl

d)
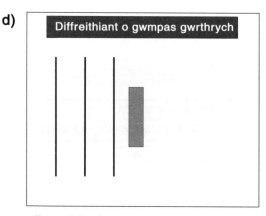
Diffreithiant o gwmpas gwrthrych

Copïwch y diagram a lluniwch y blaendonnau wedi pasio'r rhwystrau.

Buanedd sain = 330m/s. Buanedd golau = 3 x 10⁸ m/s

C4 Mae seindon a thon golau gweladwy yn mynd trwy ddrws 75cm llydan.

a) Pa amledd o sain sydd â thonfedd o 75cm? A fedrwn ni glywed y sain yma?

b) Os yw amledd y golau gweladwy yn 5×10^{14} Hz, beth yw ei donfedd?

c) Defnyddiwch ganlyniadau a) a b) i esbonio pam y mae'n bosib clywed o amgylch corneli ond yn amhosib gweld o amgylch corneli.

C5 Pa amledd o belydriad electromagnetig sydd â thonfedd 75cm?
Pa fath o belydriad EM yw hyn?

Adran Tri — Tonnau

Diffreithiant

C6 Yn y diagram fe welwch arbrawf i ddangos diffreithiant golau.

Mae'r laser yn gyrru golau coch
trwy hollt cul. Disgleiria'r golau
ar sgrin wen.

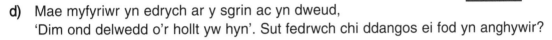

a) Pam y caiff golau laser ei ddefnyddio
yn hytrach na ffynhonnell golau arferol?

b) Sut mae gwneud llwybr y paladr yn weladwy?

c) Pam y mae'n rhaid i'r hollt fod yn **gul iawn**?

d) Mae myfyriwr yn edrych ar y sgrin ac yn dweud,
'Dim ond delwedd o'r hollt yw hyn'. Sut fedrwch chi ddangos ei fod yn anghywir?

e) Sut fyddai siâp y paladr golau yn newid petai'r hollt yn cael ei gyfnewid am un **mwy cul**.

f) Sut fyddai siâp y paladr yn newid os defnyddir golau gwyrdd **yn lle** golau coch.

C7 Sut fedrwch chi ragweld os yw ton radio yn mynd i ddangos diffreithiant sylweddol o gwmpas gwrthrych?

C8 A fydd diffreithiant sylweddol yn digwydd yn y sefyllfaoedd canlynol, a beth fydd yr effaith?

a) Signal radio tonfedd hir ag amledd o 1MHz yn pasio rhwng 2 floc o fflatiau 250m ar wahân.

b) Signal radio FM ag amledd o 1GHz yn cael ei drosglwyddo o ben pellaf twnnel byr 6m o led.

c) Eisteddaf wrth fy nesg a thu allan i'm ffenest (50cm o led) mae gyrwyr diamynedd yn canu eu cyrn (amledd 5000Hz).

C9 Mae'r diagramau isod yn dangos tonnau teledu tonfedd fer a thonnau radio tonfedd hir yn agosáu at fryn.

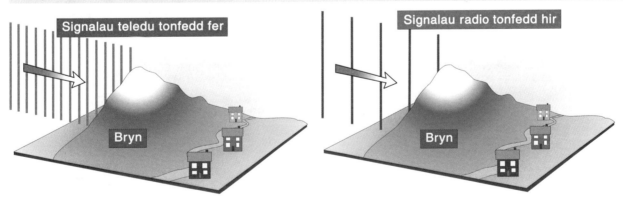

a) Copïwch a chwblhewch y darluniau uchod i ddangos sut mae'r bryn yn newid cyfeiriad y don EM.

b) Awgrymwch reswm pam y mae pobl yn y tai yn y darlun yn medru gwrando ar gêm griced ar Radio 4 tonfedd hir ond ddim yn medru gwylio'r gêm ar y teledu.

Gair i Gall

Ystyr diffreithiant yw tonnau yn **lledaenu allan**. Yr hyn sy'n bwysig i'w gofio yma yw bod y tonnau'n lledaenu **ymhellach** wrth fynd trwy fwlch **cul** na bwlch **llydan** – bwlch cul yw un tua'r **un maint** â'r **donfedd**. Unwaith eto rhaid copïo a dysgu'r diagramau – edrychwch ar gwestiwn 3.

Adran Tri — Tonnau

Offer Optegol

Dibynna offer optegol ar egwyddorion sylfaenol a ddylai fod yn gyfarwydd iawn i chi.

C1 **Copïwch a chwblhewch** y brawddegau canlynol.

> Pan fydd pelydryn o olau'n symud o aer i wydr mae'n plygu [i ffwrdd / tuag at] y normal.
> Pan fydd pelydryn o olau'n symud o wydr i aer mae'n plygu [i ffwrdd / tuag at] y normal.

C2 Mae lensiau yn gweithio trwy blygu golau.

Mae pelydrau golau yn dod at y ddau lens gyferbyn o anfeidredd.

Copïwch y diagramau a dangoswch sut fyddai'r pelydrau'n cael eu plygu gan y lensiau.

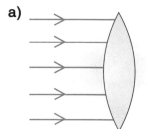
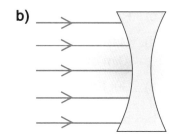

C3 Mae'r diagram isod yn dangos camera Lens Sengl Adlewyrchol (SLR) sy'n boblogaidd gan ffotograffwyr.

Pa ran o'r camera sy'n ....
a) rheoli faint o olau sy'n mynd i mewn i'r camera
b) ffocysu'r golau
c) cofnodi'r ddelwedd
d) gadael y golau i mewn pan fo'r ffotograff yn cael ei dynnu.

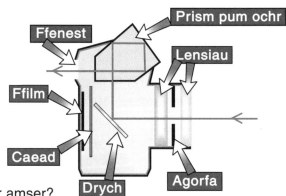

C4 Mewn camera SLR rhaid i ran arall symud cyn cymryd y ffotograff.

a) Pa ran?
b) Pam y mae'r rhan yma 'yn y ffordd' am weddill yr amser?

C5 Pa fath o **adlewyrchiad** sydd yn digwydd y tu mewn i'r prism pum ochr?

C6 Beth yw manteision defnyddio'r trefniant cymhleth yma gyda'r prism pum ochr?

Dengys y diagram bâr safonol o finocwlars.

C7 Nid yw'r lens a'r sylladur mewn llinell, felly mae angen prismau i blygu'r golau trwy'r binocwlars. Beth yw'r rheswm am y trefniant cymhleth yma?

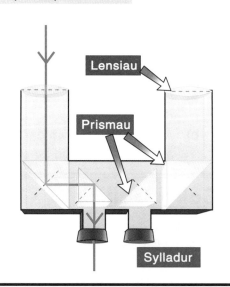

C8 **Cwblhewch** lwybr y golau yn ail ran y binocwlars.

C9 Mae'n bosib defnyddio drychau yn hytrach na phrismau. Disgrifiwch un fantais o ddefnyddio drychau sy'n adlewyrchu'n gryf yn hytrach na phrismau.

C10 Pa briodwedd o'r prism sy'n caniatáu i'r golau gael ei 'blygu' o gwmpas cornel?

Adran Tri — Tonnau

Offer Optegol

C11 Mae'r diagram yn dangos golau'n mynd i mewn i berisgop.

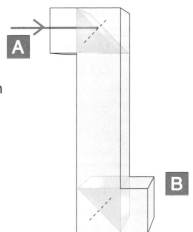

a) Copïwch y diagram **a dangoswch lwybr y golau** drwy'r perisgop.

b) Sut mae safle'r prismau yn sicrhau nad yw'r pelydrau golau yn cael eu gwasgaru wrth iddynt basio drwy'r perisgop?

c) Ble fyddech chi'n gosod eich llygad ar y perisgop er mwyn edrych ar olygfa o bwynt uwch?

d) Beth yw'r fantais (wrth edrych drwy'r perisgop) o ehangu'r golofn A—B.

C12 a) Rhowch ddau ddefnydd ar gyfer perisgop.

b) Esboniwch pam y mae angen y perisgop yn y ddau achos.

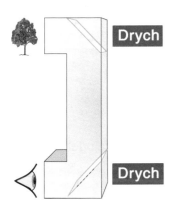

C13 Mae'r diagram yn dangos perisgop sydd wedi ei osod at ei gilydd yn anghywir.

a) Copïwch y diagram a marciwch lwybr dau belydryn golau sy'n teithio at y llygad — un o **ben y goeden** ac un o'r **boncyff**.

b) Pa **broblem** allai godi gyda'r perisgop hwn?

c) Y tro hwn, **lluniwch y perisgop yn gywir**, gyda dau belydryn golau newydd yn dangos sut mae'r fersiwn hwn yn gweithio'n gywir.

d) Rhestrwch ddwy **fantais** o ddefnyddio drychau yn y perisgop yn hytrach na phrismau.

C14 Mae'r diagram yn dangos pelydryn golau yn cael ei adlewyrchu gan **adlewyrchydd** beic.

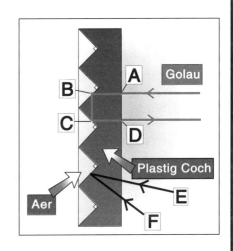

a) Esboniwch sut mae'r pelydryn trawol yn cael ei **adlewyrchu'n ôl** i'w gyfeiriad gwreiddiol. Bydd yr adlewyrchydd hefyd yn adlewyrchu golau yn dod ato o onglau gwahanol.

b) Beth fyddech yn disgwyl ei weld yn digwydd i'r pelydryn golau yn E? (A gaiff ei adlewyrchu'n ôl i'w gyfeiriad gwreiddiol neu a fydd yn gadael ar ongl arall?)

c) Beth fydd yn digwydd i belydryn golau F?

C15 Beth sydd yn gyffredin rhwng **siapiau'r** prismau mewn **adlewyrchydd**, mewn **binocwlars** ac mewn **perisgop**?

Gair i Gall

Mae'r rhain i gyd yn enghreifftiau gwych o adlewyrchiad, plygiant ac adlewyrchiad mewnol cyflawn. **Dysgwch** y diagramau a'u **hymarfer**, achos mae'n debyg y bydd gofyn i chi gwblhau diagram o un o'r offer hyn yn yr arholiad. Nid ydynt yn anodd ond mae tipyn o fanylion i'w cofio.

**Adran Tri — Tonnau**

Y Sbectrwm Electromagnetig

C1 Copïwch a chwblhewch y paragraff canlynol am donnau electromagnetig.

a) Mae tonnau electromagnetig (EM) yn ffurfio _____ di-dor. Y mae'r holl donnau EM yn teithio gyda mwy neu lai yr un _____ mewn _____ arbennig. Mewn _____ mae'r _____ yma tua 3 x 10^8 m/s. Y mae _____ prif fath o donnau EM. Y drefn gywir am y mathau yma o donnau EM (gan ddechrau gyda'r donfedd hiraf yw: _____ _____, _____, _____, _____ _____, _____, _____ a _____ _____.

b) Tonnau _____ sydd â'r amledd isaf a'r donfedd _____, a _____ _____ sydd a'r amledd uchaf a'r donfedd _____. Mae ein llygaid ond yn sensitif i donnau EM o'r rhan _____ o'r sbectrwm.

C2 Dywedwch os yw'r datganiadau **a) – j)** isod yn gywir neu'n anghywir ac os yw'n anghywir, ysgrifennwch y geiriau cywir y dylid eu cyfnewid am y geiriau sydd wedi eu tanlinellu.

a) Defnyddir **microdonnau** i gyfathrebu â lloerennau.

b) Mae **microdonnau** yr un fath â phelydriad gwres.

c) Mae **pelydrau gama** yn achosi ac yn gwella canser.

d) Golau gweladwy yn unig sy'n dangos diffreithiant.

e) Gall **tonnau radio** gael tonfeddi o sawl metr.

f) Defnyddir **pelydrau X** i dynnu llun esgyrn oherwydd eu bod yn gymharol ddiogel.

g) Mae pelydriad isgoch yn achosi canser y croen.

h) Amsugnir **microdonnau** gan ddŵr.

i) Mae **tonnau radio tonfedd hir** yn medru diffreithio bellteroedd hir o gwmpas y Ddaear.

j) Mae gan **olau gweladwy** donfedd o ryw ddeg milfed milimetr.

C3 Mae'r diagram yn dangos rhannau o'r sbectrwm electromagnetig a'r tonfeddi am y gwahanol belydriadau. Maen nhw i gyd yn gymysg fodd bynnag.

a) **Gwnewch** eich diagram eich hun o'r sbectrwm, ond gyda'r mathau o belydriad a'r tonfeddi yn y drefn gywir, o'r donfedd fyrraf i'r hiraf.

b) Beth yw **buanedd** ton electromagnetig mewn gwactod?

c) Cyfrifwch **amledd** pob math o don.

d) Sawl gwaith hirach yw ton golau gweladwy arferol o'i chymharu â thon pelydr X?

e) Sawl gwaith hirach yw microdon o'i gymharu â thon golau gweladwy arferol.

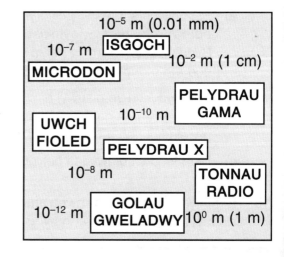

Y Sbectrwm Electromagnetig

C4 Tynnwyd llun ton electromagnetig ar ddarn o bapur A4 fel bo un donfedd yn llenwi'r dudalen. Dywedir wrthych mai dyna'i faint cywir.

Pa ddau fath o don EM y gallai'r llun fod yn eu dangos?

C5 Defnyddir tonfedd microdon 3cm yn aml. Beth yw ei amledd?

C6 Mae'r tabl wedi ei gymysgu. Ail-luniwch y tabl gyda'r wybodaeth yn y mannau cywir

Math o Belydriad	Effaith ar feinweoedd byw	Defnyddiau
Gama	• dim fwy na thebyg	• cyfathrebu • darlledu • radar
Pelydr X	• mae gwresogi dŵr yn y meinweoedd yn gallu achosi 'llosgi'	• delweddu ffurfiau mewnol yn y corff • astudio ffurf atomig defnyddiau
Uwch-fioled	• mewn dos uchel gall ladd celloedd byw • mewn dos llai gall achosi i gelloedd droi'n rhai â chanser • mae'n achosi i'r croen dywyllu	• tiwbiau fflwroleuol • troi'r croen yn dywyll • labeli diogelwch
Gweladwy	• mewn dos uchel gall ladd celloedd byw • mewn dos llai gall achosi i gelloedd droi'n rhai â chanser • mae'n lladd celloedd â chanser	• lladd bacteria mewn bwyd • diheintio offer meddygol • trin tyfiant
Isgoch	• mewn dos uchel gall ladd celloedd byw • mewn dos llai gall achosi i gelloedd droi'n rhai â chanser	• gwresogydd pelydrol • griliau • teclynnau rheoli o bell • delweddu thermol
Microdon	• mae'n achosi llosgi'r meinweoedd	• cyfathrebu â lloeren • coginio
Radio	• mae'n egnïo celloedd sensitif yn y retina	• gweld • cyfathrebu gyda ffibrau optegol

Gair i Gall

Llawer o ffeithiau swmpus. Maent i gyd yn bwysig felly peidiwch â'u hesgeuluso. Ceisiwch gyfansoddi brawddeg i gofio trefn y sbectrwm EM. Cofiwch fod buanedd holl donnau EM mewn gwactod yr un peth, mae hon yn ffaith sylfaenol bwysig.

Adran Tri — Tonnau

Tonnau Seismig

Wyddoch chi'r ffeithiau am donnau seismig?

C1 Achosir tonnau seismig gan _____.

C2 Mae tonnau seismig yn cychwyn yng _____ y Ddaear o bwynt a enwir y **ffocws**.

C3 Gelwir y pwynt uwchben hwn ar yr _____ yr **uwchganolbwynt**.

C4 Caiff tonnau seismig eu canfod trwy ddefnyddio _____.

C5 Mae dau fath o donnau seismig o'r enw tonnau _____ a thonnau _____.

C6 Mae'r tonnau _____ yn gynt. Maent yn medru teithio drwy _____ a _____.

C7 Mae'r tonnau _____ yn arafach. Gallant deithio drwy _____ yn unig.

C8 Mae'r tonnau _____ yn donnau **arhydol**, lle mae'r tonnau _____ yn donnau **ardraws**.

C9 O'n hastudiaeth o donnau seismig, dysgwn fod y Ddaear yn cynnwys _____ haen a elwir (o'r wyneb at i mewn); y _____, y _____, y _____ _____ a'r _____ _____.

C10 Mae'r ddau fath o don yn newid cyfeiriad y tu mewn i'r Ddaear oherwydd effaith _____.

C11 Mae'r tonnau'n teithio ar hyd llwybrau _____. Y rheswm am hyn yw'r newid yn _____ y defnydd y tu mewn i'r Ddaear.

C12 Mae'r diagram yn dangos y model yr ydym wedi ei ddatblygu am y Ddaear trwy ddefnyddio'n gwybodaeth am donnau seismig.

    a) Copïwch y diagram a labelwch yr haenau gwahanol sydd yn y Ddaear.

    b) Gall mesuriadau tonnau seismig gael eu defnyddio i ddysgu am yr hyn sydd y tu mewn i'r Ddaear. Pam y mae hyn yn ddull mwy cyfleus na drilio i mewn i'r Ddaear i gael y mesuriadau?

    Astudiwch y diagram o'r Ddaear ar y dde. Mae'n dangos daeargryn yn gyrru allan bedwar Ton–E i mewn i'r Ddaear.

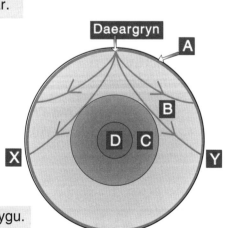

C13 Disgrifiwch beth yw 'Ton–E'.

C14 Beth yw'r enw ar yr ardal ar wyneb y ddaear y tu hwnt i X a Y?

C15 Pam nad oes unrhyw donnau–E i'w canfod y tu hwnt i X a Y?

C16 Disgrifiwch **gyflwr** y creigiau yn haen B.

C17 Mae llwybrau'r Tonnau–E sy'n teithio drwy haen B wedi eu plygu.

    a) Pa nodwedd o'r graig yn haen B sydd yn newid yn gyson i roi rheswm dros y sylw uchod.

    b) Nawr cymharwch yr effaith yma gyda phlygiant tonnau golau. Rhowch **ddau reswm** pam y medrwn ddweud bod y tonnau–E yn haen B wedi eu **plygu**.

Tonnau Seismig

C18   Nodwch dair ffordd y mae Tonnau–C yn wahanol i Donnau–E.

C19   Mae'r diagram isod yn dangos llwybr Tonnau–C yn teithio drwy'r Ddaear.

  a)   Ar ffin pa ddwy haen mae pwynt D?

  b)   Mae cyfeiriad y tonnau ar D ac E yn newid yn sydyn. Pam y mae hyn yn digwydd?

  c)   Gosodir canfodyddion ar wyneb y Ddaear rhwng pwyntiau P ac R. Disgrifiwch ble fyddech chi ddim yn disgwyl canfod unrhyw Donnau–C.

  d)   Pa briodweddau sydd gan donnau–C sy'n caniatáu iddynt gyrraedd rhannau lle na all tonnau eraill eu cyrraedd?

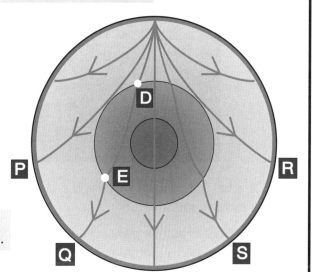

C20   Wedi daeargryn, a fyddech yn disgwyl teimlo'r don–C gyntaf, neu'r don–E? Esboniwch eich ateb.

Mae'r graff isod yn dangos sut mae cyflymder Ton–C a Thon–E, yn teithio o wyneb y Ddaear tuag at y canol, yn newid gyda dyfnder.

C21   Disgrifiwch ac esboniwch siâp y gromlin cyflymder–dyfnder ar gyfer Ton–C. Dywedwch beth sy'n digwydd ar A, B, C, D, E ac F.

C22   Disgrifiwch ac esboniwch siâp y gromlin cyflymder–dyfnder ar gyfer Ton–E. Dywedwch beth sy'n digwydd ar A, B, C a D.

C23   Rhowch **ddau reswm** pam y dylem ymchwilio i briodweddau cramen y Ddaear.

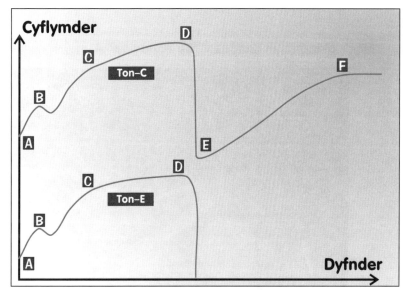

C24   Pam y mae'n rhaid i seismomedrau gael eu rhoi yn ddwfn yn y ddaear, yn enwedig yn agos at drefi a dinasoedd?

Gair i Gall

Os ydych yn gwybod y ffeithiau sylfaenol ar y tudalennau yma mi fyddwch yn iawn. Mae dau fath o donnau seismig. Mae'n bwysig cofio bod tonnau–E yn donnau ardraws ac yn teithio mewn solidau yn unig. Mae tonnau–C yn donnau arhydol ac yn gallu teithio drwy solidau a hylifau.

Adran Tri — Tonnau

Cysawd yr Haul

C1   Mae'r cwestiwn yn cynnwys nifer o ddatganiadau am Gysawd yr Haul.

nid yw i raddfa

Am bob datganiad dywedwch os yw'n **gywir** neu'n **anghywir** a rhoi **rheswm** dros eich penderfyniad.

a)   Mae'r Haul yn gwneud egni trwy droi nwy hydrogen yn ddŵr.

b)   Mae gan y planedau mewnol arwynebau tebyg.

c)   Gellir gweld pob planed am eu bod yn cynhyrchu eu golau eu hunain.

d)   Mae'r planedau yng Nghysawd yr Haul yn cylchdroi o amgylch gwrthrych â màs enfawr.

e)   O'r planedau yn y grŵp planedau allanol, Plwton yw'r aelod sydd allan o'i le.

f)   Mae gan yr holl blanedau orbitau sfferigol.

g)   Mae sêr mewn systemau solar eraill yn edrych yn llai disglair oherwydd eu bod nhw'n llai na'r Haul.

C2   Mae'r diagram yn dangos y planedau allanol yng Nghysawd yr Haul.

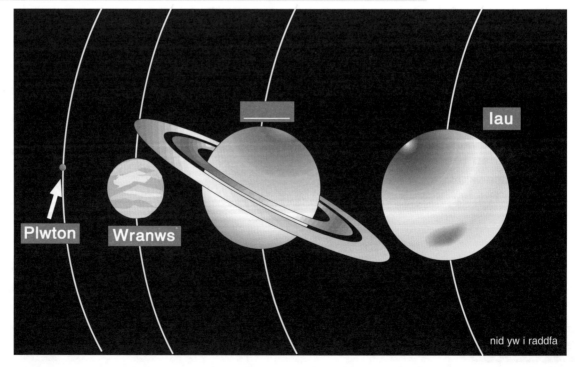

Iau

Plwton   Wranws

nid yw i raddfa

a)   Mae bwlch yn lle enw un planed. Ail-luniwch y diagram ac ychwanegwch yr enw sydd ar goll.

b)   Mae un blaned arall yn eisiau yn y diagram yma. Brasluniwch yr orbit ar y diagram a'i labelu gydag enw'r blaned.

Cysawd yr Haul

C3 Mae Iau a'r Haul ill dau yn aelodau o Gysawd yr Haul.
Seren yw'r Haul a phlaned yw Iau.

a) Cwblhewch y paragraff gan ddefnyddio'r geiriau canlynol:

*golau, eliptig, anferth, adlewyrchu, heliwm, gwres,
niwclear, planed, ymasiad, sêr, orbit, llai, hydrogen, seren.*

Mae'r Haul yn _____ ac mae'n cynhyrchu _____ o
adwaith _____ _____ sydd yn troi _____ yn
_____. Fel _____ eraill mae'n_____ ac yn
allyrru llawer iawn o _____. Mae Iau ar y llaw arall yn
_____ ac felly mae'r golau y gwelwn yn dod oddi
wrtho wedi ei _____. Mae Iau lawer yn _____ na'r
Haul ac mae'n dilyn _____ _____ o'i gwmpas.

---

b) Yn eich geiriau eich hun, disgrifiwch y nodweddion sy'n gwahaniaethu rhwng
sêr a phlanedau.

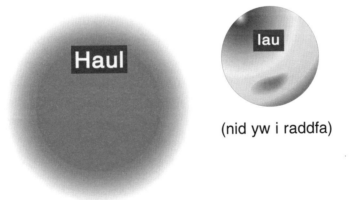

(nid yw i raddfa)

C4 Gwener a Mercher yw'r unig blanedau sydd i'w gweld o'r Ddaear sy'n
dangos gweddau ac sydd i'w gweld yn newid siâp, yn union fel y Lleuad.
Petawn ni ar Sadwrn, pa blanedau fyddai'n dangos gweddau?

Gair i Gall

Rhaid i chi ddysgu trefn y planedau (gan gynnwys yr asteroidau) felly ceisiwch wneud brawddeg
wirion i'ch cynorthwyo e.e. Meddai Gwen Dafis 'Mae'r Athro Ianto Smith Wrthi'n Naddu
Pensiliau'. Mae'r gwahaniaethau rhwng planedau a sêr yn reit syml i'w dysgu ac yn farciau
hawdd i'w hennill mewn arholiad.

Lleuadau, Meteorau, Asteroidau a Chomedau

C1 Edrychwch ar y diagram isod sy'n cynrychioli ffotograffau grŵp o sêr.
Tynnwyd yr ail ffotograff ychydig wythnosau ar ôl yr un cyntaf.

Sylwodd seryddwr fod planed i'w gweld ar y ddau ffotograff.

a) Dangoswch y blaned trwy roi cylch o'i hamgylch.

b) Pam y mae planed yn ymddangos fel petai'n croesi'r wybren o'i chymharu â'r sêr?

c) Beth yw'r enw a roddir ar batrwm o sêr sy'n edrych yn sefydlog mewn perthynas â'i gilydd?

C2 Gellir canfod y rhan fwyaf o'r asteroidau yng Nghyswad yr Haul rhwng orbit dwy blaned.
Pa ddwy blaned yw'r rhain?

C3 O ba ddau ddefnydd yn bennaf y mae asteroidau wedi eu gwneud?

C4 Mae rhai storïau ffuglen wyddonol yn sôn am wrthdrawiad rhwng asteroid a'r Ddaear.
Pam y mae hyn yn annhebygol iawn o ddigwydd i'r rhan fwyaf o'r asteroidau?

C5 Mae seryddwr yn cymryd llun dros amser o'r awyr yn y nos gyda chamera sy'n dilyn y sêr.

Wedi iddo ddatblygu'r ffilm, mae'n gweld y sêr fel pwyntiau ond mae yna hefyd linellau ar draws y llun. Nid olion awyrennau na lloerennau mo'r llinellau a doedd dim nam ar y ffilm. Dyma'r ffotograff ar y dde.

Pa ddigwyddiad seryddol allai fod wedi achosi'r llinellau hyn?

Yn Arizona mae crater mawr yn yr anialwch. Nid llosgfynydd a'i ffurfiodd ond rhyw ddigwyddiad naturiol arall.

C6 Sut y cafodd y crater ei wneud?

C7 Beth yw'r rheswm bod craterau fel hyn yn brin ar y Ddaear ond bod miloedd ohonynt ar y Lleuad?

Lleuadau, Meteorau, Asteroidau a Chomedau

Fel pob aelod o Gysawd yr Haul, mae comedau yn dilyn traciau o gwmpas yr Haul.

C8   Beth yw'r enw a roddir i **lwybr** comed?

C9   Gwnewch ddiagram i ddangos **siâp llwybr** y comed o gwmpas yr Haul.

C10   Beth yw **enw'r siâp** a ffurfir gan lwybr comed.

C11   **Esboniwch sut** mae'r llwybr yma yn wahanol i lwybrau'r planedau.

C12   Rhew a chreigiau sy'n gwneud comed. Mae eu cynffonnau'n cael eu gwneud wrth i'r rhew doddi a chael ei adael ar ôl. Esboniwch pam y bydd comed llachar yn pylu gydag amser wrth iddo gwblhau mwy a mwy o orbitau o gwmpas yr Haul.

Comed

Comed Halley

Arferai pobl gredu ar un adeg fod comedau'n rhan o'n atmosffer ni. Fodd bynnag, yn 1577 AD profodd y Seryddwr **Tycho Brahe**, o wlad Denmarc, eu bod yn gyrff wybrennol. Sylwodd y seryddwr enwog **Edmund Halley** o Loegr ar gomed llachar yn 1682 ac fe ddaeth i'r casgliad fod yr un gomed wedi ymddangos yn 1607 ac yn 1531. Rhagfynegodd Halley y byddai'r comed yn dychwelyd eto.

C13   Faint o amser yw **cyfnod orbit** comed Halley?

C14   Pa flwyddyn fyddai'r comed yn **ailymddangos**, yn ôl rhagfynegiad Halley.

Y mae rhai comedau yng Nghysawd yr Haul sydd wedi eu trapio gan faes disgyrchiant y planedau. Maent yn troi o gwmpas yr Haul gyda chyfnodau rhwng 3.3 a 9 mlynedd.

C15   **Disgyrchiant pa blaned** fyddai'n cael yr effaith fwyaf ar y comedau hyn?

C16   A fydd y comedau hyn mor llachar â'r rhai sydd ag amser orbit hirach? Esboniwch eich rhesymu.

Mae gwyddonwyr gofod yn America wrthi yn cynllunio teithiau i astudio'r asteroidau mwyaf ac, efallai, glanio robot arnynt. Os ydynt wedi eu gwneud o rew, yna byddent yn ffynhonnell ddefnyddiol o ddŵr ar gyfer teithiau pellach i'r gofod.

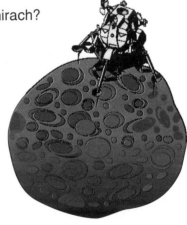

C17   Rhestrwch broblemau taith ofod i asteroid o'i chymharu â thaith i blaned yn debyg i'r blaned Mawrth.

Gair i Gall

Mae popeth ar y dudalen hon yn ddarn mawr o rew a chraig, hyd yn oed y rhai diddorol megis comedau a sêr gwib. Peidiwch â gadael i hynny wneud i chi golli diddordeb ynddynt. Mae angen gwybod am leuadau, meteorau, asteroidau a chomedau achos fe allai cwestiwn arnynt godi yn yr arholiad.

Lloerennau

C1 Defnyddiwyd lloerennau artiffisial at wahanol ddibenion byth ers gyrru'r un gyntaf i'r gofod yn llwyddiannus yn y 1950au. Heddiw mae lloerennau'n chwarae rhan bwysig yn ein bywydau. Dyma restr o ddatganiadau sy'n disgrifio mudiant lloerennau.

A	orbit uchel
B	orbit isel
C	geosefydlog
D	symud ar draws yr awyr
E	uwchben yr atmosffer
F	mewn orbit polar
G	mewn orbit uwchben y cyhydedd
H	orbitio mewn ychydig oriau
I	orbitio mewn 24 awr

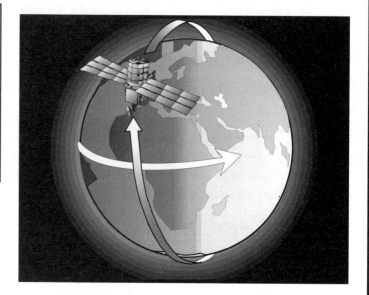

Pa un o'r rhestr uchod sy'n berthnasol i:
a) loeren gyfathrebu
b) y rhan fwyaf o loerennau tywydd
c) lloerennau sbïo
d) lloerennau sy'n darlledu lluniau teledu.

C2 Mae NASA wedi gwario llawer o arian yn rhoi'r telesgop Hubble yn y gofod.

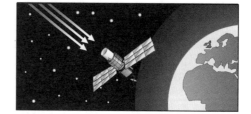

a) Beth yw'r manteision o gael telesgop yn y gofod?

b) Pam y mae hyn o gymorth i wyddonwyr?

C3 Os yw'r wennol ofod mewn orbit, mae angen mwy nag un orsaf ar y Ddaear i gyfathrebu gyda hi. Pam na fyddai un orsaf o unrhyw werth?

C4 Mae'r Lleuad yn llai na'r Ddaear. Mae ei chanol wedi ei leoli 3.8×10^8 metr o ganol y Ddaear.

a) Gan ddefnyddio'r ffigurau yn y tabl isod, cyfrifwch gryfder y maes disgyrchiant oherwydd y Lleuad ar wyneb y Ddaear. (Cofiwch sut mae cryfder disgyrchiant yn amrywio gyda phellter).

	Maes ar yr arwyneb (N/kg)	Radiws (Km)
Y Ddaear	9.8	6400
Y Lleuad	1.6	1600

b) Beth yw effaith y maes bychan yma ar forwyr?

c) Ystyriwch bwynt ar linell syth 3.451×10^8m o'r Ddaear, rhwng y Ddaear a'r Lleuad. Beth yw cryfder y maes disgyrchiant oherwydd y Ddaear ar y pwynt hwn, i 2 ffigur ystyrlon? Beth fyddai'r ffigur oherwydd y Lleuad? Beth yw effaith y grymoedd hyn ar y cyd?

Gair i Gall

Yn gyntaf, rhaid i chi wybod **pam** y gosodwyd lloerennau yn y gofod yn y lle cyntaf. Gwnewch yn siŵr y medrwch wahaniaethu rhwng lloerennau orbit geosefydlog a pholar — mae'n bwysig achos mae'n rhaid i chi fedru dweud pa orbitau a gaiff eu defnyddio i ba bwrpas. Mae'r wybodaeth i gyd yng nghwestiwn 1.

Y Bydysawd

C1 Ymhell bell yn ôl cychwynnodd yr holl sêr a'r galaethau a welwn yn y Bydysawd heddiw fel cymylau anferth o nwy a llwch. Crebachodd y cymylau hyn i ffurfio'r hyn a welwn heddiw.

a) Beth achosodd i'r cymylau **grebachu**?

b) Wrth i'r cymylau grebachu, cychwynnodd adweithiau ymasiad niwclear y tu mewn iddynt. Beth achosodd yr adweithiau hyn?

c) Esboniwch beth sy'n debyg o fod wedi digwydd pan gychwynnodd yr adweithiau niwclear.

Nid oedd masau rhai o'r cymylau'n ddigon mawr i ganiatáu adweithiau niwclear wrth iddynt grebachu.

d) Enwch **ddau** beth arall a allai gael eu ffurfio pan fydd hyn yn digwydd.

e) Pam y mae gan bron popeth a welwn yn y Bydysawd duedd i **gylchdroi**?

C2 Mae Cysawd yr Haul yn rhan o'r Llwybr Llaethog.

a) Beth yw'r Llwybr Llaethog?

b) Yn y nos, mae band gwyn llaethog i'w weld yn ymestyn ar draws yr awyr. Pa nodwedd o'r Llwybr Llaethog sy'n achosi iddo edrych fel hyn?

C3 Isod mae rhai ffeithiau am y Llwybr Llaethog. Penderfynwch a yw'r ffeithiau yn **gywir** neu'n **anghywir**.

	a)	Mae sêr cyfagos yn y Llwybr Llaethog fel arfer lawer pellach oddi wrth ei gilydd na phlanedau Cysawd yr Haul.
	b)	Mae'r Llwybr Llaethog tua 10,000 o flynyddoedd golau ar ei draws.
	c)	Y Llwybr Llaethog yw canol y Bydysawd.
	d)	Mae sawl system solar yn y Llwybr Llaethog.
	e)	Ein System Solar ni yw canol y Llwybr Llaethog.
	f)	Mae gan y Llwybr Llaethog freichiau sbiral.
	g)	Rhan o'r Llwybr Llaethog yw'r sêr a welwn yn y nos.
	h)	Mae'r Llwybr Llaethog yn cymryd amser maith i gylchdroi.
	i)	Y Llwybr Llaethog yw'r mwyaf o'i fath.
	j)	Caiff y Llwybr Llaethog ei wahanu o'i gymdogion gan lawer iawn o ofod gwag.
	k)	Mae cymylau nwy yn y Llwybr Llaethog o hyd.
	l)	Ni fydd mwy o sêr yn ffurfio yn y Llwybr Llaethog.

Cylchred Bywyd y Sêr

Mae seryddwyr wedi bod wrthi'n astudio grwpiau o sêr.
Defnyddiwyd eu harsylwadau i geisio egluro sut mae rhai o'r sêr wedi esblygu.

Dyma 'Gylchred Bywyd' seren.

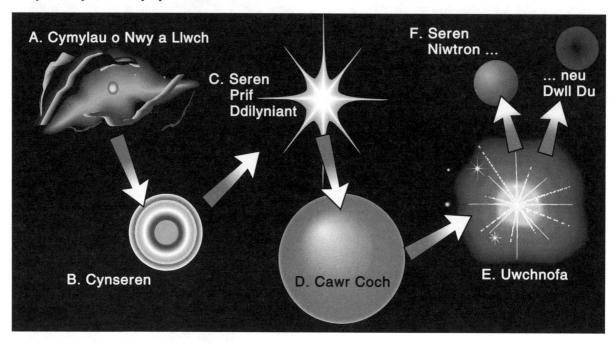

C1   Pa **fath o seren** sy'n dilyn camau'r gylchred hon?

C2   Pa fath o seren yw ein Haul ni?

C3   Mae syniadau'r gwyddonwyr ynglŷn â chamau A a B yn ansicr. Awgrymwch pam y mae'n anodd i gael **tystiolaeth** ynghylch y camau hyn.

C4   Ar adeg arbennig yng nghylchred bywyd seren, mae'r tymheredd y tu mewn i'r seren yn gweithredu grym allanol. Beth sy'n **achosi'r** grym mewnol?

C5   Ar ba adeg yn y gylchred y bydd y ddau rym yn cydbwyso ei gilydd?

C6   Yn y diagram uchod, cyn pa gam y gwneir yr **atomau trymach**?

C7   Beth sy'n digwydd i achosi i'r seren cawr coch fod yn gochach na seren prif ddilyniant?

C8   Sut mae'r mater sydd yn gwneud sêr niwtron a thyllau duon yn **wahanol** i'r mater rydym yn gyfarwydd ag ef ar y Ddaear.

C9   **Esboniwch pam** y mae'n rhaid i wyddonwyr astudio grŵp o sêr, yn hytrach na dim ond un neu ddwy seren, pan fyddant yn astudio'r gylchred bywyd.

C10   Ffurfiwyd y sêr cyntaf o ddwy elfen yn unig. **Enwch y ddwy elfen yma**.

C11   Beth yw'r broses ble ffurfir **egni** pan fo atomau'n cael eu gwasgu at ei gilydd?

C12   Lluniwch gylchred bywyd seren fechan (fel ein Haul ni).

Dechreuad y Bydysawd

C1 Rydym yn gwybod cryn dipyn am y Bydysawd a sut y mae'n newid.

Enwch a disgrifiwch y **ddwy brif ddamcaniaeth** sy'n ceisio esbonio
sut y cychwynnodd y Bydysawd a sut mae'n parhau i esblygu.

Rydych chi yma

C2 Am bob un o'r ffeithiau isod, nodwch pa ddamcaniaeth sy'n ei esbonio.
(Efallai y bydd y ddwy ddamcaniaeth yn berthnasol).

  a) Mae'r galaethau i gyd yn symud i ffwrdd oddi wrth ei gilydd.

  b) Mae golau o alaethau yn dangos rhuddiad (*red shift*).

  c) Y mae galaethau i'w gweld ym mhob cyfeiriad.

  d) Mae'r gofod yn llawn pelydriad amledd isel yn dod o bob cyfeiriad.

  e) Mae galaethau sydd ymhellach i ffwrdd yn symud i ffwrdd oddi wrthom yn gyflymach.

C3 Pan fo gwrthrych yn symud mewn perthynas ag arsylwydd, mae amledd
y pelydriad electromagnetig a dderbynnir gan yr arsylwydd yn newid.

  a) Beth yw enw'r effaith yma?

  b) Beth sy'n digwydd i'r amledd a dderbynnir os yw'r gwrthrych yn **nesáu**?

  c) Beth sy'n digwydd i'r amledd a dderbynnir os yw'r gwrthrych yn **ymbellhau**?

  d) Rhowch **ddwy enghraifft** o'r effaith yma ar waith yn rhan o fywyd bob dydd.

C4 Gellir esbonio llawer o'r arsylwadau am y Bydysawd gan y Ddamcaniaeth Cyflwr
Cyson, ond mae'n rhoi dwy broblem fawr i wyddonwyr.

  a) Beth gaiff ei weld sydd yn anodd i'w esbonio gan y ddamcaniaeth?

  b) Beth yw'r broblem arall sy'n poeni gwyddonwyr gyda'r ddamcaniaeth?

Dechreuad y Bydysawd

C5 Mae'r darlun isod yn dangos rhan o don golau wedi ei hallyrru gan alaeth.

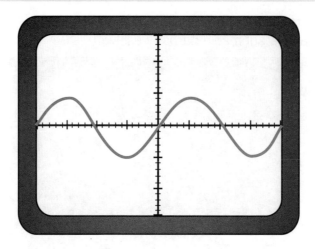

a) Copïwch y don a dangoswch sut y caiff ei newid gan fudiant yr alaeth **i ffwrdd oddi wrthom**.

b) Os cyfnewidir yr alaeth am uwchseinydd, disgrifiwch beth fyddech yn ei glywed wrth iddo symud i ffwrdd gyda chyflymder sy'n cynyddu'n raddol.

c) Mae'r newid yma i'r tonnau golau a allyrrir o alaethau wedi bod yn digwydd trwy gydol hanes y Bydysawd, ac mae wedi bod yn digwydd i'r pelydriad cefndir hefyd.

   Pa fath o belydriad oedd y pelydriad cefndir pan oedd y Bydysawd yn ifanc iawn iawn?

C6 Isod mae rhai ffeithiau am belydriad cefndir. Mae rhai yn gywir a rhai yn anghywir. Rhaid i chi ddewis p'un yw p'un.

Cywir / Anghywir

☐ ☐ a) Amledd isel sydd i belydriad cefndir.

☐ ☐ b) Esbonnir y pelydriad cefndir yn rhwydd gan y ddamcaniaeth Cyflwr Cyson.

☐ ☐ c) Daw'r pelydriad cefndir o bob cyfeiriad.

☐ ☐ d) Daw'r pelydriad cefndir o bob rhan o'r Bydysawd.

☐ ☐ e) Mae'r pelydriad cefndir yn belydriad uwchfioled.

☐ ☐ f) Mae'r pelydriad cefndir wedi newid ers cychwyn y Bydysawd.

☐ ☐ g) Crëwyd y pelydriad cefndir ymhell wedi cychwyn y Bydysawd.

☐ ☐ h) Mae'r pelydriad cefndir yn belydriad microdon.

☐ ☐ i) Petaem yn teithio i ran arall o'r Bydysawd byddai'r pelydriad cefndir yr un peth.

Gair i Gall

Mae'r tudalennau hyn yn sôn am **ddwy** brif **ddamcaniaeth** cychwyn y Bydysawd a **sut** y gwyddom beth ddigwyddodd ymhell bell yn ôl. Mae angen tystiolaeth ar wyddonwyr, ac mae dau ffactor pwysig sy'n rhaid i chi wybod – rhuddiad, y ffaith fod galaethau **ymhell bell** i ffwrdd wedi eu dadleoli **mwy** tua'r coch, a'r **pelydriad** cefndir unffurf. Mae damcaniaeth **Y Glec Fawr** yn esbonio'r rhan fwyaf o'r dystiolaeth, felly hon yw'r ddamcaniaeth fwyaf poblogaidd.

Dyfodol y Bydysawd

C1 Mae dau ffactor sy'n helpu i benderfynu sut mae'r Bydysawd yn esblygu.

   a) Beth yw'r ddau ffactor hyn?

   b) Mae un yn hawdd i'w fesur, mae un lawer iawn anoddach. P'un yw p'un?

C2 Nid yw mesur cyfanswm y màs yn y Bydysawd yn hawdd. Mae peth mater yn hawdd i'w weld oherwydd ei fod yn disgleirio, ac mae gwyddonwyr yn medru mesur ei fàs. Mae'r gweddill yn anodd oherwydd nid ydym yn medru ei weld. Dewiswch, o'r gwrthrychau isod, y rhai sy'n weladwy a'r rhai sy'n anweladwy.

> _Sêr Uwchgawr   Llwch Rhyngserol   Sêr Corrach Gwyn_
>
> _Tyllau Duon   Corachod Du_
>
> _Sêr Prif Ddilyniant   Llwch rhwng y Galaethau_

C3 Mae'r Bydysawd yn ehangu. Gallwn fod yn sicr ynglŷn â hynny.

   a) Beth yw enw'r grym a allai arafu'r gyfradd ehangu?

   b) Beth sy'n achosi'r grym yma?

   c) Pe na fyddai grymoedd yn gweithredu, sut fyddai'r Bydysawd yn parhau i esblygu?

C4 Mae gwyddonwyr yn hoffi llunio graffiau i ddangos beth sy'n digwydd yn y Bydysawd. Mae'r graff isod yn dangos beth ddigwyddodd i faint y Bydysawd hyd at y presennol.

   a) Nid yw'r gromlin ar y graff gyferbyn yn llinell syth ond mae'n codi'n llai a llai serth. Beth mae hyn yn ei ddweud wrthym am ehangiad y Bydysawd?

   b) Ar ddau gopi o'r graff hwn, brasluniwch ddau ddyfodol posib ar gyfer esblygiad y Bydysawd o hyn ymlaen.

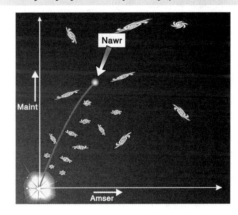

C5 Cwblhewch y paragraff gan ddefnyddio'r geiriau canlynol:

bydysawd, Cysawd yr Haul, 4.5 biliwn o flynyddoedd, ymbelydredd, bydysawd, 2 biliwn o flynyddoedd, Lleuad, Daear.

> Rhoddodd y cyfrifiadau cyntaf a wnaeth gwyddonwyr am oed y _____ ateb o ddim ond _____. Yr oedd hyn yn syndod mawr oherwydd bod mesuriadau _____ blaenorol ar greigiau o'r _____ (ac yn ddiweddarach o'r _____) yn dangos bod Cysawd yr Haul tua _____ oed. Ni all _____ fod yn hŷn na'r _____!!!

C6 Diwedd y byd fel y gwyddom ni ...

   a) Beth yw'r Crebachiad Mawr?

   b) Pa mor hir sydd gennym cyn iddo ddigwydd (o leiaf ...)? (os yw'n mynd i ddigwydd ...)

C7 Gwnewch gopi arall o'r graff yng nghwestiwn 4. Y tro hwn, ymestynnwch y graff i ddangos Bydysawd Cylchol: un sy'n ehangu, yna'n crebachu ac yna'n ehangu eto.

Trosglwyddo Egni

C1 Beth yw'r math o egni pwysig sydd ym mhob un o'r canlynol?

a) Bwa saeth wedi ei dynnu'n ôl.

b) Rhybed poethgoch weldiwr.

c) Môl o wraniwm ansefydlog – 235 atom.

d) Darn o fagnesiwm yn mudlosgi.

e) Plât yn cael ei gadw mewn cydbwysedd ar bolyn.

f) Gwifren yn cario sgwrs ffôn.

g) Cacen ben-blwydd, uchel mewn calorïau.

h) Bwled yn symud yn gyflym.

C2 Ym mhob un o'r enghreifftiau canlynol, caiff egni ei newid o un math i fath arall. Mewn rhai achosion cynhyrchir dau fath neu fwy. Enwch y **newidiadau**:

a) car mewn ffair yn rholio ar i lawr

b) bollt o fwa croes yn taro targed

c) canwr yn bloeddio i lawr microffon

d) olwyn beic yn sbinio dynamo

e) io-io yn dringo i fyny'r cortyn

f) matsien yn cael ei thanio

g) chwyddwydr yn ffocysu pelydrau'r Haul er mwyn llosgi twll mewn darn o bapur

h) batri yn gyrru cloc analog (un gyda bysedd)

i) deifiwr yn glanio ar sbringfwrdd.

C3 Ym mhob un o'r enghreifftiau canlynol, caiff egni ei newid o un math i fath arall. **Gweithiwch allan** y math o egni sydd ar goll (efallai y bydd mwy nag un ym mhob achos). Ar gyfer pob un, rhowch enghraifft arall o'r un newid egni.

a) Mae radio yn newid egni .... i egni ....

b) Mae matsien yn newid egni .... i egni ....

c) Mae bwlb golau yn newid egni .... i egni ....

d) Mae catapwlt yn newid egni .... i egni ....

e) Mae argae trydan dŵr yn newid egni .... i egni ....

f) Mae tân trydan yn newid egni .... i egni ....

g) Mae bom atomig yn newid egni .... i egni ....

h) Mae microffon yn newid egni .... i egni ....

i) Mae injan car yn newid egni .... i egni ....

j) Mae corff dynol yn newid egni .... i egni ....

Cadwraeth Egni

C1 Copïwch a chwblhewch y brawddegau canlynol sy'n crynhoi'r Egwyddor Cadwraeth Egni:

> Ni ellir byth _____ na _____ egni. Caiff egni ond ei _____ o un ffurf i ffurf arall.

C2 Edrychwch ar y diagram gyferbyn sy'n dangos llif egni. Am bob un o'r enghreifftiau isod, gwnewch ddiagram llif egni tebyg. Mae'r un cyntaf wedi ei wneud yn barod.

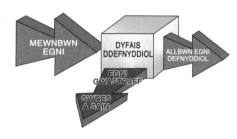

a) hoist trydan

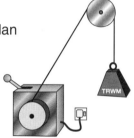

Egni trydanol → HOIST → egni potensial y llwyth
↓
sain a gwres yn wastraff

b) bwlb golau trydan

c) modur trydan

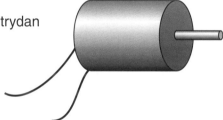

d) car sy'n cael ei yrru gan betrol

e) tegell trydan

f) codwr pwysau'n codi pwysau

g) cell solar cyfrifiannell

i) dynamo beic

h) monitor cyfrifiadur

Cadwraeth Egni

C3   Mewn cerbydau modur heddiw, mae llawer o egni cemegol gwerthfawr yn cael ei newid i fathau o egni sydd o ddim defnydd o gwbl i ni.

   a)   Beth yw'r mathau **diangen** hyn o egni?

   b)   Ar gyfer pob math, dywedwch **ble** yn y cerbyd y caiff ei wastraffu (gall fod mewn mwy nag un lle).

Mae peirianwyr wedi bod wrthi yn gweithio ar sut i ddatrys problemau trenau a bysys pan fyddant yn cychwyn ac yn stopio drwy'r amser. Bob tro y byddant yn defnyddio'r brêc mae egni yn cael ei newid i wres a sain ac yna yn cael ei golli. Awgrymir, yn hytrach, bod egni'r cerbyd yn cael ei ddefnyddio i bweru chwylrod er mwyn ei arafu.

   c)   **Pa fath o egni** sy'n cael ei ennill gan y chwylrod?

   d)   Beth fydd yn digwydd i'r **chwylrod** wrth i'r cerbyd arafu a throsglwyddo ei egni iddi?

C4   Mae rhai pobl yn dweud bod pŵer gwynt a phŵer trydan dŵr yn enghreifftiau o egni sydd ar gael am ddim. **Ydyn nhw'n gywir** ac, os nad ydyn nhw, **o ble** y daw'r egni?

C5   Fel y gwyddoch, nid oes unrhyw ddyfais sy'n trosglwyddo egni yn 100% effeithlon. Y rheswm am hyn yw na fedrwn rwystro'r ddyfais rhag trosglwyddo'r egni mewnbwn i fathau eraill, diangen o egni. Beth yw'r ddau fath mwyaf cyffredin o egni **diangen** a gynhyrchir gan ddyfeisiau pob dydd?

C6   Gallai gwresogydd trydan fod yn 100% effeithlon — yr eithriad i'r rheol!

   a)   **Esboniwch pam** y gallwn ei ystyried yn 100% effeithlon. Beth allai ddifetha'r sgôr berffaith yma?

   b)   Oes unrhyw egni'n cael ei **wastraffu** cyn cyrraedd y gwresogydd? Os felly, **ble**?

Gair i Gall

Wrth i chi feddwl am yr holl egni sy'n cael ei wastraffu gan foduron a phethau felly, mae'n hawdd anghofio bod yr holl egni'n mynd **i rywle** – all egni ddim diflannu. Mae **cyfanswm** yr egni bob amser yn cael ei **gadw** – ond mae'n rhaid gweithio allan i ble mae i gyd yn mynd. Os nad yw'r cyfanswm yn 100%, rydych chi wedi gwneud camgymeriad.

Effeithlonrwydd Egni

C1 Rhaid i fyfyriwr ddarganfod effeithlonrwydd system stereo gydag allbwn sain 20 wat. Mae'n prynu batrïau sy'n storio 400,000 joule o egni cemegol. Rhoddwyd y batrïau newydd yn y stereo a throi'r peiriant ymlaen i chwarae tâp. Daeth y batrïau i ben mewn 5 awr.

a) Faint o egni defnyddiol a roddwyd allan gan y stereo?

b) Beth yw **effeithlonrwydd** y recordydd tâp?

c) Sut fyddai'r egni wedi cael ei **wastraffu**?

d) Petai'r stereo yn cael ei ddefnyddio fel radio, a fyddech yn disgwyl i'r batrïau bara'n hirach? Esboniwch eich ateb.

C2 Mae dosbarth o ddisgyblion yn arbrofi gyda roced gemegol.

Cyfanswm màs y roced yw 2 kg. Mae'r disgyblion yn llwytho'r roced gyda gwerth 3000 joule o danwydd, sy'n pwyso gwerth dim. Maent yn tanio'r roced ac yn ei gwylio'n codi i uchder o 100 metr cyn syrthio'n ôl i'r Ddaear.

a) Faint o **egni potensial** oedd gan y roced ar ei phwynt uchaf?

b) Beth yw effeithlonrwydd modur y roced.

c) Sut, yn eich barn chi, y cafodd **yr egni ei golli** yn y system?

C3 Mae saer yn defnyddio peiriant sandio trydan gyda batri ailwefradwy. Mae'n gwefru'r peiriant gyda 2500 joule o egni trydan. Dylai fod angen 20 joule o egni i sandio pob m^2 o'r arwyneb. Wedi tair awr, mae'r batri ailwefradwy wedi rhedeg allan o egni. Mae'n mesur ei waith ac yn darganfod ei fod wedi gwneud 100m^2.

a) Faint o **egni defnyddiol** a ddefnyddiwyd yn sandio?

b) Beth yw **effeithlonrwydd** y peiriant?

C4 Gofynnir i gwmni archwilio'r lifft mewn bloc o swyddfeydd. Maent yn rhoi gwahanol bwysau yn y lifft, ac yna yn mesur yr egni trydanol a ddefnyddir gan y lifft wrth godi'r pwysau 20m. Dangosir canlyniadau'r arbrawf isod.

Llwyth (N)	Egni a ddefnyddir (J)	Egni a enillwyd gan y llwyth (J)	Effeithlonrwydd (%)
1000	30000		
1500	34000		
2000	43400		

a) **Copïwch a chwblhewch** y tabl.

b) Beth sy'n digwydd i'r effeithlonrwydd wrth i'r llwyth **gynyddu**?

c) **Esboniwch** y patrwm hwn.

Effeithlonrwydd Egni

C5 Mae gwneuthurwyr cynllun newydd ar gyfer tegell trydan yn honni ei fod yn 96% effeithlon. Mae angen 200,000 J o egni i godi tymheredd llond tegell o ddŵr o dymheredd yr ystafell i'r berwbwynt.

a) Faint o **egni** fydd y tegell yn ei gymryd o'r prif gyflenwad?

b) Beth fydd **gweddill** yr egni'n ei wneud?

C6 Mewn ymchwiliad gwyddonol, mae Ashley yn cymharu bwlb golau traddodiadol gyda math egni isel.

Mae'r ddau fwlb yn gyrru allan yr un faint o olau.

Cyfradd y bwlb golau traddodiadol yw 100W, mae'n para 2,000 awr, a'i bris yw 50c. Cyfradd y bwlb egni isel yw 20W ac mae'n para 10,000 awr ond ei bris yw £9.50.

a) Faint o **egni** a ddefnyddir gan y ddau fwlb mewn 10,000 awr?

b) Beth fyddai **pris** yr egni yma petai trydan yn costio 2c yr MJ?

c) Faint fyddai pris y **bylbiau eu hunain** am yr amser yma?

d) Pa fwlb yw'r un **rhataf** yn y pen draw? Esboniwch eich ateb.

e) Pa **ystyriaethau eraill** a fyddai'n bwysig wrth brynu bwlb egni isel?

C7 Mae'r garej leol yn defnyddio system pwli i godi injan (pwysau = 3000N) i fyny 1.5 metr allan o'r car. Mae'n defnyddio 6000J i wneud hyn.

a) Faint o egni potensial gaiff ei roi i'r injan?

b) Beth yw effeithlonrwydd y system pwli?

c) Pa effaith a gâi iro'r system pwli ar ei heffeithlonrwydd? Esboniwch.

C8 Mae'r gwneuthurwyr yn honni bod modur trydan yn 60% effeithlon. Mewn arbrawf, mae Siân a Siwan yn ei ddefnyddio i godi màs 5kg bellter o 1.20 metr.

a) Faint o **egni potensial** mae'r màs yn ei ennill?

b) Os yw ffigurau'r gwneuthurwr yn gywir, faint o egni fyddech chi'n disgwyl i'r modur ei ddefnyddio?

Mewn gwirionedd mae'r modur yn defnyddio 110J.

c) Pa ffactorau y gallai'r gwneuthurwyr eu cynnig i esbonio'r gwahaniaeth?

Modur trydan wedi ei gysylltu i winsh

Màs

Gair i Gall

Effeithlonrwydd egni – mae mwy iddo na pheiriannau golchi a bylbiau golau. Ond mae'n reit syml – dim ond un rhif uwchben y llall. Os yw'r ateb yn fwy na 100% rydych chi fwy na thebyg wedi'i roi ben i lawr. Os nad yw, rydych chi fwy na thebyg yn gywir. Digon syml, felly gobeithiwch y bydd ar y papur arholiad i chi gael ennill marciau hawdd.

Gwaith a wneir, Egni a Phŵer

C1 Rhowch dair enghraifft o **ffynonellau cyffredin** o egni y gallwn eu defnyddio i wneud **gwaith**.

C2 Pa rai o'r canlynol sy'n cynnwys **gwaith mecanyddol**?

a) Silff yn dal llwyth o lyfrau adolygu.

b) Bochdew yn troi olwyn troedlath.

c) Pwmp troed yn cael ei wasgu i lawr.

d) Dyn cryf yn pwyso yn erbyn wal frics.

e) Dynes codi pwysau yn dal 40kg uwch ei phen.

f) Porthor mewn gorsaf drenau yn cario dau fag.

g) Y porthor yn dal y ddau fag wrth aros am ei gildwrn.

C3 Mae'r tabl yn dangos sut mae'r grym a weithredir gan redwr yn newid gyda'r math o esgidiau mae'n eu gwisgo. Mae hefyd yn dangos y pellter a deithiwyd gan y rhedwr mewn 2 eiliad.

Gwnewch gopi o'r tabl a llenwch y golofn olaf i ddangos y gwaith a wneir.

a) Beth yw'r **unedau** cywir ar gyfer y golofn olaf?

b) Yn erbyn **pa rym** mae'r gwaith yn cael ei wneud?

Math o esgid ymarfer	Grym (N)	Pellter (m)	Gwaith a wneir
Dwy linell	4.2	1.6	
Croes Fawr	5.6	0.8	
Anghytbwys	4.8	1.2	
Gwrthwyneb	5.9	1.4	
Fest Uchel	4.5	0.9	

C4 Mae fy hen gar wedi torri i lawr. Yn ffodus, mae'r ffordd yn fflat. Mae yna garej 1500 metr i fwrdd. Mae llawlyfr y car yn dweud bod angen o leiaf 700N o rym i wthio'r car ar hyd ffordd fflat.

a) Beth yw'r **isafswm egni** y bydd angen i mi ei roi i'r car er mwyn ei gael i'r garej?

Mae'r car yn mynd dros ddarn o wydr, 600m o'r garej. Mae'r teiar yn mynd yn fflat ac mae grym ffrithiant yn cynyddu'r grym gwthio angenrheidiol i 900N.

b) Cyfrifwch gyfanswm yr egni angenrheidiol yn awr.

Y mae garej arall ychydig yn agosach, 130m i ffwrdd, ond mae'r 100m olaf i fyny rhiw. Byddai'n rhaid i'r grym gwthio yma fod yn 1150N.

c) A fyddwn yn arbed unrhyw egni wrth wthio'r car i'r ail garej? Gallwch gymryd yn ganiataol y byddwn yn osgoi unrhyw ddarnau o wydr yn y ddau achos.

Gwaith a wneir, Egni a Phŵer

C5 Mae Sam a Sioned yn sgïo ar ddŵr dros gwrs 400m o hyd. Pan fydd Sam yn sgïo, mae'r mesurydd grym ar y rhaff dynnu yn darllen 475 N. Pan fydd Sioned yn cael tro mae'r mesurydd yn darllen 425N.

    a) Cyfrifwch **yr egni** sydd ei angen i dynnu pob un o'r ddau sgïwr dros y cwrs.

    b) Pam y byddai **cyfanswm yr egni** a ddefnyddiwyd gan y cwch **yn fwy** na hyn bob tro?

    Mae Sam yn dechrau dangos ei hun a rhoi ambell i dro wrth sgïo. Llwydda i gynnwys 4 tro, 30m yr un, ond wedyn dim ond 320m yw hyd ei daith mewn llinell syth. Bob tro y bydd yn troi bydd y mesurydd grym yn darllen 520N.

    c) Cyfrifwch **yr egni** sydd ei angen i dynnu Sam ar hyd y cwrs fel hyn.

C6 Mae llif mewn melin lifio yn llifio pren yn estyll. Yr egni sydd ei angen i wneud un astell yw 2kJ. Pan fydd yn gweithio ar ei bŵer uchaf, mae'r llif yn gwneud 12 astell y funud.

    a) Faint o egni mae'r llif yn ei ddefnyddio mewn **munud**?

    b) Cyfrifwch **uchafswm pŵer** y llif.

C7 Mae Carl yn gosod modur trydan ar ei gar radio-reoledig h.y. yn cael ei reoli gan radio. Cyfradd y modur yw 50 wat, ac mae'n gallu symud y car ar hyd trac syth mewn 5 eiliad.

    a) A chymryd bod y modur yn 100% effeithlon, faint o egni mae'n ei ddefnyddio?

    b) Gosododd Carl fodur mwy pwerus, 60 wat ar ei gar. Faint o amser fyddai'n ei gymryd yn awr i wneud yr un faint o waith?

C8 Cyfradd pŵer tegell trydan yw 2400 wat.

    a) **Faint o amser** fyddai'n ei gymryd i gyflenwi 288kJ i'r dŵr yn y tegell?

    b) Mewn gwirionedd, byddai'r amser fyddai ei angen yn fwy na hyn. **Esboniwch pam**.

C9 Y dyn a ddyfeisiodd yr injan stêm oedd James Watt. Cymerodd ei beiriannau stêm le y peiriannau a yrrwyd gan ddŵr a cheffylau. Labelwyd pŵer y peiriannau cyntaf yn nhermau marchnerth.

A chymryd bod 'ceffyl safonol' Watt yn medru tynnu gyda grym 500N gan gerdded 1.5 m/s gweithiwch allan werth 1 marchnerth mewn watiau.

C10 Copïwch a chwblhewch y tabl gyferbyn sy'n cofnodi canlyniadau arbrofion ar nifer o foduron trydan.

Enw'r modur	Gwaith a wneir (J)	Amser a gymerwyd	Pŵer (W)
Taran	150	30s	
Apolo		45s	20
Gefaill	300		30
Fostoc	4000	5 mun	
Roced		3 mun	15

Gair i Gall

Mae tipyn o waith mathemategol yma, ond dim byd rhy gymhleth. Ewch ati i lunio'r hafaliad effeithlonrwydd egni ac yna ei gofio – dyna hanner y gamp. Ymarfer – dyma'r gyfrinach i ennill y marciau. Os ydych yn dal i fod yn ansicr, ac os yw'ch atebion yn fwy na 100%, mae eisiau mwy o ymarfer.

Adran Pump — Egni

Egni Cinetig ac Egni Potensial

Cymerwch fod g, y cyflymiad oherwydd disgyrchiant, yn 10m/s² yn y cwestiynau canlynol.

C1 Atebwch y cwestiynau hyn ar egni cinetig.

a) Beth yw'r fformiwla am egni cinetig?

b) Beth y mae pob term yn yr hafaliad yn ei gynrychioli?

c) Rhowch enghreifftiau o'r math o bethau sydd ag egni cinetig.

C2 Rhai cwestiynau ar egni potensial disgyrchiant.

a) Beth yw'r fformiwla am egni potensial disgyrchiant?

b) Beth y mae pob term yn ei gynrychioli?

c) Rhowch enghreifftiau o'r math o bethau sy'n ennill neu'n colli egni potensial disgyrchiant.

C3 Fe welwch isod **a)** i **h)** restr o ddatganiadau. Mae rhai yn gywir a rhai yn anghywir. Ysgrifennwch pa rai sy'n gywir a pha rai sy'n anghywir.

a)	Os yw dau wrthrych yn teithio ar yr un cyflymder, bydd gan yr un â'r màs mwyaf fwy o egni cinetig.
b)	Egni potensial disgyrchiant yw'r unig math o egni potensial o ddiddordeb i wyddonwyr.
c)	Bydd gan ddau wrthrych o'r un màs yr un egni cinetig bob amser.
d)	Os bydd un gwrthrych ddwywaith yr uchder uwchben y ddaear nag un arall gyda'r un màs, bydd ganddo ddwywaith yr egni cinetig.
e)	Mesurir egni cinetig mewn jouleau.
f)	Y cyflymaf mae gwrthrych yn teithio, y mwyaf yw ei egni potensial.
g)	Mae cryfder y maes disgyrchiant, g, yn bwysig wrth weithio allan egni cinetig.
h)	Os yw dau dun gwahanol ar yr un silff, bydd ganddynt yr un egni potensial disgyrchiant.

C4 Mae'r tabl isod yn rhoi ychydig ffigurau am gar sy'n sefyll ger goleuadau traffig, ac yna'n cychwyn cyflymu oddi wrthynt (ar amser t = 0) unwaith y bydd y golau wedi newid i wyrdd.

Amser (s)	Cyflymder (m/s)	Egni Cinetig (J)
0.0	0	
0.5	10	
1.0	30	
1.5		2,662,875

Màs y car yw 2630kg.
Copïwch a chwblhewch y tabl.

C5 Pa un o'r canlynol sydd â'r egni cinetig mwyaf?

a) Pêl griced â màs o 0.4kg yn teithio 40m/s.	**b)** Rhedwr â màs o 70kg yn loncian 5m/s.
c) Ci sbaniel â màs o 15kg yn rhedeg 10m/s.	**d)** Robot diwydiannol â màs o 1000kg yn symud 0.6m/s.
e) Bwled â màs o 0.005kg yn teithio 250m/s.	

C6 Mae awyren fechan yn cario grŵp o barasiwtwyr i fyny. Yn ei gwisg parasiwtio mae gan Annes fàs o 90 kg. Mae'r awyren yn cyrraedd uchder o 5000m cyn iddynt neidio.

a) Faint o egni potensial disgyrchiant mae Annes yn ei ennill? Mae Annes yn neidio o'r awyren ac yn syrthio'n rhydd i uchder o 3000m cyn agor ei phrif barasiwt.

b) Faint mwy o egni potensial disgyrchiant sydd ganddi yma o'i gymharu â phan gychwynnodd hi o'r ddaear?

Nid yw'r prif barasiwt yn agor yn iawn. Mae Annes yn cael gwared ohono, sydd â màs o 5 kg, ac yn agor ei pharasiwt argyfwng.

c) Faint o egni potensial disgyrchiant sydd ganddi pan fydd 1500m uwchben y ddaear?

Egni Cinetig ac Egni Potensial

C7 Mae car Fiat yn teithio ar hyd ffordd fynyddig. Cyfanswm màs y car a'i lwyth yw 2920kg. Mae'r car yn dringo'r rhiw neu'r allt 23m/s.

a) **Faint** o egni cinetig sydd gan y car?

Ar ôl cyrraedd pen y ffordd bydd wedi codi i uchder o 1200m.

b) Cyfrifwch yr egni potensial a enillwyd gan y car.
Wrth i'r car droi cornel ar ben y mynydd, mae un o'r bagiau'n syrthio o do'r car i'r dyffryn islaw. Màs y bag yw 20kg.

c) Cyfrifwch yr **egni potensial** mae'r bag wedi ei golli ar ôl iddo ddisgyn 60m.

d) Petai holl egni potensial y bag yn cael ei newid i egni cinetig, **pa mor gyflym** fydd y bag yn teithio wedi iddo ddisgyn 60m?

e) Esboniwch pam na fydd yn teitho mor gyflym â hyn mewn gwirionedd.

C8 Mae gweithwyr yn defnyddio rhaff i ollwng bwced o frics o ffenest. Maen nhw'n clymu'r rhaff pan fydd y bwced fymryn uwchben y ddaear. Wrth iddyn nhw ddringo i lawr i ddadlwytho'r bwced, mae gwynt cryf yn achosi i'r bwced siglo.

Lluniwch ddiagram o lwybr y bwced yn siglo. Ar eich diagram:

marciwch â'r llythyren A — ble mae'r egni **potensial** ar ei fwyaf

marciwch â'r llythyren B — ble mae'r egni **cinetig** ar ei fwyaf

marciwch â'r llythyren C — ble mae'r bwced yn teithio **gyflymaf**

marciwch â'r llythyren D — ble mae **cyflymder** y bwced yn sero.

C9 Mae gan bêl sboncio fàs o 0.3kg. Caiff ei gollwng o uchder o 3.0m.

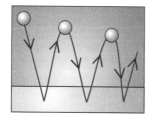

a) Faint o egni potensial fydd y bêl wedi'i golli pan fydd yn taro'r ddaear?

b) Gan anwybyddu gwrthiant aer, pa mor gyflym fydd y bêl yn syrthio? Bydd y bêl yn adlamu'n fertigol ar gyflymder o 7.0 m/s.

c) Beth yw ei hegni cinetig yn awr?

d) I ba uchder fydd y bêl yn adlamu?

e) Esboniwch beth ddigwyddodd i'r egni mae'r bêl wedi ei golli.

C10 Mae tri myfyriwr yn gwneud arbrawf i gymharu eu pŵer personol. Maent yn mesur eu màs, ac yna'n amseru ei gilydd yn rhedeg i fyny grisiau 12m o uchder. Mae eu canlyniadau yn cael eu dangos yn y tabl isod. Copïwch a chwblhewch y tabl.

Enw	Pwysau (N)	Amser (s)	Egni Potensial a enillwyd (J)	Pŵer (W)
Gwilym	520	14		
Dafydd	450	16		
Siân	600	15		

Gair i Gall

Mae yna dipyn o fathemateg yma, ond dau hafaliad syml sydd yn bwysig. Y darn anoddaf yw gwybod pryd i'w defnyddio. Meddyliwch am sefyllfaoedd sy'n cynnwys egni cinetig a photensial. Gan amlaf, mi fedrwch fod reit siŵr os yw'r EP yn mynd i lawr mae'r EC yn codi, ac i'r gwrthwyneb.

Trosglwyddo Gwres

C1   Dyma nifer o ddisgrifiadau o'r broses trosglwyddo gwres. Dywedwch os ydynt yn gysylltiedig â dargludiad, darfudiad neu belydriad, neu'r tri gyda'i gilydd.

> **a)** Gwres yn llifo rhwng dau le sydd ar ddau dymheredd gwahanol.
>
> **b)** Gwres yn pasio o atom i atom (mwyaf effeithiol mewn defnyddiau solet).
>
> **c)** Gall ddigwydd trwy ddefnyddiau tryloyw.
>
> **d)** Mae'n cychwyn ceryntau symudol mewn hylifau a nwyon.
>
> **e)** Caiff ei effeithio gan liw a disgleirdeb.
>
> **f)** Gall ddigwydd mewn gwactod.
>
> **g)** Mae'n ymwneud â hylif cynnes yn ehangu a chodi.

C2   Mae'r paragraff sy'n dilyn yn sôn am ddargludiad gwres. Rhaid defnyddio'r geiriau canlynol i lenwi'r bylchau. Cewch ddefnyddio'r geiriau fwy nag unwaith, neu ddim o gwbl.

cyfagos	gwrthdaro	cario	adlewyrchu	electronau
pocedi	dirgrynu	agos	da gwael	solidau

Dargludiad yw'r brif ffurf o drosglwyddo gwres mewn

_____. Mae hyn yn digwydd oherwydd bod y

gronynnau'n gymharol _____. Mae egni gwres

ychwanegol yn gwneud i'r gronynnau _____ mwy.

Maent yn pasio'r egni dirgryniad ychwanegol ymlaen i

ronynnau _____. Mae metelau yn ddargludyddion

_____ o egni gwres oherwydd bod ganddynt lawer o

_____ rhydd sydd yn medru pasio drwy'r solid a

_____ yr egni. Mae'r electronau yn colli eu hegni pan

fyddant yn _____ â gronynnau eraill.

C3   Nodwch dri defnydd sy'n ynysu a thri defnydd sy'n dargludo, yna cwblhewch dabl tebyg i hwn.

Enw'r defnydd	Ynysydd neu Ddargludydd	Sut gaiff ei ddefnyddio

Trosglwyddo Gwres

C4   Dengys y diagram far metel gyda nifer o dyllau wedi'u drilio i mewn iddo. Mae'r tyllau yr union faint i ddal thermomedr. Gosodir pedwar thermomedr yn y tyllau ac ar y dechrau mae eu tymheredd i gyd yr un fath. Defnyddir gwresogydd Bunsen i wresogi'r bar ar un pen.

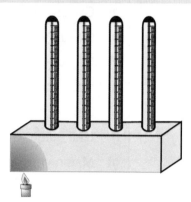

    a)   Ail-luniwch y diagram i ddangos y lefelau a ddangosir gan y thermomedrau wedi ychydig funudau.

    b)   Esboniwch y lefelau yr ydych wedi'u nodi.

    c)   Ail-luniwch y diagram yn dangos y canlyniadau petaech yn gwneud yr un arbrawf eto yn defnyddio bar o'r un maint ond o ddefnydd nad yw'n dargludo cystal.

C5   Mae'n ddiwrnod poeth ar y traeth a'r unig gysgod rhag yr Haul yw y tu ôl i fwrdd hysbysebion. Mae'n llai poeth, ble rydych chi'n eistedd, â'ch cefn yn erbyn yr hysbysfwrdd, ond eto mae'ch cyfaill drws nesaf i chi yn dal i fod yn rhy boeth. O'r ochr ble rydych chi'n eistedd, mae'r bwrdd i gyd yn edrych yr un lliw.

    a)   Beth allai fod yn achosi'r gwahaniaeth?

    b)   Rydych yn edrych allan dros y traeth sy'n reit wag gan ei bod mor boeth. Fe welwch wely haul wedi'i orchuddio mewn defnydd gwyn, heblaw am y breichiau sydd o blastig du. Mae yna dawch gwres yn codi o'r breichiau ond nid o'r defnydd gwyn. Esboniwch pam.

C6   Mae awdur yn cynllunio i ysgrifennu nofel antur.

    a)   Rhaid i arwr y nofel ddianc o wres haul yr anialwch ar ôl ei glymu, mewn car, gan y dynion drwg. A yw'n fwy tebygol o ddod drwyddi mewn car lliw golau neu un lliw tywyll?

    b)   Daw'r nos ag artaith newydd. Mae'r nos yn oer iawn yn yr anialwch. Pa gar fydd fwyaf cysurus yn awr?

C7   Esboniwch y canlynol gan ddefnyddio syniadau am drosglwyddo gwres.

    a)   Mae nosweithiau rhewllyd yn y gaeaf fel arfer yn glir.

    b)   Mewn tanc dŵr poeth, mae'r gwresogydd fel arfer ar y gwaelod a'r ollyngfa ar y top.

    c)   Mae haenen o eira yn medru achub planhigion ifanc rhag cael eu lladd gan y rhew.

    d)   Mae tebot sgleiniog yn cadw te'n boeth yn hirach na thebot di-sglein.

    e)   Yn y gaeaf mae adar yn ceisio cadw'n gynnes trwy godi eu plu yn fawr.

    f)   Mae dal coesau transistor gyda gefel pan gaiff ei soldro yn rhwystro gwres rhag niweidio'r transistor.

Gair i Gall

Y prif beth yma yw'r tri dull o drosglwyddo gwres. Unwaith y bydd hynny'n glir byddwch yn barod am yr arholiad. Mae'n rhaid i chi fedru dweud beth sy'n digwydd ym mhob math o drosglwyddiad ac adnabod y sefyllfaoedd ble maent yn digwydd. Cofiwch, gall mwy nag un dull o drosglwyddo gwres ddigwydd ar yr un adeg.

Cadw Adeiladau'n Gynnes

C1 Dyma restr o ddulliau o gadw gwres y tu mewn i dŷ.

Disgrifiwch sut mae pob un yn arbed egni gwres, a nodwch y math o drosglwyddiad gwres sy'n cael ei rwystro gan yr ynysiad.

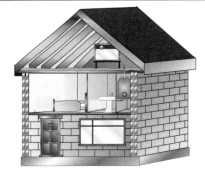

a) Llenni
b) Ynysydd llofft
c) Ynysydd wal ceudod
d) Siaced tanc dŵr poeth
e) Ffenestri dwbl
f) Deunydd atal drafftiau
g) Thermostatau

C2 Fel rhan o ymchwiliad gwyddonol, mae Eric yn edrych ar y dulliau o arbed egni yn nhŷ ei fam-gu. Mae'n darganfod y gost o wneud pob darn o waith. Yna mae'n cyfrifo'r arbediad blynyddol ar fil tanwydd ei fam-gu sy'n deillio o bob darn o waith, fel y dangosir yn y tabl isod.

a) Defnyddiwch y ffigurau yn y tabl cyntaf i wneud **siart bar**.
b) Pa ddull o ynysu sy'n gwneud yr arbediad blynyddol **mwyaf**?
c) Pa ddull o ynysu sy'n gwneud yr arbediad blynyddol **lleiaf**?

Y peth nesaf mae Eric yn ei wneud yw cyfrifo'r amser talu nôl, sef yr amser mae pob math o ynysiad yn ei gymryd i arbed yr arian a dalwyd i'w osod yn y lle cyntaf!

d) Defnyddiwch **ffigurau Eric** i wneud tabl sy'n dangos yr **amser talu nôl** am bob dull.
e) Pa ddull(iau) o drosglwyddo gwres sy'n talu am ei hun **gyflymaf**?
f) Pa ddull sydd **leiaf** effeithiol o'i ystyried fel hyn?
g) Mae asiant gwerthu ffenestri dwbl yn galw heibio ac yn sôn am fanteision eraill ffenestri dwbl. Beth ydyn nhw?

Gwaith sydd ei angen	Arbediad Blynyddol (£)
Ynysu llofft	40
Siaced tanc dŵr poeth	15
Ffenestri dwbl	60
Atal drafftiau	65
Ynysydd wal ceudod	70
Rheolyddion thermostatig	25

Gwaith sydd ei angen	Cost y gwaith (£)
Ynysu llofft	250
Siaced tanc dŵr poeth	15
Ffenestri dwbl	3200
Atal drafftiau	70
Ynysydd wal ceudod	560
Rheolyddion thermostatig	120

C3 Mae asiant gwerthu ffenestri dwbl yn galw ac yn rhoi rhai ffigurau i chi. Dywed mai'r gyfradd colli gwres trwy ffenest wydr sengl yw 1.4 W/m² am bob gradd Celsius o wahaniaeth yn y tymheredd rhwng y tu mewn a'r tu allan. Mae'n hawlio bod ei gwydr dwbl hi yn medru gostwng y rhif i 0.5 W/m².

a) Mae'n 5°C y tu allan i'ch tŷ. Y tu mewn mae'n 22°C. Faint o egni gaiff ei golli bob eiliad trwy bob m² o wydr sengl? Faint o egni sy'n cael ei golli bob eiliad trwy bob m² o wydr dwbl?
b) Beth yw'r **golled egni mewn blwyddyn** yn y ddau achos. Cymerwch fod y gwahaniaeth yn y tymheredd yn aros yr un fath trwy'r flwyddyn.
c) Os ydych **yn gwresogi** eich tŷ gydag egni sy'n costio 2c y MJ, faint fyddech yn ei arbed bob m² mewn **blwyddyn** trwy newid o ffenestri sengl i ffenestri dwbl?

C4 Mae Sharon ac Esyllt wedi trefnu gwyliau gaeaf mewn caban pren. Cred Sharon fod pren yn ddefnydd da i gadw'r ymwelwyr yn gynnes.

a) Ydych chi'n cytuno?

Caiff y ddwy noson braf yn ymlacio yn chwarae cardiau a hithau'n stormus ac yn oer y tu allan. Aiff Esyllt at y drws. Mae pren y drws yn teimlo'n gynnes ond pan mae hi'n cyffwrdd y ddolen bres, mae'n teimlo'n oer iawn.

b) Esboniwch **pam**.

Cadw Adeiladau'n Gynnes

C5 Mae Sandra a'i theulu wedi symud i dŷ newydd. Gwelant fod y perchenogion blaenorol wedi tynnu'r siaced ynysu o gwmpas y tanc dŵr poeth yn y cwpwrdd crasu.

Silindr yw'r tanc sydd ag uchder o 1m a diamedr o 0.5m.

a) Beth yw **cyfaint** y tanc?

b) Beth yw **arwynebedd arwyneb** y tanc?

Mae tad Sandra yn awgrymu y dylent lapio'r tanc mewn ffoil arian yn hytrach na phrynu siaced ynysu newydd.

c) Pa **ddull** o drosglwyddo gwres y bydd hyn yn ei atal?

d) A yw hyn yn debygol o fod yn effeithiol ar ei ben ei hun? **Esboniwch**.

Penderfynant y bydd angen siaced ynysu newydd. Maen nhw am i'r dŵr y tu mewn i'r tanc fod ar dymheredd o 70°C. Bydd y tymheredd yng ngweddill y tŷ yn 20°C. Mae Sandra yn canfod fod 1kg o ddŵr yn ennill neu'n colli 4200J o egni pan fydd ei dymheredd yn newid 1°C.

e) Os yw dwysedd dŵr yn 1000kg /m³, pa **fàs o ddŵr** sydd yn y tanc?

f) Faint o **egni** fyddai ei angen i wresogi llond tanc o ddŵr o 20°C i 70°C?
Mae Sandra yn arbrofi gyda'r tanc. Mae'n gwresogi'r dŵr i 70°C ac yna'n diffodd y pŵer. Awr yn ddiweddarach mae'r tymheredd wedi gostwng i 68°C.

g) Faint o egni gwres mae'r dŵr wedi'i golli?

h) Beth yw'r golled gwres o bob m² o arwynebedd y tanc?

i) Beth yw'r gyfradd colli gwres ar gyfartaledd mewn unedau **watiau y m²**?

Mae Sandra yn mynd i brynu siaced ynysu, sydd â dargludedd gwres o 0.01W/m² i bob °C ar ei thraws.

j) Os yw tu mewn y siaced yn 70°C a'r tu allan yn 20°C, faint o egni gwres a gaiff ei ddargludo trwy'r siaced mewn **1 awr**?

k) Os yw'r egni yma yn cael ei dynnu allan o'r dŵr yn y tanc, beth fydd y newid tymheredd yn y tanc?

C6 Mae gan y fflasg wactod nifer o nodweddion sy'n helpu i ynysu ei gynnwys.

Rhestrir rhai o'r nodweddion isod. Ar gyfer pob un, dywedwch **pa ddull** o drosglwyddo gwres a gaiff ei leihau, a sut mae hyn yn digwydd.

a) Mae'r cap wedi ei orchuddio mewn **plastig**.

b) Mae'r cap wedi ei lenwi â **chorcyn**.

c) Mae'r hylif yn cael ei ddal mewn potel **wydr**.

d) Mae wal **ddwbl** i'r botel.

e) Mae **gwactod** rhwng dwy wal y botel.

f) Mae **tu allan** yr haen wydr **fewnol** wedi ei ariannu.

g) Mae **tu mewn** yr haen wydr **allanol** wedi ei ariannu.

h) Mae **aer** o gwmpas y botel y tu mewn i'r cas plastig.

i) Caiff y botel ei dal i ffwrdd o'r cas gan ewyn ynysu.

Labels on vacuum flask diagram: Cap allanol/cwpan; Cap plastig wedi ei lenwi â chorc; Arwynebau sgleiniog lliw arian; Gwactod; Sbwng; Hylif oer neu boeth; Aer; Casyn plastig

Gair i Gall

Dyma un o hoff bynciau arholwyr – felly gwnewch yn siŵr eich bod yn gwybod pwrpas pob rhan o'r fflasg wactod a sut mae'r holl ddulliau ynysu yn gweithio. Mae cael syniad o bris pob dull ynysu yn help – a bydd angen gwybod sut i weithio allan yr 'amser talu nôl' a sut i'w ddefnyddio.

Adnoddau Egni

C1   Llenwch y cadwyni egni gyda geiriau o'r rhestr ganlynol.

> Egni golau, ffotosynthesis, planhigion/anifeiliaid, cymylau
> egni golau, gwresogi dŵr y môr, gwresogi'r atmosffer,
> glaw, ffotosynthesis, egni golau, planhigion/anifeiliaid.

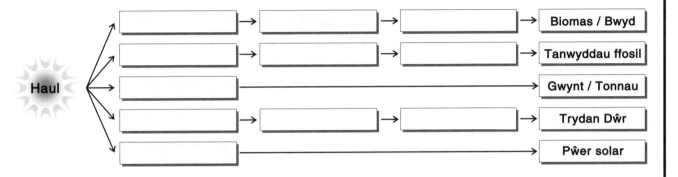

Yr Haul yw man cychwyn yr holl gadwyni egni yma.

a)   Beth yw **ffynhonnell** egni'r Haul?

b)   **Sut** y bydd yr egni yn mynd o'r Haul i'r Ddaear?

C2   Mae tair ffynhonnell o egni heb eu cynnwys yng Nghwestiwn 1.

a)   Beth yw'r **tair** ffynhonnell?

b)   Pa ffynhonnell sy'n defnyddio egni sy'n cael ei allyrru gan **niwclysau** rhai atomau?

c)   Pa ffynhonnell sy'n dibynnu ar **atyniad disgyrchiant** y Ddaear at yr Haul a'r Lleuad.

d)   Pa ffynhonnell sy'n dibynnu ar **ddadfeiliad atomau ymbelydrol** oddi mewn i'r Ddaear yn creu ffynhonnell o wres?

C3   Pa un sy'n wahanol ym mhob rhestr o adnoddau egni isod?
Rhowch reswm am eich dewis bob tro.

a)   Glo, Olew, Nwy naturiol, Niwclear

b)   Gwynt, Tonnau, Geothermol, Solar

c)   Llanw, Biomas, Trydan dŵr, Geothermol, Niwclear

d)   Bwyd, Glo, Biomas, Trydan Dŵr, Olew

e)   Niwclear, Glo, Geothermol, Olew

f)   Solar, Biomas, Glo, Olew, Tonnau

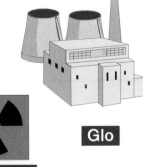

Adnoddau Egni

C4 Pan gychwynnwyd arbrofi gyda phŵer niwclear, y gred oedd ei bod yn ffynhonnell egni oedd yn lân, diogel a delfrydol. Erbyn hyn, fodd bynnag, gwyddom am o leiaf dair anfantais fawr o ddefnyddio pŵer niwclear i gynhyrchu trydan.

Wedi eu rhestru isod mae rhai o'r dadleuon o **blaid** pŵer niwclear.
Ar gyfer pob un, rhestrwch y problemau sy'n gysylltiedig, gan roi enghreifftiau os medrwch.

a) Mae cynhyrchu pŵer niwclear yn **lân**.

b) Mae'r wraniwm sy'n cael ei ddefnyddio i gynhyrchu pŵer niwclear yn **rhad**.

c) Mae gennym y dechnoleg i gynhyrchu pŵer niwclear yn **ddiogel**.

C5 Y mae egni geothermol a phŵer niwclear ill dau yn dibynnu ar yr egni sydd wedi ei gloi yn niwclysau atomau. Beth yw'r prif wahaniaethau yn y modd y caiff yr egni ei gynhyrchu?

C6 Cred rhai pobl fod glo, olew a nwy naturiol yn dal i gael eu creu ar y Ddaear, ac felly dywedant na ddylai'r rhain gael eu hystyried yn ffynonellau anadnewyddadwy.

Beth yw'r brif ddadl dros barhau i'w hystyried yn anadnewyddadwy?

C7 Mae'r adnoddau anadnewyddadwy yn dal i gael eu defnyddio fel ein prif ffynhonnell o egni. Mae rhai pobl yn ceisio cynllunio am ddyfodol pryd y bydd yr holl egni anadnewyddadwy wedi ei ddihysbyddu.

Beth yw'r **anfantais fawr** arall ynglŷn â'n defnydd helaeth o adnoddau egni anadnewyddadwy?

C8 Gall glo, olew, a nwy naturiol ryddhau'r egni sydd wedi'i gloi ynddynt drwy eu llosgi. Caiff egni gwres ei ryddhau, sy'n cael ei newid yn egni trydanol mewn gorsaf bŵer.

a) Pa sylwedd sydd ei angen o'r atmosffer er mwyn i'r hylosgiad yma ddigwydd?

b) Pa ddau sylwedd sy'n cael eu rhyddhau gan **hylosgiad** cyflawn olew pur a nwy naturiol?

c) Pa un o'r ddau hyn sy'n **cyfrannu'n** helaeth at yr **Effaith Tŷ Gwydr**?

d) At beth mae'r Effaith Tŷ Gwydr yn arwain, yn ôl gwyddonwyr?

e) Ym mha fan arall yng **Nghysawd yr Haul** y gellir gweld Effaith Tŷ Gwydr sylweddol?

f) Mae glo ac olew yn cynnwys **amhureddau**. Pa allyriannau a allai ddeillio o'r rhain pan losgir y tanwyddau?

g) Beth fydd effaith hyn ar yr **amgylchedd**?

Gair i Gall

Mae 12 adnodd i chi eu dysgu yma – 9 o C1 (gan fod 3 thanwydd ffosil) a 3 o C2. Bydd yn rhaid i chi wybod os yw pob un yn adnewyddadwy neu'n anadnewyddadwy – a gwnewch yn siŵr eich bod yn deall pam. Hefyd, meddyliwch am ffynhonnell wreiddiol yr egni, hynny yw a ddaw o'r Haul ai peidio.

Gorsafoedd Pŵer

C1 Er yr holl ymchwil gwyddonol i ffynonellau eraill o egni, mae'r rhan fwyaf o'r trydan a ddefnyddiwn heddiw yn cael ei gynhyrchu o 4 ffynhonnell o egni anadnewyddadwy.

a) Rhowch enw'r 4 ffynhonnell hyn.

b) Mae gorsaf bŵer draddodiadol yn dibynnu ar losgi 3 o'r ffynonellau hyn. Beth yw'r tri sy'n cael eu llosgi?

c) Tynnwch un diagram bloc syml i ddangos strwythur cyffredinol y 3 math o orsaf bŵer draddodiadol.

d) Ble bydd yr egni cemegol yn cael ei newid i egni gwres?

e) Ble bydd yr egni gwres yn newid i egni cinetig?

f) Beth sy'n digwydd i gynhyrchu egni cinetig o'r egni gwres?

g) Ble mae'r egni cinetig yn newid i egni cylchdro.

h) Ble mae egni'n newid i ffurf drydanol?

i) Sut mae'r egni trydanol yn mynd o'r orsaf bŵer at y defnyddwyr?

j) Lluniwch gadwyn egni yn dangos sut mae'r mathau o egni'n newid.

C2 Mae gan bob un o'r ffynonellau anadnewyddadwy broblemau amgylcheddol yn gysylltiedig â nhw. Ar gopi o'r tabl hwn ticiwch i ddangos pa broblemau sy'n gysylltiedig â phob ffynhonnell.

Problem	Glo	Olew	Nwy	Niwclear
Rhyddau CO_2 yn cyfrannu at yr Effaith Tŷ Gwydr				
Cynhyrchu glaw asid				
Dinistrio'r dirwedd				
Problemau amgylcheddol oherwydd colledion i'r môr				
Adeiladau drud, a drud i'w clirio ar ddiwedd eu hoes				
Cynhyrchu gwastraff peryglus sy'n para'n hir				
Perygl trychineb fawr				

C3 Ffurfiwyd tanwyddau ffosil dros gyfnod o filiynau o flynyddoedd. Maent yn ddefnyddiau crai cemegol hanfodol ac rydym yn eu llosgi'n ddifeddwl. Mae'n byd ni fel y mae heddiw yn dibynnu ar danwydd ffosil. Rhowch ddwy enghraifft o ddefnyddiau y byddem yn eu colli petai tanwydd ffosil yn dod i ben, a chynigiwch rywbeth arall y gellid ei ddefnyddio yn eu lle.

Gair i Gall

Syniad da yw bod yn ymwybodol o'r problemau amgylcheddol sy'n gysylltiedig â phob ffurf ar gynhyrchu pŵer, gan fod arholwyr yn holi hyn yn aml. Dysgwch y newidiadau egni sy'n digwydd ar bob cam, heb anghofio ble y collir egni — a meddyliwch sut y medrwn ni ddiogelu'r stoc o danwydd sy'n weddill.

Pŵer Trydan Dŵr

C1 Mae Rhaeadr Niagra yng Ngogledd America tua 50m o uchder.
Amcangyfrifwyd bod 1×10^8kg o ddŵr yn tywallt dros y rhaeadr bob eiliad.

Petaech chi'n medru **cynllunio** gorsaf bŵer i dynnu allan hanner yr egni potensial ychwanegol sydd gan y dŵr ar y top, pa **bŵer** fyddai'n cael ei gynhyrchu?

C2 Mae cwmni cynhyrchu pŵer yn America yn ceisio rhagweld faint o bŵer fydd ei angen ar ddinas yn ystod digwyddiad chwaraeon pwysig a fydd yn cael ei ddarlledu. Defnyddiant ffigurau o ddigwyddiad tebyg a gafodd ei ddarlledu ar yr un amser y llynedd.

Dangosir y ffigurau yn y tabl.

Amser	19:00	19:30	20:00	20:30	21:00	21:30	22:00	22:30
Defnydd pŵer (MW)	23	28	35	50	36	34	65	26

a) Defnyddiwch y ffigurau i fraslunio graff o'r anghenion pŵer yn erbyn amser.

b) Tua pa amser y daeth y digwyddiad **i ben**?

c) Pryd oedd **hanner amser**?

Gall y cwmni ddelio gyda'r cynnydd mewn galw mewn dwy ffordd. Gall ddefnyddio boeler ychwanegol yn ei orsaf bŵer lo, neu gall ddefnyddio'r pwerdy storfa bwmp yn y gronfa ddŵr leol.

d) Pam y byddai'r orsaf bŵer lo yn wastraffus?

e) Pryd fyddech chi'n cynghori'r cwmni i ddechrau rhedeg dŵr i lawr drwy'r pwerdy storfa bwmp?

f) Pryd fyddai'r amser gorau i bwmpio dŵr **yn ôl i fyny** drwyddo?

g) Beth fyddai'r **ffynhonnell** debygol o **egni** i redeg y pympiau?

C3 Mae'r diagram yn dangos system gronfa storfa bwmp. Mae'r labeli wedi eu cyfnewid am lythrennau.

Rhaid i chi gysylltu'r labeli gyda'r llythyren gywir.

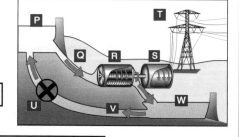

tyrbinau		cronfa isaf	
cronfa uchaf		cyfeiriad yn ystod y nos	
generadur		grid cenedlaethol	
pwmp		cyfeiriad yn ystod galw mawr	

C4 Dychmygwch eich bod yn gynllunydd gyda chwmni generadu a phenderfynwch pa un o'r pwyntiau canlynol sy'n fantais, yn anfantais neu'n naill na'r llall wrth ystyried lleoliad cynllun pŵer trydan dŵr arfaethedig.

a) glaw trwm a chyson
b) poblogaeth fawr yn y dyffryn
c) dyffryn ag ochrau serth
d) lleoliad anghysbell

e) lleoliad planhigyn prin
f) chwarel gyfagos
g) creigiau'n dangos tystiolaeth niwed daeargryn diweddar

Gair i Gall

Mae cynllun trydan dŵr yn dibynnu ar egni potensial dŵr. Rhaid i chi ymarfer defnyddio'r hafaliad a throi'r egni'n bŵer. Mae systemau storfa bwmp yn hoff bwnc gan arholwyr. Dysgwch sut maen nhw'n gweithio a pham maen nhw'n ddefnyddiol.

Pŵer Gwynt a Thonnau

C1 Copïwch a chwblhewch y paragraff canlynol am gael pŵer o'r gwynt, gan ddefnyddio'r geiriau canlynol.

> cynyddu   anghysbell   mawr   dim   5000   melinau gwynt
> arfordiroedd   mawr   tyrbinau gwynt   sŵn   rhosdir   llafnau
> generadur   golygfa

Gellir cael egni o'r gwynt drwy ddefnyddio dyfeisiau o'r enw _____, neu _____ a bod yn fwy cywir. Caiff y rhain eu lleoli mewn ardaloedd _____, fel _____ a _____ ble mae'r gwynt yn chwythu'n gyson. Mae gan bob tyrbin gwynt ei _____ ei hun. Mae'r gwynt yn troi'r _____ sy'n cynhyrchu'r egni cylchdroi angenrheidiol i wneud trydan. Unwaith mae'r tyrbin gwynt yn gweithredu prin yw'r llygredd materol, ond mae pobl yn cwyno am y _____ a'u bod yn tarfu ar yr _____. Byddai angen tua _____ tyrbin i gymryd lle un orsaf bŵer lo, a byddai hyn yn gorchuddio arwynebedd _____ o dir. Y problemau a gysylltir gyda chynhyrchu trydan o'r gwynt yw'r costau _____ ar y dechrau, _____ pŵer yn cael ei gynhyrchu pan na fydd y gwynt yn chwythu, a dim modd o _____ y cyflenwad pan fo galw mawr.

C2 Mae'r cynllun diweddaraf ar gyfer generadur tonnau yn defnyddio'r egni mewn tonnau dŵr i yrru tyrbin ac felly cynhyrchu trydan.

a) Wrth i'r don deithio tuag at y lan, beth yw prif gyfeiriad dirgryniad y moleciwlau dŵr?

b) Sut y defnyddir y mudiant hwn er mwyn cynhyrchu trydan?

c) Beth sy'n rhoi'r egni yma i'r tonnau? Beth oedd ei ffynhonnell wreiddiol?

C3 Mae'r amgylchedd lle caiff rhai o'r generaduron tonnau hyn eu gosod yn amal yn bur anodd. Pa fath o broblemau y byddai'n rhaid eu goresgyn?

C4 Unwaith y bydd y generaduron tonnau yn eu lle, ychydig iawn o lygredd cemegol ei natur fydd yna neu ddim o gwbl. Eto, fel gydag unrhyw ddatblygiad ar raddfa fawr, caiff rhai pobl eu heffeithio. Pwy ydyn nhw a beth fydd yr effaith arnynt?

C5 Nid yw generaduron tonnau yn gynhyrchiol iawn lle bo'r gwynt yn ysgafn iawn. Felly, ni allwn ddibynnu arnynt drwy'r amser. Awgrymodd ymchwilwyr mai'r lle gorau i'w gosod fyddai mewn cefnfor agored lle gall y gwynt a'r tonnau gynyddu.

a) Beth fyddai'r problemau o leoli'r generaduron **ymhell o'r lan**?
b) Pa **ffactorau eraill** allai fod yn broblem i eneraduron tonnau mewn dyfroedd dyfnion?

Gair i Gall

Gwnewch yn siŵr eich bod chi'n gwybod eich tonnau yn ogystal â'ch egni tonnau – gan gynnwys effaith y gwynt. Meddyliwch beth sy'n gwneud safle da ar gyfer pŵer gwynt. Dysgwch yr anfanteision hefyd. Peidiwch â chymysgu rhwng pŵer tonnau a phŵer llanw.

Pŵer y Llanw

C1 Cwblhawyd pwerdy llanw yn Rance yn Ffrainc yn 1967. Pan fydd y llanw i mewn, bydd pwll yn ffurfio y tu ôl i'r bared. Mae ganddo arwynebedd o $2.2 \times 10^6 \text{m}^2$. Mae'r bared ar draws yr aber yn cynnwys 24 tyrbin sy'n cynhyrchu trydan wrth i'r dŵr lifo allan i'r môr.

a) Os yw'r dŵr y tu ôl i'r bared yn codi ar gyfartaledd o 8m wedi llanw uchel, cyfrifwch **gyfaint** y dŵr wedi'i ddal yn ôl gan y bared.

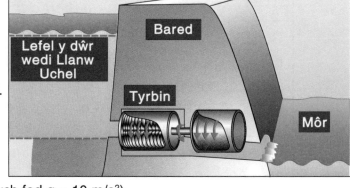

b) Mae dwysedd dŵr y môr yn 1030 kg/m^3. Cyfrifwch **fàs** y dŵr wedi ei ddal yn ôl gan y bared.

c) Os tybiwch fod y dŵr wedi ennill uchder uwchben llanw isel ar gyfartaledd o 4.0m cyfrifwch yr **egni potensial disgyrchiant** a gaiff ei gynrychioli yma. (Cymerwch fod $g = 10 \text{ m/s}^2$)

d) Os oes cymaint â hyn o egni yn cael ei ryddhau dros 8 awr, pa **bŵer** yw hyn, a chymryd bod y tyrbinau'n 20% effeithlon?

Safle posib arall ar gyfer pwerdy yw Bae Fundy yng Nghanada. Yr hyn sy'n gwneud y safle yma yn arbennig o ddeniadol yw'r amrediad uwch yn y llanw. Mi all fod i fyny at 18m yma.

e) Pa **effaith** a gaiff hyn ar allu cynhyrchu unrhyw bwerdy llanw?

C2 Yn ymarferol, mae uchder y llanw yn amrywio drwy'r mis, yn ôl safle cymharol yr Haul a'r Lleuad. Llanw **mawr** yw pryd mae'r gwahaniaeth rhwng y llanw isel ac uchel ar ei fwyaf tra bo llai o wahaniaeth yn y llanw **bach**. Pa effaith gaiff y cylchdro misol ar gynlluniau'r pwerdy llanw?

C3 Mae pwerdy llanw yn addas nid yn unig i gynhyrchu pŵer yn rheolaidd ond hefyd i **storio egni** yn barod at gyfnodau o alw mawr. Awgrymwch yn fras sut y gellir gwneud hyn.

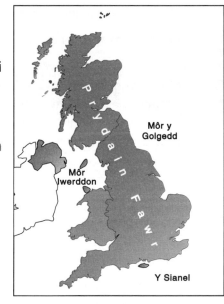

C4 Dywed rhai pobl y gallai tua 100 o bwerdai llanw, wedi eu lleoli o gwmpas arfordir Prydain, gynhyrchu holl anghenion trydan y wlad hon. Pa **anfanteision** arbennig welwch chi yn y cynllun hwn?

C5 Ar yr olwg gyntaf mae'n edrych fel petai pŵer llanw yn **egni am ddim**. Ydy hyn yn wir? Beth fydd yn digwydd yn y pen draw?

C6 Mae sawl un o'r dadleuon yn erbyn lleoli pwerdai llanw yn ymwneud â'u heffaith ar bobl neu ar yr amgylchedd. **Rhestrwch** rai o'r dadleuon hyn.

C7 Edrychwch ar fap o'r Deyrnas Unedig. Gwnewch gopi bras, gan farcio rhai safleoedd a allai fod yn addas ar gyfer bared llanw.

Gair i Gall

Rhaid i chi wybod y manylion cefndir fel beth sy'n achosi'r llanw. Bydd angen yr hafaliad egni potensial arnoch chi ond peidiwch ag anghofio **nad** y gwahaniaeth rhwng llanw uchel ac isel yw'r cynnydd cyfartalog yn lefel y dŵr. Meddyliwch am y ffactorau eraill sy'n effeithio ar bŵer y llanw a pham y mae cyn lleied o'r cynlluniau hyn ar gael.

Pŵer Geothermol

C1 Un o'r llefydd yn y byd lle mae egni geothermol yn cael ei ddefnyddio i gyfrannu at yr anghenion egni yw Reykjavik yng Ngwlad yr Iâ.

Môr yr Ynys Las

Gwlad yr Iâ

↓Reykjavik

Môr Iwerydd

a) Beth yn eich barn chi sy'n gwneud Reykjavik yn addas ar gyfer cynllun geothermol?

Astudiwch yr wybodaeth am y platiau sy'n ffurfio arwyneb y Ddaear.

b) Beth yw'r rheswm am y cyflwr yma yng Ngwlad yr Iâ?

Yn ninas Reykjavik, gall dŵr gael ei bwmpio i fyny o'r ddaear ar amrywiol dymheredd rhwng 95°C a 135°C. Gellir defnyddio'r dŵr cynnes i wresogi'r tai yn uniongyrchol. Gwnaeth yr ymsefydlwyr cynnar o Lychlyn yr un peth yn union yng Ngwlad yr Iâ wedi sefydlu yno.

Pan fydd tymheredd 1kg o ddŵr yn gostwng 1°C caiff 4200 joule o egni gwres ei ryddhau i'r amgylchedd. Yn yr 1970au, yr oedd 16 o dyllau turio yn cyflenwi 8000kg o ddŵr bob munud i Reykjavik.

c) Os yw'r dŵr yn dod i mewn i'r system ar dymheredd o 130°C ac yn ei adael ar dymheredd o 30°C, **cyfrifwch** faint o egni mae hyn yn ei gynrychioli dros gyfnod o 24 awr.

d) Faint o bŵer fyddai'n cael ei gynhyrchu petai'r holl egni yma yn cael ei drosglwyddo'n syth yn egni trydanol?

e) Awgrymwch pa **ddefnydd** a allai gael ei wneud o'r dŵr sy'n gadael y system ar dymheredd o 30°C.

C2 Beth sy'n gwneud ardal yn addas i gynhyrchu pŵer geothermol?

C3 Pam y mae gan ffynonellau geothermol oes **mor hir**?

C4 Un broblem sy'n digwydd gyda dŵr a/neu ager sydd wedi cychwyn dan ddaear ar dymheredd uchel yw purdeb. Beth allai achosi hyn a beth allai canlyniadau hyn fod?

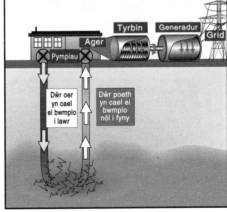

C5 Pan fydd gwyddonwyr yn archwilio ffynonellau geothermol, byddant yn sôn yn aml am ddŵr ar dymheredd mor uchel â 130°C. Sut y gall dŵr aros ar y tymheredd yma **heb droi yn ager**?

C6 Beth yw'r prif anhawster i wyddonwyr a pheirianwyr wrth gynllunio ac adeiladu gorsaf egni geothermol?

C7 Dewiswyd safle ym mynyddoedd Mecsico Newydd UDA gan wyddonwyr. Aethant ati i ddrilio i mewn i graig sych ac yna chwistrellu dŵr arwyneb. Pa fath o ddefnydd/strwythur roedden nhw'n gobeithio ei ddarganfod o dan y mynydd?

Gair i Gall

Mae pŵer geothermol yn ffantastig, ond dim ond mewn rhai ardaloedd y bydd yn werth chweil—gwnewch yn siŵr eich bod chi'n gwybod y ffactorau sy'n effeithio ar hyn. Rhaid i chi wybod y prif anawsterau a'r costau yn ogystal â ffynonell yr egni. Hefyd byddai taro golwg ar dectoneg platiau yn help i chi ei ddeall.

Biomas

C1 Rhowch y camau yn y broses o gynhyrchu trydan o losgi coed yn y drefn gywir.

> *cynaeafu'r coed, llosgi mewn ffwrnais yn y pwerdy, amaethu coed sy'n tyfu'n gyflym, cynhyrchu ager, torri'r coed yn fân, cynhyrchu trydan, pweru'r tyrbin*

C2 Mae gwyddonwyr wedi amcangyfrif bod cyfartaledd y pelydriad sy'n syrthio ar y tir yn America dros 24 awr yn 180 W/m². O dderbyn y ffigur yma, **faint o egni** sydd yn syrthio ar 1m² mewn **a)** 1 awr **b)** 1 diwrnod **c)** 1 flwyddyn **d)** 5 mlynedd?

C3 Gydag ychydig o waith cyfrifo, fe allwch ddarganfod faint o egni sy'n syrthio ar goedwig o arwynebedd 5km wrth 5km dros gyfnod o 5 mlynedd. Faint o egni yw hyn?

C4 Fodd bynnag, nid yw coed yn trawsnewid yr holl egni solar i egni cemegol. Nid ydynt yn 100% effeithlon. Rhowch reswm arall pam na fedrwn gymryd y ffigur uchod fel y swm o **egni cemegol defnyddiol** sy'n cael ei gynhyrchu yn y goedwig.

C5 Gydag ychydig mwy o amcangyfrif, cawn gyfradd effeithlonrwydd o 1% wrth drawsnewid egni solar i egni cemegol gan goed. Faint o **egni defnyddiol** a gaiff ei gynhyrchu dros y 5 mlynedd?

C6 Petai pwerdy llosgi coed yn 10% effeithlon, faint o amser fyddai pwerdy 1000 MW yn ei gymryd i losgi'r gwerth pum mlynedd o goed o'n coedwig?

C7 **Beth fyddai maint** y goedwig fyddai ei hangen i dyfu gwerth 5 mlynedd o danwydd ar gyfer y pwerdy mewn 5 mlynedd?

C8 Beth yw'r **prif gasgliad** sy'n cael ei ddangos gan y cyfrifon hyn ynglŷn â llosgi coed?

C9 Cychwynnodd grŵp amgylcheddol ymgyrch yn erbyn cynlluniau i dreialu system o bweru trwy losgi coed. Maent yn honni mai prif gynnyrch llosgi coed fydd carbon deuocsid a fydd yn ychwanegu'n sylweddol at yr Effaith Tŷ Gwydr. A yw hon yn ddadl ddilys? Esboniwch.

C10 Ni fydd cost gychwynnol y cynllun yn rhy uchel. Beth fydd y costau rhedeg pan fydd y system yn gweithredu?

C11 Dywed dyn busnes amheus y gall gael gafael ar goed llawer rhatach o'r coedwigoedd glaw mewn gwlad sy'n datblygu. Gan eich bod chi angen y coed, dywed, does dim ots o ble y daw ac mae'r wlad sy'n datblygu yn falch o'r arian. Beth yw'r **dadleuon ecolegol** yn erbyn derbyn ei gynnig?

C12 Beth allech chi ei wneud i geisio dwyn perswâd ar bobl sy'n dweud bod coedwigoedd anferth o goed unfath yn hyll iawn, ac yn defnyddio gormod o dir?

C13 Byddai llosgi coed mewn ffwrnais yn dal i arwain at rai o'r problemau sy'n gysylltiedig â llosgi glo mewn gorsafoedd pŵer mwy traddodiadol.
Beth yn eich barn chi y gallai'r rhain fod?

C14 Mae gwyddonwyr wedi meddwl am ffordd arall o ddefnyddio organebau byw i ffrwyno'r egni o'r Haul. Gellir gwneud tanwyddau hylif neu nwy, megis alcohol neu fethan.

Edrychwch ar y diagram a'i ail-lunio gan ychwanegu'r labeli o'r bocs islaw.

> *hylif treulio, defnydd organig, tanwydd nwy, defnydd gwastraff*

Gair i Gall

Mae cael syniad o'r ffigurau sy'n gysylltiedig â chynlluniau biomas, fel maint y coedwigoedd, yn help mawr mewn arholiad. Cofiwch nad yw biomas yn cyfeirio at gynaeafu a llosgi coed **yn unig** – medrwch ddefnyddio nwy o blanhigion sy'n pydru neu garthion. Hyfryd iawn!

Egni Solar

C1 **a)** Beth yw'r **tair** ffordd wahanol o harneisio egni solar a ddangosir isod?

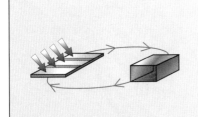 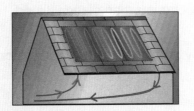 

b) Dyma nifer o ddatganiadau am egni solar.
Penderfynwch at ba un o'r tri dull y maent yn cyfeirio.

i) **Ffocysir** pelydrau'r Haul ar un pwynt.

ii) Cynhyrchir **ceryntau trydan** yn uniongyrchol.

iii) Mae drychau crwm yn **adlewyrchu** pelydrau'r Haul.

iv) **Amsugnir** pelydriad solar gan arwyneb mat du.

v) Troir dŵr yn **ager** i yrru tyrbin.

vi) Mae'r **gost gychwynnol** yn uchel iawn o'i chymharu â'r allbwn.

vii) Mae **pibellau dŵr** yn dod â dŵr oer i mewn ac yn mynd â dŵr cynnes allan.

viii) Cynhyrchir **tymheredd uchel** dros ben.

C2 Mae arae o gelloedd solar i'w gosod mewn lloeren a fydd yn cael ei rhoi mewn orbit o gwmpas y Ddaear. Amcangyfrifir mai cyfanswm y pŵer solar sy'n cyrraedd ardal y Ddaear yw 1350W/m². Mae cynllun y gell solar newydd yn 10% effeithlon. Pan fydd y lloeren yn llawn weithredol bydd yn defnyddio 3.3kW o bŵer.

a) Cyfrifwch **arwynebedd** y celloedd solar y bydd eu hangen.

b) A fydd cyfyngiadau ar yr amseroedd y gall y lloeren fod yn llawn weithredol?

c) Sut fyddai arwynebedd yr arae o gelloedd yn cymharu petai'r peiriant pŵer solar yn gweithredu ar arwyneb y Ddaear? **Esboniwch.**

C3 Mae pensaer yn cynllunio tŷ a fydd yn dibynnu ar baneli solar i wresogi peth o'r dŵr ar gyfer y gwres canolog. Mae am ddefnyddio paent arian ar y paneli gan y byddai hynny'n edrych yn fodern iawn. Esboniwch pam nad yw hyn yn lliw da ar gyfer y paneli, a dywedwch wrtho ble'n union y dylid gosod y paneli.

C4 Mae papur lleol wedi cychwyn ymgyrch i gael ffwrnais solar wedi ei hadeiladu yn y Deyrnas Unedig. Rhestrwch rai o'r **anfanteision** a ddaw o leoli pwerdy o'r math yma.

Gair i Gall

Y mae **tri** dull o ddefnyddio egni'r Haul yn **uniongyrchol** yma – felly yn eich arholiad rhaid i chi fod yn siŵr am ba un rydych yn sôn. Dysgwch sut mae pob un yn gweithio a beth yw'r anfanteision. Meddyliwch am ein tywydd ni ac o ba ddefnydd fyddai'r tri dull ym Mhrydain.

Adran Chwech — Ymbelydredd

<u>Adeiledd Atomig ac Isotopau</u>

C1 Mae'r diagram yn dangos y gronynnau sy'n gwneud atom.

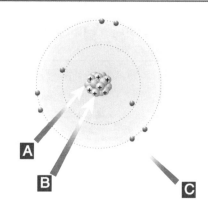

a) **Enwch y gronynnau** wedi eu labeli A, B ac C.

b) Beth sy'n rhwystro'r electronau rhag dianc i ffwrdd o'r niwclews?

c) Sawl **niwtron** sydd yn y niwclews os oes 16 niwcleon yn yr atom yma?

C2 Mae'r paragraff canlynol yn disgrifio adeiledd atom. Copïwch a chwblhewch.

> Mae pob atom yn cynnwys _____ a nifer o _____. Mae'r _____ wedi ei wneud o _____ a niwtronau. Mae gan _____ wefr bositif ond mae _____ yn niwtral yn drydanol. Mae'r rhan fwyaf o _____ yr atom wedi ei ganoli yma ond dim ond _____ bach sydd iddo. Mae'r _____ yn orbitio'r _____. Maent yn cario gwefr negatif (ac maent yn wirioneddol _____). Cymhareb màs electron i fàs proton neu niwtron yw tua _____. Mae masau'r _____ a'r proton bron â bod yn _____.

C3 **Gorffennwch y tabl** yma sy'n crynhoi màs cymharol a gwefrau trydanol y gronynnau is-atomig.

Gronyn	Màs Cymharol	Gwefr Drydanol
Proton		
Niwtron		
Electron		

C4 Dengys y diagram yr offer a ddefnyddiwyd gan yr Arglwydd Rutherford i archwilio adeiledd yr atom.

a) Enwch y gronynnau sy'n cael eu cyfeirio at y ffoil aur.

b) Pam y mae'n rhaid i'r offer yma weithredu mewn gwactod?

c) Pa un o'r canfodyddion sy'n mesur y gyfradd rifo uchaf?

d) Mae rhai gronynnau wedi'u canfod ar Y. Esboniwch y canlyniad yma gan ddefnyddio eich gwybodaeth o adeiledd atomig.

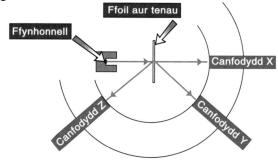

e) Caiff ffracsiwn bychan o'r gronynnau trawol eu gwasgaru fwy na 90° gan y ffoil (bydd rhai o'r rhain yn cael eu canfod gan ganfodydd Z).

Beth mae hyn yn ei ddweud wrthych am niwclysau'r atomau aur?

f) Dewiswyd aur fel targed yn yr arbrawf hwn. Rhowch **reswm** am ei ddewis.

g) Esboniwch pam y byddai targed **nwy** yn anaddas.

Adeiledd Atomig ac Isotopau

C5 Mae gan atom sefydlog o fismwth rif màs o 209.

   a) Esboniwch beth a olygir wrth 'rhif màs'.
      Rhif atomig bismwth yw 83.

   b) Cyfrifwch nifer y niwtronau mewn niwclews atom bismwth sefydlog.

   c) Disgrifiwch sut fydd adeiledd atom ansefydlog o fismwth yn wahanol i atom sefydlog o fismwth.

C6 Copïwch y tabl yma a llenwch y bylchau yn y data.

	Nifer yr electronau	Nifer y protonau	Nifer y niwtronau	Rhif Màs	Symbol
Ocsigen–16		8			$^{16}_{8}O$
Alwminiwm–27	13				
Radiwm–226		88			
Strontiwm–90	38				
Hydrogen–3		1			

C7 Copïwch a chwblhewch y paragraff canlynol am isotopau gan ddefnyddio'r geiriau a roddir. Cewch ddefnyddio gair fwy nag unwaith.

> atomig   màs   alffa   dadfeiliad   niwtronau   electronau
> sefydlog   beta   tri   elfen   egni   protonau

> Mae gan isotopau o'r un _____ nifer hafal o _____ ac _____ ond nifer gwahanol o _____. Felly mae ganddynt yr un rhif _____ ond rhif _____ gwahanol. Mae gan bob _____ o leiaf _____ isotop gwahanol ond fel arfer dim ond un neu ddau isotop _____. Os yw isotop ymbelydrol yn dadfeilio, caiff pelydriad ei allyrru. Os yw gronyn _____ neu _____ yn cael ei allyrru yna ffurfir _____ gwahanol.

C8 Rhoddir isod wybodaeth am 6 atom A B C D E ac F.

Atom A: 8 niwtron, rhif màs 16	Atom D: 6 niwtron, rhif màs 11
Atom B: 3 electron, rhif màs 7	Atom E: 3 niwtron, rhif màs 6
Atom C: 8 proton, rhif màs 17	Atom F: 6 proton, rhif màs 12

Nodwch y tri atom lle nad oes angen y rhif màs i adnabod yr elfen.

C9 Mae gan hydrogen dri isotop gwahanol.

   a) Ysgrifennwch y tri enw cyffredin am yr isotopau hyn.

   b) Pa isotop sydd i'w gael mewn 'dŵr trwm'? Eglurwch y term 'dŵr trwm'.
      Mae gan dri isotop hydrogen briodweddau cemegol unfath.

   c) Eglurwch pam y byddech yn disgwyl i'r priodweddau cemegol fod yr un fath.

   d) Mae berwbwynt y tri isotop yn wahanol. Eglurwch pam.

Gair i Gall

Cofiwch y diffiniadau : RHIF MÀS = NIFER Y PROTONAU + NIFER Y NIWTRONAU a RHIF ATOMIG = DIM OND NIFER Y PROTONAU (NEU ELECTRONAU). Mae gan isotopau elfennau nifer gwahanol o niwtronau (felly rhif màs gwahanol) ond yr un nifer o brotonau (felly yr un rhif atomig).

Adran Chwech — Ymbelydredd

Y Tri Math o Belydriad

C1 Mae'r diagram isod yn dangos pelydriad alffa, beta a gama yn cael eu saethu at gyfres o rwystrau.

a) **Copïwch** y diagram. Tynnwch linell i **ddangos llwybr** pob gronyn cyn iddo gael ei amsugno.

b) Rhowch reswm pam nad yw'r gronyn alffa yn treiddio ond ychydig i mewn i ddefnydd.

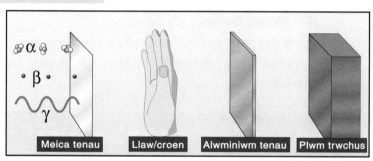

Meica tenau | Llaw/croen | Alwminiwm tenau | Plwm trwchus

C2 Mae'r tabl yn rhestru rhai priodweddau ffisegol pelydriadau alffa, beta a gama. Mae'r wybodaeth wedi cael ei chymysgu.

Cysylltwch bob un gyda'r **pelydriad cywir**.

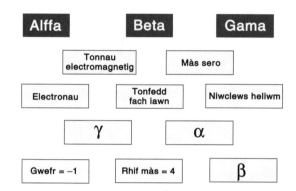

C3 Am bob cwestiwn **a)** i **h)** dywedwch ai gronyn alffa, gronyn beta neu belydriad gama sydd:

a) â'r màs mwyaf?

b) yn teithio ar gyflymder golau?

c) yn achosi'r ïoneiddiad mwyaf?

d) â'u gwefr drydanol yn sero?

e) yn bresennol mewn pelydriad cefndir?

f) yn dadwefru electrosgop deilen-aur fwyaf cyflym?

g) yr un fath â niwclews heliwm?

h) yn electron yn teithio'n gyflym?

C4 Pan fydd pelydriad yn teithio trwy fater mae'n gallu achosi ïoneiddiad.

a) Esboniwch beth a olygir gan y term 'ïoneiddiad'?

Dengys y diagram isod ddarlun syml o arbrawf i ddangos bod pelydriad yn medru ïoneiddio mater.

Llenwir y lle gwag rhwng y platiau gyda nwy argon ar wasgedd isel.

Mesurir cerrynt.

b) Enwch y **ddau** ronyn **gwahanol** a gaiff eu ffurfio pan fydd pelydriad o'r ffynhonnell yn ïoneiddio atom argon.

c) **Disgrifiwch** sut mae hyn yn arwain **at gerrynt** yn y gylched.

d) Mae'r nwy argon yn cael ei symud o'r bwlch rhwng y platiau, gan adael gwactod. Esboniwch pam nad oes mwyach unrhyw lif cerrynt.

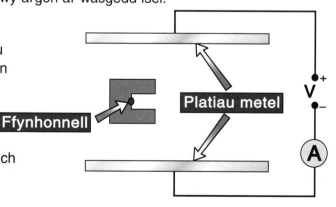

Adran Chwech — Ymbelydredd

Defnyddiau Ymbelydrol

C1   Mae ïodin–131 ymbelydrol yn cael ei ddefnyddio'n helaeth fel olinydd mewn meddygaeth.

a)   Esboniwch beth mae'r gair '**olinydd**' yn ei olygu i chi.

b)   Ble y caiff ïodin–131 ei grynodi os caiff ei chwistrellu
i mewn i'r corff? Pam?

c)   Pa fath o belydriad ddaw o ïodin–131?

d)   Pam y byddai isotop sy'n allyrru alffa yn anaddas
i'w ddefnyddio fel olinydd mewn meddygaeth?
Rhowch **ddau** reswm.

C2   Mae'r cwestiwn yma yn ymwneud â thrin canser gyda radiotherapi.

a)   Gall dos uchel o belydrau gama gael eu defnyddio i drin canser. Pa effaith a gaiff y
pelydrau gama ar gelloedd byw?

b)   Esboniwch pam y bydd claf sy'n derbyn radiotherapi yn teimlo'n sâl iawn.

c)   Er mwyn i'r driniaeth fod yn llwyddiannus, pa ddau ffactor y bydd yn rhaid i'r
radiotherapydd eu hystyried cyn cychwyn y driniaeth?

C3   Copïwch y paragraff isod gan **lenwi'r bylchau**.

arbelydriad	*dos*	*llawfeddygol*	*tymheredd*	*ymbelydrol*
diheintio	*gama*	*offer*	*niwed*	*dinoethi*	*microbau*
	ffres	*diogel*	*allyrrydd*	

**Gall dos uchel o belydriad _____ gael ei ddefnyddio i
_____ bwyd, gan ei gadw'n _____ am hirach.
Mae'r broses yn lladd _____ niweidiol, ond gwna lai
o _____ i'r bwyd, gan nad oes angen ei godi i
_____ uchel fel petai'n cael ei ferwi. Nid yw'r bwyd yn
_____ wedyn, felly mae'n berffaith _____ i'w
fwyta. Rhaid i'r isotop fod yn _____ cryf iawn o
belydrau gama. Gall y dull hwn gael ei ddefnyddio hefyd i
ddiheintio _____ _____.**

C4   Ysgrifennwch **y gair neu'r geiriau cywir** o'r rhestr isod sy'n cyfateb i'r brawddegau **a)** i **g)**.

Carbon–14	*Gwres*	*Hanner oes*	*Dadfeiliad ymbelydrol*
Adwaith cadwyn	*Wraniwm*	*Trydan*	

a)	Caiff ei ddefnyddio fel tanwydd niwclear.	
b)	Yr amser mae'n ei gymryd i gyfradd rifo sampl syrthio i'r hanner.	
c)	Caiff egni ei gynhyrchu'n barhaus mewn tanwydd niwclear gan ...	
d)	Defnyddiol er mwyn darganfod pa mor bell yn ôl y bu farw anifeiliaid a phlanhigion.	
e)	Mae dadfeiliad ymbelydrol bob amser yn allyrru egni yn y ffurf yma.	
f)	Ffurf yr egni wrth adael pwerdy niwclear.	
g)	Yn gyfrifol am lawer o'r gwres y tu mewn i'r Ddaear.	

Defnyddiau Ymbelydrol

C5 Edrychwch ar y diagram isod sy'n dangos sut mae trwch haenen fetel yn cael ei chadw'n gyson trwy ddefnyddio ffynhonnell ymbelydrol.

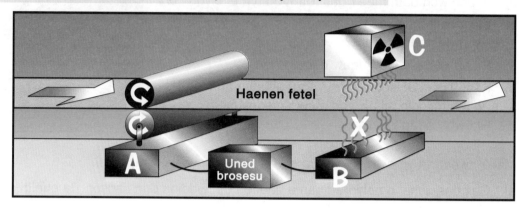

Haenen fetel

Uned brosesu

a) Enwch A, B ac C. Pa **fath o belydriad** yw X?

b) Mae trwch y metel sy'n pasio C yn **cynyddu**. Sut mae'r system yn canfod y newid a sut mae'n dychwelyd y trwch i'w faint gwreiddiol.

c) Mae'n rhaid fod gan yr isotop ymbelydrol a ddefnyddir yma hanner oes hir. Esboniwch beth allai fynd o'i le petai'r hanner oes **ond yn ddwy awr**.

d) **Pa fath o belydriad** y byddech chi'n ei ddewis petach chi am fonitro trwch cardbord?

e) Esboniwch pam y byddech wedi bod yn anghywir i ddewis pelydriad gama yn **d)**.

C6 Gellir defnyddio isotopau sy'n allyru gama i ddarganfod a yw pibellau neu gynwysyddion yn gollwng. Mae peiriannydd am brofi pibell ddŵr danddaearol i weld a yw'n gollwng heb godi'r ffordd. Mae'r bibell wedi ei chladdu un metr o dan y palmant.

a) Disgrifiwch beth fyddai angen i'r peiriannydd ei wneud gogyfer â'r prawf?

b) Rhaid i'r isotop gael hanner oes o ryw wythnos. Pa broblemau allai godi petai lawer yn hirach neu lawer yn fyrrach na hyn?

C7 Copïwch a chwblhewch y tabl sy'n crynhoi'r defnydd all gael ei wneud o isotopau ymbelydrol.

Defnydd yr isotop ymbelydrol	Allyrrydd alffa, beta neu gama?	Hanner oes byr, canolig neu hir	Rheswm am ddewis hanner oes byr, canolig neu hir
Olinyddion mewn meddygaeth			
Olinyddion mewn diwydiant			
Diheintio bwyd			
Rheoli trwch (papur)			
Rheoli trwch (haenau metel)			

Gair i Gall

Bydd yn rhaid i chi wybod o leiaf tair enghraifft o ble y defnyddir pob ffynhonnell ymbelydrol (fel y rhai ar y tudalennau yma) – maent yn farciau hawdd iawn i'w hennill. Ac mae'n rhaid i chi gofio ystyr hanner oes ffynhonnell a pham y dewisir y ffynhonnell honno. Mae'n werth i chi wybod eich ymbelydredd.

Hanner Oes

C1   Copïwch a chwblhewch y brawddegau canlynol am hanner oes atomau ymbelydrol.

sero	hir	amser	hanner	atomau	ymbelydredd	gama
alffa	beta	byr	niwclews	lleihau	dadfeilio	

Mae _____ sampl bob amser yn _____ dros amser. Bob tro y digwydd dadfeiliad, caiff pelydriad _____, _____ neu _____ ei allyrru. Golyga hyn fod _____ ymbelydrol wedi dadfeilio. Y broblem wrth geisio mesur yr amser a gymer yr holl atomau i ddadfeilio yw nad yw'r actifedd byth yn cyrraedd _____. Hanner oes yw'r _____ mae'n ei gymryd i _____ yr _____ ymbelydrol sy'n bresennol i_____. Mae isotop gyda hanner oes _____ yn dadfeilio'n fwy cyflym nag isotop gyda hanner oes _____.

C2   Gwelir isod dabl sy'n dangos sut mae cyfradd rifo sampl o boloniwm–218 yn lleihau gydag amser.

Cyfradd rifo fesul rhifiad yr eiliad	390	307	240	194	156	123	96
Amser mewn munudau	0	1	2	3	4	5	6

a)   Gan ddefnyddio'r data yn y tabl, plotiwch graff yn dangos y gyfradd rifo (echelin fertigol) yn erbyn amser (echelin lorweddol)

b)   Gan ddefnyddio eich graff, amcangyfrifwch hanner oes poloniwm–218.

C3   Cafwyd bod sampl o ddeunydd ymbelydrol yn allyrru 8000 gronyn beta yr eiliad ar gychwyn arbrawf. Bymtheg munud yn ddiweddarach, yr oedd yn allyrru 4000 gronyn beta yr eiliad.

a)   Beth yw **hanner oes** y defnydd ymbelydrol?

b)   **Sawl munud** wedi cychwyn yr arbrawf y byddech yn disgwyl gweld cyfradd rifo o 1000 gronyn yr eiliad?

c)   Beth fyddech yn disgwyl i'r gyfradd rifo fod wedi **dwy awr**?

d)   Y pelydriad cefndir o ddefnyddiau ymbelydrol yn y ddaear neu yn yr aer, yw tua 2 rifiad yr eiliad. Faint o amser a gymerai i'r gyfradd rifo o'r defnydd syrthio **yn is na'r rhifiad cefndir yma**?

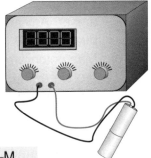

C4   Mesurwyd y gyfradd rifo o ddefnydd ymbelydrol gan ddefnyddio tiwb G–M a rhifydd. Dyma'r canlyniadau isod:

Cyfradd rifo fesul rhifiad yr eiliad	95	73	55	42	32	23	18
Amser mewn eiliadau	0	10	20	30	40	50	60

a)   **Plotiwch graff** o'r gyfradd rifo fesul rhifiad/eiliad (echelin fertigol) yn erbyn amser mewn eiliadau (echelin lorweddol).

b)   **Cyfrifwch hanner oes** y defnydd trwy fesur faint o amser a gymerodd y gyfradd rifo i ostwng o 90 i 45.

c)   Actifedd isel iawn sydd i ddefnydd arall sy'n ei gwneud hi'n anodd i fesur yr actifedd uwchben y pelydriad cefndir. **Disgrifiwch** sut y gallai'r broblem hon gael ei goresgyn.

Hanner Oes

C5 Hanner oes carbon–14 yw 5,600 blwyddyn. Mae carbon–14 yn un rhan mewn 10,000,000 o'r carbon yn yr aer. Ar gyfer pob eitem **a)** i **c)**, cyfrifwch **pa mor bell yn ôl** yr oedd yn ddefnydd byw.

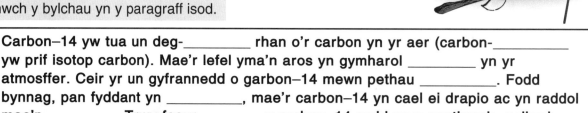

a) Ffosil yn cynnwys 1 rhan mewn 32,000,000 o garbon–14.
b) Handlen gwaywffon yn cynnwys 1 rhan mewn 80,000,000 o garbon–14.
c) Handlen bwyell yn cynnwys 1 rhan mewn 20,000,000 o garbon–14.

C6 Llenwch y bylchau yn y paragraff isod.

> Carbon–14 yw tua un deg-_____ rhan o'r carbon yn yr aer (carbon-_____ yw prif isotop carbon). Mae'r lefel yma'n aros yn gymharol _____ yn yr atmosffer. Ceir yr un gyfrannedd o garbon–14 mewn pethau _____. Fodd bynnag, pan fyddant yn _____, mae'r carbon–14 yn cael ei drapio ac yn raddol mae'n _____. Trwy fesur _____ y carbon–14 sydd yn y gwrthrych, gallwch gyfrifo'n hawdd pa mor _____ _____ _____ yr oedd y gwrthrych yn ddefnydd _____ drwy ddefnyddio _____ _____ o 5600 mlynedd.

C7 Gall creigiau igneaidd gael eu dyddio trwy fesur cymhareb wraniwm–238 a'i gynnyrch dadfeilio sef plwm. Hanner oes wraniwm–238 yw 4.5 biliwn o flynyddoedd. Gan dybio nad oedd plwm yn bresennol pan ffurfiwyd y creigiau, **cyfrifwch oed y creigiau** yn **a)** i **d)** trwy ddefnyddio'r cymarebau:

a) Wraniwm: plwm yw 1 : 1	**b)** Wraniwm: plwm yw 75 : 525
c) Wraniwm: plwm yw 1 : 0	**d)** Wraniwm: plwm yw 75 : 225

C8 Mae plwm–210 (rhif atomig 82) yn dadfeilio drwy allyrru gronyn beta. Ffurfir bismwth–210 sy'n dadfeilio gydag allyriad gronyn beta i ffurfio poloniwm–210.

a) **Lluniwch** y gyfres dadfeilio uchod, gan ddangos y rhifau màs ac atomig am bob atom.
b) Mae'r graff gyferbyn yn dangos sut mae actifedd bismwth–210 yn amrywio gydag amser. Amcangyfrifwch hanner oes bismwth–210.
c) Mae poloniwm–210 yn dadfeilio gydag allyriad gronyn α. Ffurfir isotop o blwm. Beth yw rhif màs yr isotop yma o blwm?

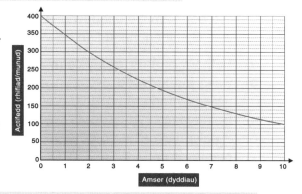

C9 Mae'r tabl isod yn dangos sut mae actifedd ffynhonnell ymbelydrol yn newid gydag amser. Cyfrifwyd y gyfradd rifo gefndir yn 10 rhifiad y **funud**.

Amser (s)	5	10	15	20	25	30	35	40	45	50	55	60	65	70	75
Actifedd (rhifiad/s)	100	76	68	64	56	50	44	38	32	28	26	22	20	16	14

a) Defnyddiwch y data i **amcangyfrif hanner oes** y ffynhonnell ymbelydrol.
b) Mesurwyd y pelydriad cefndir dros amser maith. Esboniwch pam y mae'n rhaid gwneud hyn.

Gair i Gall

Pan fo niwclews yn dadfeilio gall allyrru pelydriad alffa, beta neu gama. Mae hanner oes hefyd o bwys mawr. Nid yw ymbelydredd byth yn diflannu, dim ond parhau i haneru ei hunan. Yr amser mae'n ei gymryd i haneru yw'r hanner oes. Peidiwch â phoeni os yw'r syniadau yma braidd yn gymhleth, bydd y cwestiynau'n ddigon clir.

Peryglon Ymbelydriad a Diogelwch

C1 Mae gronynnau ymbelydrol yn medru niweidio celloedd byw.

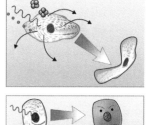

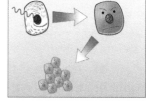

- **a)** Pa wahanol fathau o belydriad all wneud y niwed yma?
- **b)** Pa broses fydd yn gorfod digwydd fel arfer i wneud y niwed yma?
- **c)** Pa ran o'r gell sy'n rheoli gweithrediad y gell?
- **d)** Pa enw a roddwn ar gell sydd wedi cael ei newid ychydig, heb ei lladd?
- **e)** Pam y mae celloedd fel hyn mor beryglus?
- **f)** Beth yw'r cyflwr sy'n cael ei achosi'n aml gan gelloedd fel hyn?

C2 Mae gwahanol fathau o belydriad yn achosi gwahanol raddau o niwed i gelloedd.

- **a)** Ai gronyn alffa, gronyn beta neu belydriad gama sy'n debygol o achosi'r niwed mwyaf i gelloedd?
- **b)** Pam mai'r pelydriad yma sydd fwyaf peryglus? Rhowch ddau reswm.

C3 Gall gronynnau ymbelydrol hefyd achosi 'salwch ymbelydredd' i berson.

- **a)** Sut y gallai person ddatblygu 'salwch ymbelydredd'.
- **b)** Beth sy'n digwydd i'r corff i achosi 'salwch ymbelydredd'.

C4 Rhestrwch o leiaf dri ffactor sy'n penderfynu faint o niwed a achosir i rywun sydd wedi ei ddinoethi i belydriad.

C5 Pelydriad y tu allan i'r corff –

Pa fath(au) o belydriad sydd fwyaf peryglus y tu allan i'r corff? Esboniwch eich ateb.

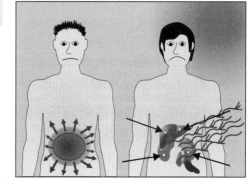

C6 Pelydriad y tu mewn i'r corff –

Pa fath(au) o belydriad sydd fwyaf peryglus y tu mewn i'r corff? Esboniwch eich ateb.

C7 Y mae rheolau arbennig i'w dilyn wrth drafod defnyddiau ymbelydrol mewn labordy ysgol.

Llenwch y bylchau.

> Peidiwch byth â chaniatáu i'r ffynhonnell ddod i gysylltiad â'r _____. Dylid defnyddio _____ bob amser wrth drafod defnyddiau ymbelydrol. Cadwch y ffynhonnell mor _____ _____ _____ o'r corff â phosibl Anelwch y ffynhonnell _____ _____ o'r corff. Peidiwch ag edrych yn _____ ar y ffynhonnell. Cadwch y ffynhonnell mewn blwch wedi ei wneud o _____. Wedi cwblhau'r arbrawf rhowch y ffynhonnell _____ cyn gynted â phosib.

C8 Mae pobl sy'n gweithio yn y diwydiant niwclear yn gorfod bod yn fwy gofalus hyd yn oed.

Disgrifiwch y dulliau y gall y gweithwyr eu defnyddio i amddiffyn eu hunain yn erbyn y peryglon canlynol:

- **a)** Anadlu gronynnau ymbelydrol bychan i mewn i'r corff neu rai o'r gronynnau yn glynu wrth y croen.
- **b)** Ardaloedd sydd wedi eu llygru gan belydriad gama.
- **c)** Ardaloedd sy'n rhy beryglus i'r gweithwyr sydd wedi eu diogelu'n dda hyd yn oed.

Adran Chwech — Ymbelydredd

Peryglon Ymbelydriad a Diogelwch

C9 Mae'r diagram yn dangos cynllun am larwm mwg a allai gael ei osod mewn tŷ. Mae ffynhonnell ymbelydrol wan yn achosi ïoneiddiad rhwng yr electrodau. Mae'r ïonau yn cael eu hatynnu i un o'r electrodau ac mae cerrynt bach yn llifo.

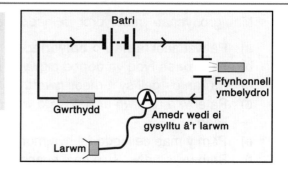

a) Pa **fath o ffynhonnell** fyddai'n addas ar gyfer hyn?

b) Beth sy'n digwydd pan fo mwg yn mynd i mewn i'r canfodydd? Sut mae hyn yn cychwyn y larwm?

c) Mae'n bosib y bydd rhai defnyddwyr yn poeni am bresenoldeb ffynhonnell ymbelydrol yn y larwm. Sut fyddech yn tawelu eu hofnau?

C10 Yn y Gwasanaeth Iechyd, defnyddir pelydriad i drin sawl math o ganser.

a) Pa fath o belydriad sydd fel arfer yn cael ei ddefnyddio?

b) Beth mae'r pelydriad yn ei wneud?

c) Pam y mae'n rhaid i'r pelydriad gael ei dargedu'n fanwl gywir?

Mae'r ffisegwyr meddygol sydd yn gyfrifol am gyfrifo'r dosiau yn gorfod sicrhau nad yw'r dosiau yn rhy fawr nac yn rhy fach.

d) Beth allai ddigwydd os yw'r dos yn rhy isel?

e) Beth allai ddigwydd os yw'r dos yn rhy uchel?

C11 Mae llosg sydd wedi ei achosi gan belydriad yn edrych fel llosg arferol gyda chochni a phothelli o'i gwmpas. Eto, mae llosg pelydriad yn gwella lawer iawn yn arafach na llosg normal.

Beth yw'r rheswm am hyn?

C12 Mae plant bychan ac embryo sy'n datblygu yn fwy tueddol o gael eu niweidio gan effeithiau pelydriad.

Pam?

C13 Mae mêr yr esgyrn yn bwysig i gynhyrchu celloedd gwyn y gwaed ac mae'n hawdd ei niweidio gan belydriad.

Pa effaith a gâi **dos mawr** o belydriad i fêr yr esgyrn ar:
a) gynhyrchu celloedd gwyn y gwaed
b) y corff yn gyfan.

C14 Ymhlith pethau eraill, fe ryddhaodd trychineb pwerdy Chernobyl gwmwl o ïodin–131 ymbelydrol. Caiff ïodin ei amsugno gan y chwarren thyroid yn y gwddf. Rhoddwyd cwrs o **dabledi ïodin** i'r bobl a gafodd eu heffeithio gan yr ymbelydredd o ganlyniad i'r drychineb.

Beth oedd yr awdurdodau yn gobeithio ei gyflawni trwy wneud hyn?

Gair i Gall

Mwy o enghreifftiau pwysig o ymbelydredd. Bydd angen y rhain arnoch felly ychwanegwch nhw i'r system ffeilio yn eich ymennydd. Rydych yn gwybod yn barod bod ymbelydredd yn beryglus ond rhaid i chi ddysgu'r holl ddulliau diogelwch. Dydyn nhw ddim yn ddifyr i'w dysgu ond efallai y gofynnir i chi eu rhestru am ychydig o farciau hawdd.

Hafaliadau Niwclear

C1   Copïwch y tabl isod a chwblhewch yr wybodaeth am belydriadau alffa, beta a gama.

Pelydriad	Rhif màs	Rhif atomig	Gwefr
alffa			
beta			
gama			

C2   Sut mae **rhif màs** a **rhif atomig** niwclews yn newid, os yw'n allyrru:

a)   gronyn alffa   **b)**   gronyn beta   **c)**   pelydriad gama

(ar gyfer y ddau gwestiwn nesaf, efallai y bydd angen i chi gael golwg ar y tabl cyfnodol).

C3   Dangosir yma ddadfeiliad alffa radiwm–226.

Mae pob un o'r niwclysau canlynol **a)** i **i)** yn dadfeilio drwy allyriant alffa.

$$^{226}_{88}Ra \longrightarrow\ ^{222}_{86}Rn\ +\ ^{4}_{2}He$$

a)   Radiwm, $^{226}_{88}Ra$ **b)**   Thoriwm, $^{232}_{90}Th$ **c)**   Thoriwm, $^{228}_{90}Th$

d)   Radiwm, $^{224}_{88}Ra$ **e)**   Poloniwm, $^{216}_{84}Po$ **f)**   Radon, $^{220}_{86}Rn$

g)   Bismwth, $^{212}_{83}Bi$ **h)**   Poloniwm, $^{212}_{84}Po$ **i)**   Astatin, $^{217}_{85}At$

Ysgrifennwch y symbol am yr epil niwclews ar gyfer pob dadfeiliad.

C4   Dangosir yma ddadfeiliad beta carbon–14.

Mae'r niwclysau canlynol **a)** i **i)** i gyd yn dadfeilio trwy allyriant beta.

$$^{14}_{6}C \longrightarrow\ ^{14}_{7}N\ +\ ^{0}_{-1}e$$

a)   Carbon, $^{14}_{6}C$ **b)**   Wraniwm, $^{237}_{92}U$ **c)**   Plwtoniwm, $^{241}_{94}Pu$

d)   Protoactiniwm, $^{233}_{91}Pa$ **e)**   Bismwth, $^{213}_{83}Bi$ **f)**   Plwm, $^{209}_{82}Pb$

g)   Thaliwm, $^{209}_{81}Tl$ **h)**   Radiwm, $^{225}_{88}Ra$ **i)**   Ffranciwm, $^{223}_{87}Fr$

Ysgrifennwch y symbol am yr epil niwclews ar gyfer pob dadfeiliad.

C5   Ar gyfer yr isotopau canlynol **a)** i **d)**, ysgrifennwch yr **hafaliad niwclear** sy'n cynrychioli'r dadfeiliad.

a)   Thoriwm–234, $^{234}_{90}Th$, yn dadfeilio i ffurfio Paladiwm, $^{234}_{91}Pa$.

b)   Thoriwm–230, $^{230}_{90}Th$, yn dadfeilio i ffurfio radiwm, $^{226}_{88}Ra$.

c)   Paladiwm–234, $^{234}_{91}Pa$, yn dadfeilio i ffurfio wraniwm, $^{234}_{92}U$.

d)   Thoriwm–232, $^{232}_{90}Th$, yn dadfeilio i ffurfio radiwm, $^{228}_{88}Ra$.

Adran Chwech — Ymbelydredd

ATEBION

Ffiseg

Haen Uwch

tudalennau 1–6

TUDALENNAU 1, 2

1) wedi'u gwefru; cylched; electronau; metel; positif.

2)
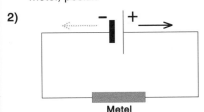
Metel

3) Cerrynt; positif; negatif; i'r cyfeiriad dirgroes.

4)
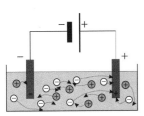

5) hylifau; gronynnau wedi'u gwefru (ïonau); wedi'u hydoddi; hydoddiant sodiwm clorid; sodiwm clorid; negatif; positif

6) 23Ω

7) 0.5A

8) *O'r top:* 12V; 10A; 2Ω; 0.1A; 3Ω; 7.5V

9) b) 0.75Ω
   c) Gwrthydd
   d) Mae'r foltedd mewn cyfrannedd â'r cerrynt (graff llinell syth drwy'r tardd).

10) a) 1V
    b) 3V
    c) 1.5A
    d) 0.6A
    e) 1.5Ω
    f) 3Ω

11 Gwifren fer, gwrthiant is; gwifren drwchus, gwrthiant is; tymheredd, cynyddu; un cyfeiriad.

12) a) Llif gronynnau wedi'u gwefru
    b) Llai o gerrynt
    c) Uned gwefr
    d) Caniatáu cerrynt mewn un cyfeiriad yn unig
    e) Uned pŵer
    f) Ïonau wedi'u hydoddi mewn dŵr
    g) Mwy o gerrynt
    h) Uned cerrynt
    i) Mesur cerrynt
    j) Gwifren fetel o wrthiant uchel
    k) Mesur foltedd
    l) Llai o gerrynt
    m) Metel o wrthiant isel
    n) Uned foltedd

TUDALEN 3

1) Cell, mae'n rhoi'r gwahaniaeth potensial neu'r foltedd; 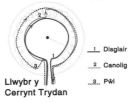 mae'r gwrthiant yn newid gyda disgleirdeb golau; uchelseinydd; foltmedr, mae'n mesur foltedd ar draws y gydran; ffiws; gwrthydd sefydlog, penderfynu ar y cerrynt mewn cylched; mae'r gwrthiant yn newid gyda'r tymheredd; mae'n atal llif y cerrynt; deuod; gwrthydd newidiol; modur, mae'n cynhyrchu mudiant o egni trydanol; mesur cerrynt trydan.

2) a) Trefnwch y cydrannau hyn mewn cyfres.
   b) Gwrthiant uwch, cerrynt llai.
   c) Mae'r darlleniad ar yr amedr yn mynd i lawr.
   d) Cymerwch y celloedd allan o'r batri/defnyddiwch fatri â foltedd is.

3) a)
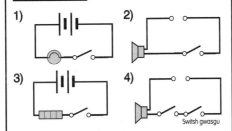

Y tu mewn i switsh pylu

Llwybr y Cerrynt Trydan

1 Disglair
2 Canolig
3 Pŵl

   b)

Disgleirdeb y Golau	Cerrynt (A)	Gwrthiant (Ω)
Pŵl	1.0	6.0
Canolig	2.0	3.0
Disglair	3.0	2.0

   c) Gwrthiant yn cynyddu → cerrynt yn lleihau
   d) Gwrthiant yn lleihau → cerrynt yn cynyddu

TUDALEN 4

1)
2)
3)
4)

Switsh gwasgu

Larwm sy'n sensitif i olau – Gwrthydd golau-ddibynnol yn lle un o'r switshis

5) a) Mae'n lleihau.
   b) Mae'n cynyddu.
   c) Wrth i'r golau fynd yn fwy llachar, mae goledd y gromlin yn mynd yn llai serth → mae'r gwrthiant yn lleihau yn fwy araf.
   d) Golau nos awtomatig: Mae'r gwrthydd golau-ddibynnol yn cynyddu'r gwrthiant yn y tywyllwch, mae'r gylched yn 'canfod' y cynnydd ac yn troi'r golau ymlaen. Teclyn Canfod Lladron: gallai ganfod tortsh yn yr un modd.

6) a) Mae'r gwrthiant yn cynyddu wrth i'r tymheredd ddisgyn.
   b) 110Ω.
   c) Synwyryddion tymheredd mewn injan car, thermostatau electronig.
   d) 30°C i 20°C, felly y newid yn y tymheredd yw 10°C.

TUDALENNAU 5, 6

1)
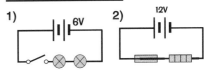
2)

12V

3) a) Wedi diffodd
   b) Wedi diffodd
   c) Yn fwy disglair
   d) Yn fwy pŵl
   e) Yn fwy pŵl
   f) Normal

4) a) 6Ω
   b) 1A

5) 6Ω yr un

6V
2Ω   4Ω

6) Bydd y lampau i gyd yn diffodd; 480Ω; 48Ω ar gyfer pob lamp.

7) a a 4; b a 3; c a 1; d a 2.

8) a) 4Ω
   b) 3A
   c) **Mesurydd 1:** 3V   **Mesurydd 2:** 9V

9) mwyaf pŵl; lleihau; llai; cynyddu; codi.

10) a) 6Ω
    b) 1A
    c) $V_1 = 1V$; $V_2 = 2V$; $V_3 = 3V$

11) a) 2Ω
    b) 3 ychwanegol (5 i gyd).

12) a) 8Ω; 40Ω
    b) 24V

13) $V_1 = 12V$; $V_2 = 6V$; $V_3 = 4V$; $V_4 = 2V$

14) a) y mwyaf yw ei ran o'r g.p.
    b) cyfanswm g.p. y celloedd ac ar gyfanswm yr holl wrthiant yn y gylched
    c) ym mhob rhan o gylched cyfres
    d) foltedd y cyflenwad (prif gyflenwad/cell/batri)
    e) cyfanswm pob un gwrthiant unigol.

15) A = 1A; $V_1 = 1.5V$; $V_2 = 2.5V$; $V_3 = 2V$; 4V rhwng x ac y.

tudalennau 7–12

TUDALENNAU 7, 8

1) **a)** 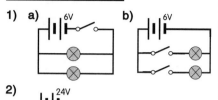 **b)**

2)

3) **a)** Normal.
   b) Yn fwy disglair.
   c) Yn fwy pŵl.
   d) Normal.

4)

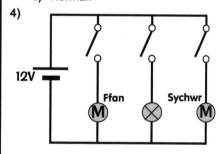

5) a) a f); b) a d); c) a e)

6) **a)** 1, 2, 3, 4 a 5
   b) 2
   c) 4 a 5

7) **a)** 3A
   b) 1.5A
   c) 4.5A
   d) 4/3Ω

8) 24Ω yr un

9) 2A mewn 6Ω; 4A mewn 3Ω; 6A

10) 12A mewn 2Ω; 8A mewn 3Ω;
   6A mewn 4Ω; 26A drwy'r gell

11) a) ar draws pob cangen baralel
   b) yn hafal i gyfanswm pob cerrynt
      yn y canghennau paralel
   c) yn dibynnu ar ei wrthiant
   d) yn llai na gwrthiant lleiaf unrhyw
      un o'r canghennau
   e) y mwyaf yw'r cerrynt

12) a) paralel; cangen; mwy; paralel;
      A_1; A_2 ac A_3; llai

   b) 1Ω, 6A, 2A yr un.

13) a) 1.5A ym mhob cangen.
   b) 0.75A a 3A.

14) a) 6A
   b) 2A
   c) 6A, 2A; 8A drwy'r gell

15) 1 a 2: A = 9A, A_1 = 6A, A_2 = 3A,
   A_3 = 0A

   1 a 3: A = 8A, A_1 = 6A, A_2 = 0A,
   A_3 = 2A

   1, 2 a 3: A = 11A, A_1 = 6A, A_2 = 3A,
   A_3 = 2A

TUDALENNAU 9, 10

1) **a)** yn atynnu ei gilydd
   b) ei achosi gan ffrithiant
   c) sy'n symud, nid y gwefrau
      positif
   d) cynyddu os yw gwefr yn
      cynyddu
   e) yn cael ei golli, os yw'r rhoden
      wedi ei gwefru yn symud i
      ffwrdd
   f) y mwyaf yw'r foltedd
   g) trwy ei gysylltu â'r Ddaear
   h) yn gwrthyrru ei gilydd
   i) yn cael eu darganfod ar roden
      os oes electronau wedi'u
      rhwbio arno
   j) yn gwrthyrru ei gilydd
   k) yn cael eu gadael ar roden wedi
      rhwbio'r electronau i ffwrdd

2)

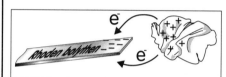

3) Os rhwbiwch rhoden asetad gyda
   chadach / mae electronau'n cael eu
   symud / o'r rhoden i'r cadach. /
   Felly mae'r cadach yn cael / gwefr
   negatif / ac mae'r rhoden yn cael /
   gwefr bositif.

4) **a)** Yn fwy (yn agosach)
   b) Yn llai (mae'r wefr yn llai dwys)
   c) Yn llai (ymhellach i ffwrdd)
   d) Yn llai (llai o wefr)

5) **a)** niwtral; hafal; postif; negatif;
      gwefr; gwefrau tebyg yn gwrthyrru
   b) Mae'r gwefrau negatif yn y
      rhoden yn cael eu hatynnu at y
      pen sydd nesaf at y gwrthrych
      sydd wedi'i wefru'n bositif, felly
      bydd y pen yma wedi'i wefru'n
      negatif.
   c) Mae'r pellter sy'n gwahanu'r
      gwefrau (+) (−) yn llai nag ar
      gyfer y gwefrau (+) (+), felly
      mae'r grym atynnu yn fwy na'r
      grym gwrthyrru.

6) positif, yn bositif, gwrthyrru,
   lledaenu, daear, terfynell negatif,
   atynnu

7) Toner du +if (neu −if); rhannau o'r
   papur wedi'u gwefru'n ddirgroes.

8) **a)** Bydd aer yn gwibio yn erbyn y
      car yn rhoi gwefr iddo.

   b) Bydd yn rhoi sioc i chi
      oherwydd bydd electronau'n llifo
      drwyddoch chi o'r ddaear i'r car.

9) Pan fydd y siwmper yn cael ei
   thynnu fe welir gwreichion/siociau o
   ganlyniad i'r gwefrau statig ar y
   siwmper oherwydd bod yr
   electronau'n symud wrth i'r gwefrau
   ailddosbarthu eu hunain.

10)

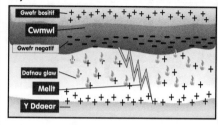

11) a) cafn llithro grawn, rholeri papur,
      tanciau tanwydd

12) a) Er mwyn osgoi difrod gan fellt.
   b) Copr
   c) Mae gwefrau negatif yn y
      cymylau yn cael eu daearu
      drwy'r dargludydd mellt.

13) a) Rhwbio un darn yn eich erbyn
      chi eich hun.
   b) Rhwbio'r ddau ddarn yn eich
      erbyn chi eich hun.

TUDALENNAU 11, 12

1) gwefr, dwy, cell, trosglwyddo,
   cylched drydanol, trydanol, gwres
   (_neu olau_), golau (_neu wres_), golau,
   torri, llifo, egni, foltedd, mwy
   llachar.

2) **a)** Golau (+ gwres)
   b) Cinetig (+ gwres + sain)
   c) Sain (+ gwres)
   d) Gwres

3) **a)** $P=V^2/R$. Y mewnbwn egni yn yr
      amser a roddwyd fydd x4. Bydd
      y cynnydd yn y tymheredd yn x4
      os na fydd egni wedi'i golli i'r
      amgylchoedd, bydd ychydig yn
      llai na x4 os yw'r egni yn cael ei
      golli ar yr un gyfradd â'r hyn
      sy'n cael ei golli ar dymheredd
      yn uwch
   b) $P=V^2/R$. Y mewnbwn egni yn yr
      amser a roddwyd fydd x2.
      Disgwylir cynnydd o x2 yn y
      tymheredd gyda chafeat tebyg
      i ran a.
   c) dim newid.

4) **b)** Mae'r tymheredd yn codi yn
      sydyn ar y dechrau – bron yn
      llinol (h.y. tymheredd ∝ amser),
      ac ni chaiff fawr ddim gwres ei
      golli o'r arbrawf. Pan fydd y
      tymheredd yn cyrraedd tua
      60°C, bydd y gwres a gollir yn
      sylweddol, o ganlyniad i
      anweddiad yn bennaf, felly bydd
      y gyfradd y bydd y tymheredd
      yn codi yn arafach. Pan fydd
      bron â chyrraedd y berwbwynt,
      bydd y rhan fwyaf o'r gwres yn
      cael ei golli drwy anweddiad a
      bydd y gromlin yn fwy gwastad.
      Ar dymheredd o 100°C, ni all y
      dŵr fynd yn boethach ar ffurf
      hylif felly bydd yn troi'n anwedd
      ac yn dianc.

tudalennau 12–18

c) 65°C, tua 92°C

d) Gwrthiant uwch, felly mae'r mewnbwn pŵer yn is ($P=V^2/R$): Mwy nag 8 munud.

e) Ynysu'r gwifrau sy'n arwain at y coil gwresogi ac oddi yno. Gwyliwch rhag llosgi.

f) Ail-wneud yr arbrawf; trowch y dŵr i ddosbarthu'r gwres yn gyson.

5) a) Mae'n cael ei droi'n egni gwres.
b) Mwy o egni gwres.
c) Mwy o egni gwres.
d) Llai o egni gwres, llai o gerrynt.
e) Calorimedr

6) a) yw un joule y coulomb.
b) yw gwefr x foltedd.
c) yw un coulomb yr eiliad.
d) yw'r egni a drosglwyddir gan bob uned o wefr sy'n pasio.
e) yw cerrynt x amser.

7) a) amp(er)au, A. Gwrthiant, R. Egni, J. coulombau, C. Amser, s, P, W.
b) 2, 4, 12 coulomb. 3 eiliad, 30 coulomb, 60 coulomb.

8) 9000J.

9) 10V, 45J, 20C, 500C, 900J.

10) Os yw foltedd mewn cylched yn newid o 6V i 12V trwy newid y batri, bydd pob gwefr drydanol sy'n pasio drwy'r batri yn derbyn dwywaith gymaint o egni. Felly bydd pob coulomb o wefr nawr yn cario 12J o egni, ac os yw'r cerrynt yn 3A bydd y batri yn cyflenwi 36J/s i'r gylched. Felly y pŵer a gyflenwir yw 36W. Cyfanswm gwrthiant y gylched, felly, fydd 4Ω.

TUDALENNAU 13, 14

1) a) Unedau a ddefnyddiwyd: 484, 666. Cost y trydan a ddefnyddiwyd: £35.57, £48.95 Cyfanswm y bil: £45.06, £58.44 TAW o 8%: £3.61, £4.68
b) Cilowat awr (kWh)
c) 48000 (yn fras), 28300 (yn fras)
d) Bod mwy o drydan (unedau) wedi'u defnyddio gan ei bod hi'n oer ac yn dywyll yn y gaeaf.

2) Popty, tegell, gwresogydd trydan, tostydd. Mae elfennau trydan ynddyn nhw i gyd.

3) a) J, kJ, kWh, unedau.
b) W, kW.
c) 1/10
d) 1000

4) 1000W, 3600s, 1kWh, 3.6MJ

5)

Cyfarpar	Egni (kWh)	Cost fesul 10c yr uned
Gwresogyddion Stôr	2 × 4 = 8	8 × 10 = 80 c
Popty	14	140c
Tân trydan 1 bar	1.5	15c
Tegell	0.2	2c
Haearn smwddio	1.2	12c
Oergell	2.88	29c
Lamp	0.36	4c
Casét radio	0.024	0.24c

6) Cymerwch, blaenorol, egni, foltedd, egni, joule, ddwywaith.

7) a) 1 kWh
b) 0.05kWh
c) 0.25kWh
d) 0.1kWh

8) a) 6c
b) 0.1c
c) £1.26
d) 67.5c
e) £1.44

9) a) 16.67 awr
b) Mae'r radio ymlaen â'r sŵn ar ei uchaf.

10) a) Tân
b) Sugnwr Llwch
c) Y ddau yr un fath
d) Yr haearn smwddio
e) Gwresogydd troch

11) a) £24, £10, £34, £126
b) Yn rhatach, yn arbed egni, yn arbed olew/glo a ddefnyddir i wneud trydan, llai o wastraff bylbiau ayb

---

TUDALENNAU 15, 16

1) a) Y wifren wedi rhaflo, y fflecs wedi dirdroi, y tâp ynysu yn rhydd. **Angen ailwifro'r cyfarpar**.
b) Y derfynell (fyw) yn noeth. **Angen rhoi'r bylb yn ôl (ar ôl troi'r switsh i ffwrdd yn gyntaf)**.
c) Gormod o blygiau. Addasydd 3 ffordd mewn addasydd arall. **Angen defnyddio bwrdd plygiau neu socedi eraill**.

2) 1. Cebl hir – anifeiliaid anwes/plant.
2. Cebl wrth ymyl gwres/dŵr.
3. Dŵr ger socedi.
4. Gwthio pethau i mewn i socedi.
5. Plygiau diffygiol/wedi'u gwifro'n anghywir, cyfarpar heb orchuddion arnynt.
6. Defnyddio ffiwsys anghywir.

3) Arwydd 1af – Perygl cael eich trydanu
2il Arwydd – Peidiwch â'i roi mewn dŵr, na'i ddefnyddio mewn ystafell ymolchi nac yn agos at ddŵr.

4) A: niwtral (glas), B: daear (gwyrdd a melyn), C: byw (brown)

5) a) Pinnau/sgriwiau, yn gadarn ac ar gyfer y pinnau yn ddargludyddion da.
b) Cas, y grip ar y cebl, deunydd ynysu ar gyfer y gwifrau a'r cebl.

6) 1. Sicrhau bod y sgriwiau yn dynn.
2. Sicrhau bod y grip ar y cebl yn ddigon tynn.
3. Sicrhau bod y ffiws yn ei le.
4. Sicrhau nad yw'r gwifrau noeth yn cyffwrdd â dim ar wahân i'r sgriw ac nad ydynt yn agored.
5. Sicrhau bod y gwifrau yn y mannau iawn.

7) a) Os bydd cyswllt rhwng y wifren fyw a'r cas, bydd cerrynt uchel yn llifo i'r wifren ddaearu gan chwythu'r ffiws. Os nad oes gwifren ddaearu yn y plwg ac os yw'r cyfarpar wedi'i ynysu o'r ddaear bydd y cas yn dal i fod yn fyw hyd nes y bydd rhywun yn ei gyffwrdd.
b) Mae cas plastig o gwmpas teledu sy'n golygu, hyd yn oed os bydd cyswllt rhwng y wifren fyw a'r cas, na fydd cerrynt i'r wifren ddaearu os bydd rhywun yn cyffwrdd â'r teledu.

8) foltedd, eiledol, 230, byw, niwtral, daearu, diogelwch.

9) Switsh gwasgu yn unig, cebl wedi'i ynysu'n dda, teclyn torri cylched os bydd y cerrynt yn gollwng.

10) 5, 5, 13, 5, 13, 5.

11) a) Er mwyn diogelu'r defnyddiwr a'r cyfarpar – bydd y ffiws yn torri'r cyflenwad byw os bydd cerrynt yn anarferol o uchel e.e. cylched fer.

b)

c) Gwifren y ffiws yn ymdoddi ac yn torri (rhy denau – gwifren 3A).
d) Byddai'n chwythu yn syth.
e) Mae'r wifren ddaearu yn caniatáu cerrynt mawr a bydd hyn yn chwythu'r ffiws ac yn amharu ar y cyflenwad trydan.

12) 1. Dylai fod yn 230V CE ac nid 220V CU. 2. Dylai'r ffiws fod yn y wifren fyw. 3. Dylai'r switsh fod yn y wifren fyw 4. Mae'r symbol daear â'i ben i lawr.

13) gwifro, ffiws, daearu, chwythu, arbenigwr (*trydanwr*), newid, gorchuddio.

14) a) Fydd y sychwr gwallt ddim yn gweithio a bydd y goleuadau yn y lolfa, y gegin a'r ystafell fwyta yn diffodd.
b) Bydd y goleuadau yn gweithio ond fydd y sychwr gwallt ddim yn gweithio.
c) Bydd y sychwr gwallt yn gweithio ond fydd y goleuadau ddim yn gweithio.

TUDALENNAU 17, 18

1) a) Boeler, Tyrbin, Generadur, Newidydd, Grid/peilon (o'r chwith i'r dde).
b) Glo, olew, nwy (*unrhyw drefn*). Tanwydd wraniwm, ager, tyrbin, generadur, anwythiad, magnetig.

2) a) ac yn cadw'r cerrynt yn isel
b) i'w gyfrifo orau trwy ddefnyddio V x I
c) mae angen foltedd uchel neu gerrynt uchel

tudalennau 18–22

d) oherwydd y gwrthiant yn y ceblau

e) yn hafal i I^2 x R

f) a chadw'r cerrynt yn isel iawn.

g) yn golygu bod angen newidyddion yn ogystal â pheilonau mawr gydag ynysyddion mawr

h) er mwyn sicrhau trawsyriant effeithlon

i) i'w ddychwelyd i lefelau diogel i'w defnyddio

j) oherwydd dydy newidyddion ddim yn gweithio ar CU

3 a) foltedd, cerrynt, pŵer, gwrthiant

b) ohmau, ampau, watiau, foltiau

4) V a V; I a A; P a W; R a Ω

5) a) gyrru o un lle i'r llall

b) cerrynt eiledol

c) cerrynt union

d) motor sy'n cael ei droi gan ager

e) man cynhyrchu a dosbarthu pŵer trydanol

f) newid foltedd cyflenwad cerrynt eiledol

6) a) 690W

b) 460W

c) 115W

7) a) 20W

b) 80W

c) 4 gwaith; os caiff y foltedd ei gadw'n gyson, golyga $P = I^2$ x R os caiff y cerrynt I ei ddyblu, rhaid i'r pŵer fod 2^2 = 4 gwaith yn fwy.

8) a) 36W

b) 144W

c) 72W.

9)

Dyfais	Pŵer (kW)	Pŵer (W)	Cerrynt (A)	Ffiws
Haearn smwddio	0.92	920	4	13
Teledu	0.115	115	0.5	3
Tegell	2.3	2300	10	13
Recordydd fideo	0.046	46	0.2	3
Gwresogydd ffan	1.2	1200	5.22	13

10) a) 6.52A (gwresogydd), 0.0087A (cloc).

b) 13A, 3A; oherwydd mae angen mwy o gerrynt yn ffiws y gwresogydd er mwyn cael y pŵer.

11) a) 2V

b) 1.5A

c) 1.5A

12) a) 460W

b) 7

13) Mae foltedd uchel yn rhoi mwy o bŵer / oherwydd bod pob electron yn cario mwy o egni. / Mae gan gerrynt uchel fwy o bŵer /

oherwydd bod mwy o electronau / i gario'r egni bob eiliad.

14) A = C/s, W = J/s, V = J/C cerrynt, pŵer, gwahaniaeth potensial (neu foltedd)

TUDALENNAU 19, 20

1) Magnetig: haearn, nicel a dur Anfagnetig: y lleill

2) a) Wrth y polau – mae'r llinellau maes yn nes at ei gilydd wrth y polau (gan fod y maes yn gryfach), felly bydd mwy o linellau o naddion yn crynhoi yno.

b)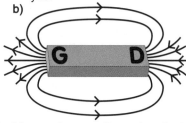

3) Mae a + b yn gwrthyrru (gwelir dau bôl de yma), mae c + d yn atynnu (pôl y de sydd yn c a phôl y gogledd sydd yn d)

4) a) Mae polau G a D yn atynnu'r drws at ffrâm y drws.

b) Er mwyn gwaredu unrhyw haearn neu ddur.

c) Mae gwahanol barthau yn perthyn i fagnetau, sef ardaloedd magnetig bychan.

d) Mae'r parthau yn y haearn a'r dur yn cael eu halinio.

e) Mae haearn yn 'feddal' ac yn colli ei fagnetedd. Mae dur yn 'galed' ac yn ei gadw.

5) a) Rhowch y bar wrth ymyl bôl G (neu D) magnet arall. Bydd yn atynnu (gwrthyrru). Mae'n rhaid mai dyna'r pen D (neu G) felly.

b) Bydd hongian y magnet wrth edau denau yn caniatáu i bôl G y magnet bwyntio i gyfeiriad y Gogledd (pôl De y Ddaear).

6) a) polau, croes, de, gogledd, hongian, rhydd, plotio.

7) a) Gall nodwydd y cwmpawd gael ei dynnu i ffwrdd o gyfeiriad maes magnetig y Ddaear gan fagnetedd y graig ei hun. Gall hyn yn ei dro arwain y mynyddwyr i'r cyfeiriad anghywir.

b) Dylai hongian yn fertigol gyda phôl y Gogledd yn pwyntio ar i lawr.

c) Bydd yn pwyntio i gyfeiriad ar hap.

d) Canada

8) Maes magnetig / yw ardal ble mae / defnyddiau magnetig / fel haearn a dur / a hefyd gwifrau'n cario cerrynt / yn profi grym / yn gweithredu arnynt.

9) a)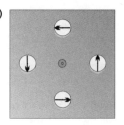

b)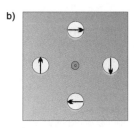

c) Rheol bys bawd y llaw dde. Bys bawd = cerrynt, bysedd yn pwyntio i gyfeiriad y maes magnetig.

d) yn agosach at; cynyddu; o gwmpas.

10 a)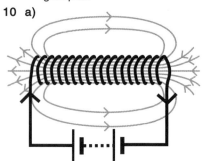

b) cryf, unffurf

c) Cynyddu'r cerrynt. Cynyddu nifer y troeon ar y solenoid.

11) a) i) Sioned
ii) Siencyn
iii) Siôn

b) Ydy. Er mwyn osgoi cylched fer.

TUDALENNAU 21, 22

1) a)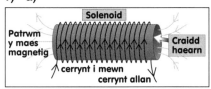

b) Solenoid (coil o wifren) gyda darn o haearn meddal y tu mewn.

c) Mae'n cynyddu cryfder y maes magnetig.

d) Mae haearn yn fagnetig.

e) Mae dur yn 'galed' – felly byddai'r electromagnet yn cadw rhywfaint o'i fagnetedd ar ôl troi i ffwrdd. Dydy hynny'n dda i ddim!

f) Y chwith.

g) Newid cyfeiriad y cerrynt neu droi'r coil i gyfeiriad arall.

h)

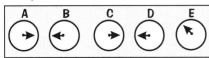

i) Oherwydd byddai'r cerrynt yn neidio o un ddolen i'r llall – cylched fer.

2) Maint y cerrynt. Nifer y troeon sydd yn y coil. Beth mae'r coil wedi'i wneud ohono.

3) a) Yn yr enghraifft gyntaf, (A), mae'r coil yn dadfagneteiddio'r bar. Mae'r bar yn cael ei roi mewn solenoid gyda chyflenwad CE, ac yna'n cael ei dynnu allan gyda'r cyflenwad ymlaen o hyd.

   b) Yn yr ail enghraifft, (B), mae'r coil yn magneteiddio'r bar. Mae'r bar yn cael ei roi i mewn, gyda cherrynt union CU drwy'r coil. Mae'r coil yn cael ei droi i ffwrdd ac mae'r bar yn cael ei dynnu oddi yno.

4) Wrth ymchwilio i'r berthynas rhwng dau wahanol ffactor, rhaid i'r holl newidynnau eraill gael eu cadw'n gyson.

   a) llinell 2 – mwy o droeon; llinell 4 – craidd dur.

   b) Amedr, craidd haearn, electromagnet, clipiau papur, cyflenwad pŵer.

5) a) a=y, b=x.

   b) Cydrannau: craen, electromagnet, cyflenwad pŵer. Mae'r craen yn gosod yr electromagnet dros y car heb fod cerrynt yn y magnet. Yna, caiff y cyflenwad pŵer i'r magnet ei droi ymlaen a chaiff y car ei atynnu at y magnet. Wedi hynny, bydd y craen yn codi'r magnet gyda'r car yn sownd wrtho ac yn ail-leoli'r car. Caiff y cyflenwad pŵer ei droi i ffwrdd a chaiff y car ei ryddhau o afael y magnet.

6) a)

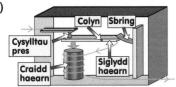

   b) Caiff y torrwr cylched ei roi yn y wifren fyw. Os yw'r cerrynt yn rhy uchel, bydd y maes magnetig yn y coil yn tynnu'r siglydd haearn. Hyn sy'n agor y switsh. Mae hyn yn torri'r gylched. Gellir ei ailosod â llaw. Bydd yn fflicio'i hun i ffwrdd eto os yw'r cerrynt yn rhy uchel.

7) a)

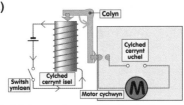

   b) Motor cychwyn. Mae'n derbyn cerrynt uchel iawn. Mae'n defnyddio cerrynt isel i droi cylched cerrynt uchel ymlaen ac i ffwrdd.

   c) Pan gaiff y switsh ei gau, bydd yn troi'r electromagnet ymlaen sydd, yn ei dro, yn atynnu'r siglydd haearn. Bydd y rociwr yn troi ac yn cau'r cysylltau yn y gylched cerrynt uchel. Mae'r motor wedi'i droi ymlaen.

8) a) Byddant yn troi'n electromagnetau.

   b) Mae'r bar haearn yn cael ei atynnu at yr electromagnet (y craidd haearn sefydlog).

   c) Mae'r cysylltau metel ar wahân felly mae'r gylched wedi ei thorri.

   d) Bydd yn sbringio'n ôl, bydd y cysylltau'n cyffwrdd eto a bydd y gylched yn cau.

9) Haearn, dur a nicel.

TUDALENNAU 23, 24

1) a) 90° i'r cerrynt a llinellau'r maes magnetig (allan o'r papur).

   b) Defnyddio magnetau cryfach, cynyddu'r cerrynt.

   c) Rheol llaw chwith Fleming: baw**D** = mu**D**iant, **M**ynegfys = **M**aes, **C**anolfys = **C**errynt.

   d) Ni fyddai grym. Rhaid i'r cerrynt fod ar ongl rhwng 0 a 90° i'r maes magnetig i brofi grym.

2) Mae'r bar yn symud i'r chwith gyda cherrynt union, CU. Gyda cherrynt eiledol, CE, ag amledd cymharol uchel a bar â màs teg ni ddylai fod ond ychydig o symudiad wrth i'r bar gael ei dynnu i gyfeiriadau dirgroes yn ystod gwahanol rannau'r gylched. Bydd y bar, fodd bynnag, yn dirgrynu ar yr un amledd â'r cyflenwad.

3) a) Gwrthglocwedd.

   b) G i D.

   c) Ar i fyny.

   d) Cildroi'r cerrynt neu'r maes.

4) a) A – cell, B – magnet, C-'craidd', D – echel, E – pin wedi'i hollti, F – gwaelod, G – magnet, H – iau, J – coiliau gwifrau.

   b) Yr ynysyddion: C ac F.

   c) Troeon; cryfhau, mwy o gerrynt

5) coil, i fyny, dde, i lawr, cylchdroi, trorym, cerrynt, grymoedd.

6) Amedr mewn cyfres; foltmedr yn baralel â'r modur.

7) peiriant cymysgu bwyd, gwresogydd ffan, peiriant blendio bwyd, peiriant golchi dillad ayb

8) Caiff signalau CE o'r mwyhadur / eu bwydo i mewn i goil y seinydd. / Mae'r rhain yn gwneud i'r coil symud yn ôl a blaen / dros bolau'r magnet. / Mae'r symudiadau hyn yn gwneud / i'r côn cardbord ddirgrynu. / Hyn sy'n creu seiniau.

9) a) Cymudadur modrwy hollt

   b) Uchelseinydd

   c) Modur trydan

   d) Coil (armatwr)

   e) Dirgrynu

   f) Polaredd

TUDALENNAU 25, 26

1) a) Mae symudiad y magnet yn y coil yn creu foltedd. O ganlyniad i hyn bydd y cerrynt yn y gylched yn achosi i'r swnyn ganu.

   b) Na fyddai. Ni fyddai'r swnyn yn canu am nad oes symudiad (i gynhyrchu'r foltedd).

   c) Symud y magnet yn gyflymach drwy wneud i'r trên fynd yn gyflymach; defnyddio magnet cryfach.

2) a) Nodwydd yn ddisymud (sero); Nodwydd yn symud i'r chwith; Nodwydd yn symud ymhellach i'r chwith.

   b) G ar y chwith, D ar y dde. (I'r gwrthwyneb pan gaiff ei dynnu allan). Mae'r pôl a anwythwyd yn gweithio i atal/arafu symudiad y bar magnet.

   c) Tynnu'r magnet allan, neu roi'r magnet i mewn i'r gwrthwyneb.

3) a) X i Y.

   b) i) mwy o gerrynt
      ii) mwy o gerrynt
      iii) y cerrynt yn mynd i gyfeiriad dirgroes Y i X.
      iv) Dim cerrynt – nid yw'r llinellau maes yn cael eu torri.

4) a) Cryfder y magnet. Arwynebedd y coil. Nifer y troeon yn y coil. Buanedd y mudiant.

   b) Mae maint y foltedd anwythol yn gyfrannol â chyfradd torri'r llinellau maes.

5) a) Llinellau maes yn pwyntio i ffwrdd o'r pôl hwn.

   b) Llinellau maes yn pwyntio tuag at y pôl hwn.

   c) Yn mesur ceryntau bychain.

   d) Mae angen mwy o'r rhain ar eneradur i gael mwy o gerrynt.

   e) Wrth gylchdroi maent yn cynhyrchu ceryntau.

   f) Math o gerrynt a gynhyrchir gan eiliaduron.

tudalennau 27-32

6) cylchdroi, magnetig, modur, slip, newid, foltedd, cyflymach, mwy, foltedd, uwch.

7) fwyaf, llorweddol, torri, cyflymaf; sero, fertigol, maes.

8) Mwy o droeon ar y coil; magnet cryfach; cylchdroi'r coil yn fwy cyflym.

9) Generadur syml: e, d, f; Gorsaf Bŵer: a, c, f, h; Dynamo: b, d, f, i.

TUDALENNAU 27, 28

1) a) Lleihau'r foltedd i'r trên.
   b) Gostwng. Gostyngodd y foltedd o 230V i 12V.
   c) 50Hz.
   d) V – foltiau (gwahaniaeth potensial); Hz – herts (amledd); A – ampiau (cerrynt); W – watiau (pŵer).

2) Newidyddion codi: 'a' a 'd'. Newidyddion gostwng: 'b' a 'c'.

3) 460V, 115V, 6V, 72V

4) a) 20, 10, 135, 40.
   b) x, y.
   c) u.
   d) x.

5) a) 25:1 neu 26:1.
   b) 18W, 18W.
   c) 0.08A.

6) a) 12V.
   b) Mae'r cerrynt eiledol yn y coil cynradd yn sefydlu maes magnetig cyfnewidiol yn y coil eilaidd. Mae hyn yn cynhyrchu foltedd eiledol yn y gylched eilaidd.

7) P = I x V, felly mae cynyddu V yn lleihau I. Gan mai'r pŵer a gollwyd oherwydd ceblau yw I²R, yna mae'r colledion yn llai.

8) 0.0625 codi
   12.12 gostwng
   143 gostwng

9) a) e: 4A; f: 460V; g: 6A; h: 18V.
   b) e: 24W; f: 460W; g: 36W; h: 9W.

Newidydd	e	f	g	h
Foltedd (Cynradd)	24	230	12	18
Cerrynt (Cynradd)	1	2	3	0.5
Foltedd (Eilaidd)	6	460	6	6
Cerrynt (Eilaidd)	4	1	6	1.5

10) a) Craidd wedi'i wneud o haenau o haearn wedi'u gwahanu gan haenau o ddeunydd ynysu sy'n lleihau ceryntau'r trolif a anwythwyd o fewn y craidd a fyddai'n arwain at wastraffu gwres ac egni.
    b) Ceryntau'n cael eu hanwytho gan drolif o fewn darn o fetel a all wresogi'r craidd haearn gan arwain felly at wastraffu egni.
    c) Ardal lle bo deunyddiau magnetig a gwifrau yn cludo ceryntau yn profi grym yn gweithredu arnynt. Gyda newidyddion, bydd y meysydd yma yn amrywio gydag amser felly caiff foltedd ei gynhyrchu yn y coil eilaidd.

   d) Proses lle bydd y foltedd CE yn y coil cynradd yn cynhyrchu foltedd CE yn y coil eilaidd.
   e) Lle caiff foltedd y mewnbwn ei roi i mewn.
   f) Lle caiff foltedd yr allbwn ei gynhyrchu.
   g) Ar gyfer newidydd, golyga nifer y troeon ar y coil cynradd wedi'i rannu gan nifer y troeon ar y coil eilaidd. Caiff ei ysgrifennu fel cymhareb (gan ddefnyddio rhifau cyfain).
   h) Newid cyfeiriad.

11) Mae newidyddion yn gweithio drwy anwythiad. Dim ond pan fydd y cerrynt (ac felly y maes magnetig) yn newid (yn eiledu) y gall anwythiad ddigwydd.

TUDALEN 29

1) atynnu, gwrthrychau, gwan, mawr, cryf, maes, pwysau, newtonau, canol.

2) **Màs:** faint o fater; mesurir â chlorian; nid yw'n rym; yr un fath yn unrhyw fan yn y bydysawd; mesurir mewn cilogramau.
   Pwysau: mesurir mewn newtonau; grym; mesurir â chlorian sbring (mesurydd newtonau); achosir gan dynfa disgyrchiant; yn llai ar y lleuad nag ar y Ddaear.

3) a) Mae 'yn pwyso' yn cyfeirio at y pwysau, lle bo'r 1kg yn cyfeirio at y màs. Mae'r hyn y dylech ei ddweud yn dilyn yn yr ateb i gwestiwn b).
   b) 'Mae bag o flawd yn pwyso 10N ac mae iddo fàs o 1kg.'
   c)

Màs (g)	Màs (kg)	Pwysau (N)
5	0.005	0.05
10	0.010	0.10
100	0.1	1
200	0.2	2
500	0.5	5
1000	1.0	10
5000	5.0	50

4) a) 50N   b) 100N
   c) 25N   d) 3kg
   e) 15kg   f) 45kg

5) a) 8N   b) 16N
   c) 4N   d) 10kg
   e) 50kg   f) 600kg

TUDALENNAU 30, 31

1) a) Cytbwys
   b) Anghytbwys
   c) Cytbwys
   d) Anghytbwys

2) a) Clocwedd: 8Nm
      Gwrthglocwedd: 8Nm – cytbwys
   b) 9Nm a 9Nm – cytbwys
   c) 12Nm a 12Nm – cytbwys
   d) 36Nm a 32Nm – anghytbwys

3) a) (ii)
   b) (iv)
   c) (i) a (iii)

4) a) Clocwedd: 20Nm
      Gwrthglocwedd: 14Nm – Dde
   b) Clocwedd: 18Nm
      Gwrthglocwedd: 18Nm – Cytbwys
   c) Clocwedd: 10Nm
      Gwrthglocwedd: 10Nm – Cytbwys
   d) Clocwedd: 21Nm
      Gwrthglocwedd: 18Nm – Chwith

5) 200N

6) a) 500N
   b) 125N

7) 80N

8) 333N

9) a) 20N
   b)

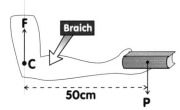

Mae'n amhosib dweud beth yw maint y grym F – y cyfan all gael ei ddweud yw bod yn rhaid iddo fod yn ddigon mawr i gydbwyso effaith troi pwysau P. (Gallech hefyd ddangos F yn gweithredu drwy'r llyfr, gan anwybyddu'r fraich yn gyfan gwbl – byddai hyn hefyd yn cynnal y llyfr.)
   c) 10Nm

10) a) 5N
    b) 2.5N

11) X = 3.2N

12) Y = 5.0N

TUDALENNAU 32, 33

1) a) disgyrchiant neu bwysau
   b) llusgiad neu wrthiant aer neu ffrithiant
   c) tyniant (tensiwn)
   d) codiant
   e) gwthiad neu dyniad
   f) grym adwaith

2) a) pwysau (i lawr) ac adwaith (i fyny)
   b) dydy'r gwrthrych ddim yn cyflymu

c) byddai'n cyflymu i gyfeiriad y grym hwnnw.

3) pwysau i lawr, tyniant (tensiwn) i fyny (yn y lein).

4) a) pwysau i lawr, adwaith i fyny
   b) gwthiad ymlaen, llusgiad yn ôl (y ddau yn hafal).

5) a) Grym yn gyrru ymlaen i gyfeiriad y mudiant, llai o rym llusgiad ar y bwled i gyfeiriad dirgroes a grym adwaith ar y reiffl.
   b) Mae grym adwaith yn hafal ac yn ddirgroes i'r grym ar y bwled.

6) grym pwysau ar i lawr; grym gwrthiant aer hafal ar i fyny.

7) cytbwys, disymud, cyson, disgyrchiant, pwysau, ar i lawr, llusgiad.

8) a) yn ôl
   b) i fyny, yn ôl
   c) ymlaen
   d) i lawr
   e) i fyny, ymlaen
   f) i fyny.

9) a) i fyny
   b) yn ennill cyflymiad onglog gwrthglocwedd
   c) i lawr
   d) ddim yn cyflymu

10) cyflymach; anghytbwys; mwyaf; grym; mwyaf; lleiaf; gwthiad; llusgiad; pwysau; adwaith; i lawr; llusgiad; i fyny.

TUDALENNAU 34, 35

1) a) mae'n aros yn llonydd
   b) mae'n arafu ac yn stopio
   c) grym gyrru, er mwyn cyfateb â'r ffrithiant.

2) a) teiars
   b) sgidio
   c) llilinio
   d) parasiwt
   e) breciau
   f) ffrithiant statig
   g) ffrithiant llithro

3) a) Uchel: a) b) f) h). Isel: y gweddill.

4) a) Cynyddu: rhoi llwyth ar y pren, gwneud y pren/yr wyneb yn fwy garw.
   b) Lleihau: gwneud y pren/yr wyneb yn fwy llyfn (ei lathru). Ei iro.

5) a) mae a), b) a d) yn lleihau ffrithiant. Mae c) yn cynyddu ffrithiant er mwyn cael mwy o afael.

6) Defnyddiol: cyfrwy, gripiau llaw, pedalau, teiars, breciau. Niwsans: gwrthiant aer, berynnau olwyn.

7) Mae gan gar lawer mwy o ffrithiant / i weithio yn ei erbyn wrth deithio ar 70 mya / o'i gymharu â 30 mya. /

Felly ar 70 mya rhaid i'r injan weithio'n llawer caletach / dim ond i gynnal buanedd cyson. / Felly mae'n defnyddio mwy o betrol / nag a fyddai wrth deithio yr un pellter ar 30 mya. / Mae gwrthiant aer bob amser yn cynyddu / wrth i'r buanedd gynyddu.

8) a) car yn sgidio, llathrydd llawr, breciau beic.
   b) Rhwbio'r dwylo i gadw'n gynnes. Dull y Sgowtiaid o gynnau tân drwy rwbio dau bren gyda'i gilydd.
   c) Iro gydag olew/saim – peiriannu'r darnau o'r peiriant yn ofalus.
   d) Bydd yn cloi wrth i'r gwres uchel achosi i'r darnau weldio'n sownd wrth ei gilydd.
   e) Mae effaith gwres a thraul yn fwy. Y cyflymaf y bydd y car yn teithio, y mwyaf o egni a gaiff ei ddefnyddio gan y breciau i'w arafu.

9) a) Amhosib – ni fyddai'n traed yn gallu gafael ynddo.
   b) Posib
   c) Amhosib – dim ffrithiant i arafu'r mudiant.
   d) Ddim yn ddefnyddiol – ni fyddai'r nytiau yn aros yn eu lle.
   e) Ddim yn ddefnyddiol – byddai pethau'n llithro i ffwrdd petai awel neu petaent yn cael eu codi ychydig ar un ochr.
   f) Ddim yn ddefnyddiol – ni fyddent yn gafael yn y ffordd.
   g) Defnyddiol – byddai'n dileu'r llusgiad.
   h) Defnyddiol – byddai eira yn llithro oddi arnynt.

TUDALENNAU 36, 37

1) a) i) Grymoedd hafal eu maint yn gweithredu i gyfeiriadau dirgroes ar hyd yr un llinell.
      ii) cyflymder = cyfradd newid dadleoliad (= buanedd i gyfeiriad penodol)

   b)

   F ← → F

   c) grym cyflawn
   d) ← → Yr un grym yn y naill gyfeiriad i'r llall, felly mae'r grym cydeffaith yn sero.

2) a)

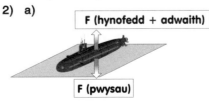

   F (hynofedd + adwaith)

   F (pwysau)

   b) Sero

3) grymoedd, cyflymu, arafu, cyfeiriad, cychwyn, stopio, cyflymu, arafu, anhafal.

4) a) Anghywir
   b) Cywir
   c) Cywir
   d) Anghywir
   e) Cywir
   f) Anghywir

5) a) F yw'r grym cydeffaith; m yw màs; a yw cyflymiad.
   b) F newtonau (N); m cilogramau (kg); a metrau yr eiliad sgwâr (m/s^2)
   c) $a = F/m$ d) $m = F/a$.

6) cyflymiad, màs, un newton, grym, màs, dwbl.

7) a) 50N
   b) 125N
   c) 3200N

8) a) $10m/s^2$
   b) $20m/s^2$
   c) $30m/s^2$
   d) a

9) a) (i) a (iii).
   b) (ii).
   c) (iv).

10) 9910kg

11) 18m/s

12) a) mae gwrthrych B yn gweithredu'r union rym dirgroes ar wrthrych A.
    b) Pan fyddwch yn gwthio ar wal â grym G, bydd y wal yn gwthio'n ôl arnoch chi â grym hafal, G.
    c) Grym adwaith.
    d) Pwysau'r gwrthrych.

13) a) 450N
    b) 450N
    c) $1 m/s^2$ i'r cyfeiriad dirgroes i Coco.

TUDALENNAU 38, 39

1) a) 10m/s
   b) 20m/s
   c) 2.5m/s
   d) 0.1m/s

2) a) 3.33m/s a 3 eiliad
   b) 0.002m/s
   c) 14,000m/s neu 14km/s

3) a) 17.14m/s – mae'n debyg iawn o fod yn gywir.
   b) 10s
   c) 30s

4) a) 2700m   b) 16250m
   c) 15000m   d) 17500m

5) A a B, P a Q.

6) pa mor gyflym, cyfeiriad, cyfeiriad.

7) Unedau buanedd: m/s, mya
   Unedau cyflymder: m/s gorllewin, m/s gogledd
   Unedau eraill: m, s.

tudalennau 39–45

8) a) 0.556m/s   **b)** 216s

9) a) 20m/s
b) Bydd y car yn cyflymu ac yn arafu yng nghanol traffig. Bydd yn arafu wrth nesáu at gorneli ac ati.
c) 30km

10) a) 42m/s   **b)** 1.3m/s

11) a) 36km   **b)** 125km

12) a) 8 awr   **b)** 8 awr 20 eiliad.

13) 20 m/s gogledd

14) 2 m/s dwyrain

15) 90 m/s de-ddwyrain

16) a) 1.4 m/s gogledd-ddwyrain
b) 1.7 m/s de-orllewin
c) 1.2 m/s gan gynnwys y seibiant
d) 1.5 m/s heb gynnwys y seibiant

TUDALENNAU 40, 41

1) a) 'a' yw cyflymiad, ΔV yw'r newid mewn cyflymder, Δt yw amser.
b) m/s², m/s, s
c) mae cyflymiad yn mesur cyfradd y newid mewn cyflymder ac nid pellter fel buanedd a chyflymder.

2) a) cyflymiad, cyflymder, 3m/s, eiliad.
b) cyflymiad, cyflymder, 4m/s, eiliad.

3) Y gwerthoedd sydd ar goll ar gyfer X yw 8 a 12.
Y gwerthoedd sydd ar goll ar gyfer Y yw 10 a 5.
Cyflymiad X yw 2m/s²
Cyflymiad Y yw 2.5m/s²
Mae maint y cyflymder yn lleihau wrth i amser gynyddu.

4) a) 1.25m/s²
b) 4m/s²
c) 1.67m/s²

5) 20m/s²

6) 2.5m/s²

7) 8s

8) a) 54km
b) 128kmph, 35.56m/s
c) 25s
d) 7.2km
e) 1.87m/s²

9) a) 225m   **b)** cyflymder cyson
d) 0.5m/s²   **e)** 1m/s²
f) 600m

10) a) 15m/s   **b)** 200m
c) 5m/s
d) Mae'r beic modur yn teithio ar fuanedd cyson o 10m/s am 20 eiliad ac yna'n arafu i 5m/s am 20 eiliad. Mae'n troi ac yn dychwelyd ar fuanedd cyson o 15m/s. Mae pob cyflymiad ac arafiad bron â bod yn enydaidd.

11) a)

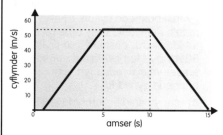

b) 9m/s²
c) cyflymu'n gyson ac yna'n teithio ar gyflymder cyson
d) 10.8m/s²
e) 459m

TUDALENNAU 42, 43

1) a) 30m
b) 10m/s
c) mae'r car yn stopio
d) mae'n teithio 15m mewn 3s.

2) a) 800m
b) 1.5m/s²
c) 500m
d) Mae'n teithio ar fuanedd cyson o 10m/s
e) 1.5km

3) b) 0–2s yn cyflymu; 2–7s buanedd cyson; 7–10s yn stopio
c) 7.7m/s
d) 41m
e) 3.5s

4)

Nodwedd ar y Graff	Pellter/Amser	Cyflymder/Amser
Graddiant y graff yn rhoi	Buanedd	Cyflymiad
Adrannau fflat yn dangos	Buanedd sero	Buanedd cyson
Cromliniau yn golygu	Buanedd yn newid	Cyflymiad yn newid
Adran ar i lawr yn golygu	Dychwelyd	Arafiad
Arwynebedd o dan y gromlin yn dangos	AMHERTHNASOL	Pellter

5) a) Mae'r car yn cyflymu'n gyson am 12 eiliad ac yna'n teithio'n gyson am 4 eiliad cyn arafu'n gyson a stopio mewn 4 eiliad.
b) 2m/s²
c) 2000N
d) 6m/s²

6) a) Teithio ar fuanedd cyson ac yna'n ddisymud, yna teithio ar fuanedd cyson i'r cyfeiriad dirgroes.

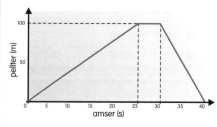

b) 4m/s
c) 5s
d) 10m/s
e) 200m

TUDALENNAU 44, 45

1) grym, cyfeiriad, cyflawn, mudiant, cyflymu, arafu, cyson, adio, tynnu, un, cydeffaith.

2) b) 2.75m/s²   **c)** 0.05m/s²

3) b) 0.03m/s²   **c)** 3000N

4) Pan fo ceir a gwrthrychau sy'n disgyn yn rhydd yn cychwyn / mae'r grymoedd cyflymu yn fwy na'r / grymoedd gwrthiant. / Wrth i gyflymder y gwrthrych gynyddu mae'r grymoedd gwrthiant yn cynyddu / nes yn y pen draw mae'r grymoedd gwrthiant yn cydbwyso'r grymoedd cyflymu, / ac yna ni all y ceir na'r gwrthrychau gyflymu ymhellach.

5) a)

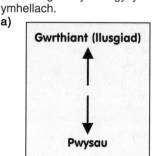

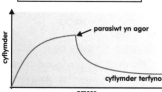

Wrth iddo neidio allan o'r awyren, mae'r llusgiad yn isel felly mae'r cyflymiad yn uchel. Wrth iddo gyflymu, mae'r llusgiad yn cynyddu ac mae'r cyflymiad yn lleihau. Pan fydd yn agor y parasiwt, mae'r llusgiad yn uchel iawn oherwydd y buanedd uchel ond mae'n lleihau wrth i'w fuanedd ostwng.

6) a) disgyrchiant (neu bwysau)
b) llusgiad neu ffrithiant
c) cyflymder terfynol
d) parasiwt
e) llilinio

7) a) Anghywir
b) Anghywir
c) Cywir
d) Cywir
e) Anghywir

8) disgyn, un, gwrthiant, llusgiad, pwysau.

9) a) 60.0m/s
b) (i) 19.5m/s (ii) 45.0m/s
c) 18s
d) Mae'r llusgiad ychwanegol o'r parasiwt yn cynhyrchu grym cydeffaith ar i fyny sy'n ei arafu. Wrth iddo arafu, bydd y grym llusgiad ar i fyny yn lleihau hyd nes y bydd yn cydbwyso â'i bwysau. Pan fydd wedi cyrraedd y pwynt hwnnw, bydd wedi cyrraedd ei gyflymder terfynol.

tudalennau 45–50

e) Bydd. Mae buanedd yn gostwng hyd nes bydd y llusgiad yn hafal i'r pwysau.

10) a) 50N; i'r dde
b) 0.5N; i fyny
c) 15N, i fyny
d) 0.05N; i lawr.

TUDALENNAU 46, 47

1) a) Arhydol, ardraws.
b) Amledd, herts (Hz).
c) Cyfnod, eiliadau (s)
d) Osgled.
e) Brig.
f) Cafn.
g) Buanedd, metrau yr eiliad (m/s)
h) Plygiant.
i) Diffreithiant.

2) Maen nhw'n osgiliadu ar ongl sgwâr i gyfeiriad y mudiant.

3) Maen nhw'n osgiliadu'n baralel i gyfeiriad y mudiant.

4) Pellter cylchred gyfan ton e.e. o frig i frig, o gafn i gafn, neu rhwng dau bwynt unfath. Cânt eu mesur mewn metrau (fel arfer).

5) Egni.

6) a) Osgiliad.
b) Ysgwyd y llaw yn gyflymach.
c) Ymestyn symudiad y llaw.
d) Os na fydd digon o densiwn yn y llinyn ni all y don gael ei throsglwyddo'n effeithiol.

7) a) 5s **b)** 0.2Hz
c) 3m **d)** 3m
e) 5s **f)** 0.6m
g) 0.6m/s **h)** I fyny ac i lawr.

8) a) Bydd y donfedd yn aros yr un fath.
b) Bydd yr osgled yn lleihau.
c) Egni gwres.

9) a) Dyma'r hafaliadau cywir:
Buanedd = amledd x tonfedd
v= fλ
Tonfedd = buanedd/amledd,
λ = v/f
Amledd = buanedd/tonfedd
f = v/λ
b) v = λ/T

10) a) Llinell syth ar sero metr.
b) i) A, G.
ii) D, I.
iii) B, C, H.
iv) F, E.
v) A, G, D, I.
vi) A, G, D, I.
vii) C, F, H.
viii) A, G, D, I.
c) 1m, 10m, 1Hz.

11) f = v/λ = 1.33 x 10⁵Hz.

12) a) Mae'r pren mesur ar yr un pwynt bob tro y bydd y golau'n fflachio.
b) 0.02s (yn fras)

c) 96 fflach/s. 24 fflach yr eiliad. Mae'r fflachiadau yn dal y pren mesur yn awr yn yr un safle bob dwy gylchred.

TUDALEN 48

1) Mae'r dafnau dŵr yn gweithio fel prismau, yn plygu'r golau ac yna'n adlewyrchu'r golau'n fewnol yn ôl at y sawl sy'n edrych arno. Mae'r ffaith bod y lliwiau'n cael eu gwasgaru yn dweud wrthym fod golau'r haul wedi'i wneud o sbectrwm o liwiau.

2) Disgleirio golau drwy brism neu gratin diffreithio.

3)

Nodwedd Ton	Golau Coch	Golau Fioled
Buanedd	Yr un fath	Yr un fath
Amledd	Isel	Uchel
Tonfedd	Hir	Byr

4) a)

Coch
Fioled

b) Gwasgariad
c) Fioled
d) Golau uwchfioled o dan y fioled. Golau isgoch uwchben y coch.

5) a) Coch, Oren, Melyn, Gwyrdd, Glas, Indigo, Fioled.
b) Mae gan olau coch amledd is na golau glas;
Gall cynyddu amledd golau gwyrdd ei droi yn olau glas;
Mae gan olau oren amledd mwy na golau coch.
c) Byddai'n fwy disglair.
d) Byddai'n newid lliw tuag at y glas.
e) Byddai'n newid lliw tuag at y coch.

6) a) Mae'r brawddegau hyn yn gywir: B yw fioled. Gan y golau coch y mae'r osgled mwyaf.

TUDALENNAU 49, 50

1) Dirgryniad.
2) Croen y drwm, tant y ffidil, côn yr uchelseinydd, tannau'r llais.
3) Ton arhydol drwy'r aer.
4)

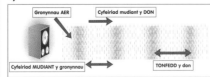

Gronynnau AER — Cyfeiriad mudiant y DON
Cyfeiriad MUDIANT y gronynnau — TONFEDD y don

Aer, ton, mudiant, tonfedd

5) Arhydol

6) Mae sain yn teithio lawer yn arafach na golau. Caiff hyn ei ddangos gan fellt a tharanau lle bydd y sŵn yn cyrraedd ar ôl gweld

y golau; bydd awyrennau jet yn cael eu gweld cyn clywed eu sŵn; pan fydd gwn yn cael ei danio bydd y mwg yn cael ei weld cyn clywed y sŵn.

7) a) Bydd yn mynd yn dawelach.
b) Mae'r pwmp gwactod yn tynnu aer o'r jar. Ni all sain deithio drwy wactod.
c) I atal sain rhag mynd drwy'r fainc (mae'r bloc sbwng yn ynysydd sain da).

8) a) 2000Hz, 2kHz.
b) 20Hz.
c) 2Hz.
d) 20kHz.

9) Hŷn, uchaf, is, anodd, cryf.

10) a) llygru
b) decibelau
c) ynysyddion, dwbl.

11) Nifer o atebion posib: awyrennau, traffig, cŵn yn cyfarth, cerddoriaeth uchel, peiriannau, chwaraeon ayb.

12) Llywodraeth: e.e. cyfyngu traffig mewn ardaloedd adeiledig, lleoliad meysydd awyr.

Unigolion – osgoi sŵn: e.e. defnyddio ffonau clust wrth wrando ar gerddoriaeth, osgoi gweithgareddau swnllyd yn y nos.

Unigolion – diogelwch rhag sŵn: e.e. gosod ffenestri dwbl, defnyddio deunyddiau i ynysu rhag sŵn yn y cartref, gorchuddion clust.

13) a) Solidau, hylifau, nwyon.
b) Nwyon: mae aer yn nwy y bydd sŵn fel arfer yn teithio drwyddo i'n cyrraedd.
Hylifau: Gallwch glywed synau o dan ddŵr; bydd mamaliaid sy'n byw yn y môr yn defnyddio synau i gyfathrebu â'i gilydd.
Solidau: Arbrawf 'y ffôn llinyn'; fe allwch glywed ychydig drwy waliau a ffenestri.
c) Solidau.

14) a) Adlewyrchu, plygu, diffreithio.
b) Atsain.
c) Bydd yn diffreithio o gwmpas ffrâm y drws ac, efallai, yn adlewyrchu oddi ar wal y stafell yn ôl atoch chi.

15) a) 333m/s
b) 1.67m
c) Mae amledd 10x yn fwy, mae'r donfedd 10x yn llai.

16) 1400m/s

17) 25m

tudalennau 51–57

TUDALENNAU 51, 52

1) Ton
2) Dirgryniad
3) Arhydol
4) 330m/s
5) Tonfedd
6) Amledd
7) Osgled
8) Gwactod, cyfrwng
9) a) Mae'r drawfforch yn dirgrynu.
   b) Gosod microffon ac osgilosgop bellter penodol i ffwrdd o ffynhonnell y sain.
   c) Byddai traw is i'r sain.
   d) Rhoi'r drawfforch mewn dŵr.
10) a) Microffon
    b)

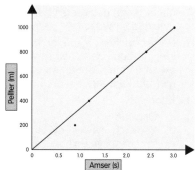

11) a)

Olin Osgilosgop	Amledd (Hz)	Osgled (V)
E	100	2
C	100	4
B	200	2
D	200	4
A	300	2

   b) Mae'r ail olin yn gryfach.
12) amledd, codi, uwch, amledd, gostwng, cryfder, distawach.
13) a)

Lluniad	Amledd (Hz)	Osgled (V)	Sain a glywir
⌇	10 000	2V	Uchel a Distaw
⌇	15 000	4V	Uwch a chryfach!
⌇	20 000	2V	Uchel iawn, distaw (NEU heb ddim sŵn)
⌇	25 000	2V	DIM sŵn

   b) Mae'n agos at derfyn yr hyn y gall pobl ei glywed.
   c) Ci.

TUDALENNAU 53, 54

1) a) Signal trydanol.
   b) Mae'n ei droi'n signal sain.
   c) Mae'n dangos y signal fel olin gweladwy.
   d) Mae'n newid y sain yn ôl yn signal trydanol.
2) a) Bydd gan y signal ddwywaith cymaint o osgiliadau.
   b) Byddai traw uwch i'r sain (os gallwch ei glywed o hyd).
   c) Byddai'r osgiliadau'n agosach byth at ei gilydd, ni fyddai unrhyw sain i'w chlywed.
3) Amledd neu draw; trydanol; uwchsain.

4)
4) a) 0.0132m = 1.32cm.
   b) 0.011m = 1.1cm.
   c) 0.0066m = 0.66cm.
   d) 0.0033m = 0.33cm.
5) Oherwydd bod buanedd sain yn newid yn sylweddol mewn defnyddiau gwahanol.
6) 66,000Hz = 66kHz
7) Cymerwch mai maint mosgito yw 1cm, y donfedd felly fyddai 1cm.
   330m/s / 0.01m = 33,000Hz = 33kHz

8)

Defnydd	Glanhau	Sgrinio cyn-geni	Sonar	Symud tartar	Rheoli ansawdd	Symud cerrig aren
Categori defnyddio	Diwydiannol	Meddygol	Milwrol/Gwyddonol	Meddygol	Diwydiannol	Meddygol
Egwyddorion sylfaenol	Glanhau mecanweithiau bregus heb eu datgymalu	Creu delwedd o'r ffoetws	Mesur y pellter i wrthrychau neu fapio gwely'r môr	Chwalu tartar ar ddannedd	Chwilio am graciau mewn casthiau metel	Chwalu cerrig er mwyn caniatáu iddynt basio allan yn y troeth

(Uwchsain yn cael ei ddefnyddio er mwyn...)
(Defnyddio egni mewn uwchsain i adeiladu neu chwalu/adlewyrchu i adeiladu/ganfod uwchsain wedi'i adlewyrchu...)

9) Adlewyrchu, cyfryngau, delwedd, strwythur.
10) a) Mae uwchsain yn annhebygol o achosi unrhyw ddifrod i'r meinwe.
    b) Mae uwchsain yn golygu nad oes raid eu datgymalu a bod llai o risg o achosi difrod.
    c) Mae llawdriniaeth yn fwy tebygol o achosi difrod parhaol i'r arennau ac ni fydd risg i rannau eraill o'r corff os defnyddir uwchsain.
    d) Gallai nam yn y deunydd achosi iddo dorri. Gall uwchsain ddod o hyd i'r mân ddiffygion heb achosi difrod.
    e) Mae tartar yn arwain at facteria yn crynhoi a bydd hyn yn ei dro yn arwain at fwy o risg o achosi clefydau ar y deintgig. Gall uwchsain gael ei ddefnyddio i ryddhau tartar mewn mannau anodd eu cyrraedd.
11) a) Mae'n anfon pwls allan, mae'n mesur yr amser hyd nes y clywir yr atsain ac yn cyfrif y pellter drwy ddefnyddio p = ba (lle bo p = pellter, b = buanedd ac a = amser).

    b) Sonar
    c) Mae'r pellter i wrthrychau yn cael ei ganfod drwy ddefnyddio pwls uwchsain – ac yn ffocysu fel y bo'n briodol.

TUDALENNAU 55, 56

1) 330m/s
2) Atsain.
3) Mae'n gyflymach.
4) a) 1.20s b) 400m c) 333m/s
   d) Os bydd y canlyniadau yr ail dro yn debyg i'r rhai cyntaf yna bydd y casgliad cyntaf yn cael ei atgyfnerthu ac felly yn fwy cadarn.
   e) Y gwerth gwaethaf fyddai 1.11 gan roi buanedd sain = 360m/s – cyfeiliornad o ryw 27m/s.
5) a)

Graff: Pellter (m) yn erbyn Amser (s)

   b) Graddiant y llinell yw 1000/3.0 = 333. Buanedd = pellter/amser felly buanedd y sain yw 333m/s.
   c) Dydy'r gwerth 200m ddim yn ffitio. Mae'n anodd mesur y cyfnod byr iawn o amser ar y stopwats.
6) a) 1. 150m, 2. 75m, 3. 300m, 4. 750m.
   b) 1. 75m 2. 75m, 3. 150m, 4. 825m.
   c) Dydy gwrthrych 1 ddim wedi symud. Mae gwrthrych 2 a'r llong danfor fach wedi cadw'r un pellter rhyngddyn nhw. Mae gwrthrych 3 wedi symud yn agosach. Mae gwrthrych 4 wedi symud ymhellach i ffwrdd.
   d) Gwrthrych 1 yw'r llongddrylliad. Gwrthrych 2 yw gwely'r môr.
   e) Gwrthrych 3 yw'r llong danfor. Gwrthrych 4 yw'r morfil.
7) a) 2m
   b) Buanedd = pellter / amser
   c) 5000m/s; yn gyflymach.
   d) Tonfedd = buanedd / amledd
   e) 0.5m

TUDALEN 57

1) a) adlewyrchu
   b) clir, sgleiniog
   c) gwasgaredig, pŵl
   d) adlewyrchiad, hafal, trawiad
2) Pelydryn.
3) Y normal.

4)

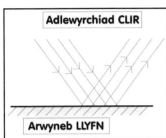

Adlewyrchiad CLIR

Arwyneb LLYFN

Adlewyrchiad GWASGAREDIG

Arwyneb GARW

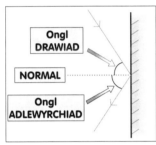

Ongl DRAWIAD

NORMAL

Ongl ADLEWYRCHIAD

5) Gall person 1 weld cerflun C a gall person 2 weld cerfluniau A a D.

6) a)

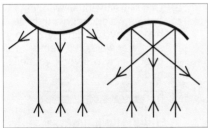

b) Amgrwm, Ceugrwm.
c) Amgrwm: drych gyrru a drych diogelwch. Ceugrwm: tortsh, goleudy, drych siafio.

TUDALEN 58

1) a) Buaneddau.
   b) Arafu.
   c) Cyflymu.
   d) Ffin.
2) Dyma'r llinell ar ongl sgwâr i'r arwyneb.
3) Nac ydyw.
4) a) Diagram 1: *X*;
   b) Diagram 2: *B*.
5) Tuag at; i ffwrdd.
6) Mae'r pelydryn yn dod i mewn ar **ongl i'r normal**. Mae'r **blaendon** yn taro'r wyneb ar ongl. Mae'r rhan gyntaf i'w daro yn **arafu**. Mae'r rhannau eraill yn **arafu** ychydig yn ddiweddarach pan fyddan nhw'n taro'r wyneb hefyd. Mae'r **donfedd** yn lleihau yn y gwydr. Mae **cyfeiriad** y don **yn newid**. Mae'r **ongl i'r normal** yn llai yn y gwydr o'i chymharu ag yn yr aer. Dydy **amledd** y don **ddim yn newid**.
7) Mae'r pelydryn yn dod i mewn ar **ongl i'r normal**. Mae'r **blaendon** yn taro'r wyneb ar ongl. Mae'r rhan gyntaf i'w daro yn **cyflymu**. Mae'r rhannau eraill yn **cyflymu** ychydig yn ddiweddarach pan fyddan nhw'n taro'r wyneb hefyd. Mae'r **donfedd** yn cynyddu yn yr aer. Mae **cyfeiriad** y don **yn newid**. Mae'r **ongl i'r normal** yn fwy yn yr aer o'i chymharu ag yn y gwydr. Dydy **amledd** y don **ddim yn newid**.

TUDALEN 59

1) a), c), d) ac **e)**

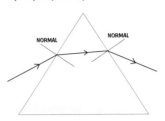

NORMAL   NORMAL

b) Bydd y buanedd yn gostwng a'r donfedd yn lleihau.
f) Gwasgariad: byddai sbectrwm yn cael ei ffurfio.
2) Binocwlars, perisgop, camerâu.
3) a) Lens amgrwm.
   b), c) a **d);**

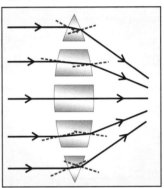

e) Chwyddo/lleihau a ffocysu.
4) gwydr; ymyl; normal; adlewyrchu; plygu; critigol; 42°.
5) a), c), d) ac **e).**

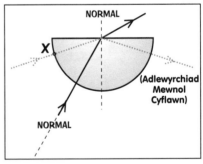

NORMAL

X

(Adlewyrchiad Mewnol Cyflawn)

NORMAL

b) Bydd yn mynd yn syth i mewn heb newid cyfeiriad oherwydd y mae'n dod at yr arwyneb yn baralel i'r normal.
c) Adlewyrchiad Mewnol Cyflawn (gweler y diagram hefyd).

tudalennau 60-62

TUDALEN 60

1) **a)**

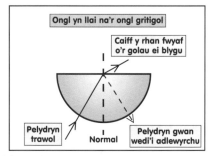

b)

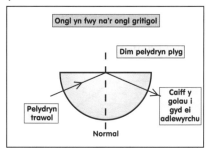

2) **a)** Mae'r pelydryn yn baralel i normal arwyneb allanol y prism.

b)

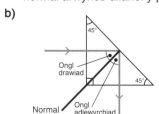

c) 45° i'r arwyneb mewnol.
d) Rhaid iddynt fod yn hafal.

3 a)

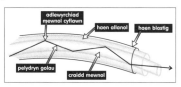

b) • Nid oes angen atgyfnerthu'r signal mor aml;
• Gall cebl o'r un diamedr gludo *llawer* mwy o wybodaeth;
• Mae'r signalau wedi'u gwarchod i raddau;
• Mae'r signalau'n ddiogel rhag ymyrraeth drydanol;
• Mae'r ffibrau wedi'u gwneud o wydr – sydd lawer yn rhatach na chopr ac yn hawdd cael gafael arno.

4) Mae endosgop yn defnyddio dau fwndel o ffibrau optegol i anfon golau i mewn i'r corff a chael delweddau ohono. Gallant gael eu defnyddio i wneud 'llawdriniaeth twll clo', lle nad oes angen gwneud ond toriad bach iawn.

TUDALENNAU 61, 62

1) **a)** ymledu (neu newid cyfeiriad), bwlch, rhwystr.
b) Diffreithiant.
c) Lleiaf (culaf).
d) Tonfedd; hanner cylch.

2) Gan fod tonfeddi sain lawer yn fwy na golau, bydd yn diffreithio o gwmpas gwrthrychau sy'n ymddangos fel pe baent o 'faint arferol' (h.y. drysau, byrddau ayb). Bydd golau, sydd â thonfeddi llai, ond yn diffreithio o gwmpas gwrthrychau llawer llai o faint.

3) **a)**

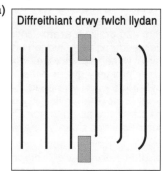
Diffreithiant drwy fwlch llydan

b)

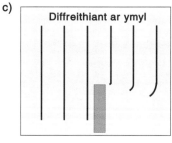
Diffreithiant drwy fwlch cul

c)

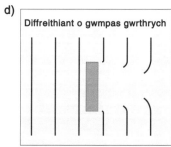
Diffreithiant ar ymyl

d)
Diffreithiant o gwmpas gwrthrych

4) **a)** 440Hz. Gallwn.
b) 6×10^{-7}m.
c) Mae gan seindon donfedd sy'n debyg o ran ei maint i faint drws (75cm), felly bydd y diffreithiant a fydd yn digwydd yn sylweddol.

Mae tonfedd golau tua miliwn gwaith yn llai na'r bwlch felly does braidd dim diffreithiant yn digwydd. Dyna pam mae'n amhosib i ni weld o amgylch corneli!

5) 4×10^8Hz. Mae'r amledd yma yn nodweddiadol o'r rhai a ddefnyddir ar gyfer darllediadau radio tonfedd fer.

6) **a)** Mae'r golau laser yn fonocromatig a dim ond un patrwm diffreithiant a welwn. Gyda golau gwyn, mae yno amrediad o donfeddi a byddai nifer o batrymau diffreithiant yn gorgyffwrdd.
b) Mwg, llwch sialc, iâ sych (CO_2 solet) ayb.
c) Mae'n rhaid iddo fod yn debyg i donfedd golau laser.
d) Symudwch y sgrin yn ôl ac ymlaen a bydd maint y ddelwedd yn newid. Mae patrymau ymyrraeth hefyd i'w gweld yn y ddelwedd.
e) Y lleiaf y bo'r hollt, mwyaf yw'r pellter rhwng y macsima a mwyaf pŵl yw'r patrwm.
f) Byddai'r paladr gwyrdd yn gwasgaru llai na'r paladr coch oherwydd mae tonfedd fyrrach i olau gwyrdd na golau coch.

7) Ni ddylai'r rhwystr fod lawer yn fwy na thonfedd y don radio.

8) **a)** Bydd, bydd signal yn cael ei dderbyn y tu ôl i fflatiau.
b) Dim diffreithiant sylweddol.
c) Ychydig o ddiffreithiant; bydd hyn ynghyd ag adlewyrchiad y sain ar y waliau yn helpu i'r sain gael ei chlywed yn yr ystafell i gyd.

9) **a)**

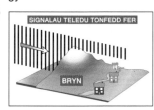
SIGNALAU TELEDU TONFEDD FER
BRYN

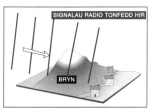
SIGNALAU RADIO TONFEDD HIR
BRYN

b) Mae mynyddoedd yn diffreithio tonnau radio tonfedd hir yn fwy effeithiol na signalau teledu. Bydd gwell derbyniad felly mewn ardaloedd mynyddig.

Adran Saith — Atebion

tudalennau 63–66

TUDALENNAU 63, 64

1) Tuag at; i ffwrdd.

2)

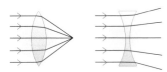

3) a) Agorfa
   b) Lensiau
   c) Ffilm
   d) Caead

4) a) Drych
   b) Er mwyn caniatáu i ddelwedd gael ei gweld yn y ffenest.

5) Adlewyrchiad mewnol cyflawn.

6) Mae'n caniatáu i'r ffotograffydd weld yr union ddelwedd sy'n cael ei thynnu.

7) I'w gwneud yn ddigon byr i'w dal a'u defnyddio'n hawdd.

8)

9) Ni fydd y drychau yn amsugno cymaint o olau â'r prismau.

10) Byddai golau'n taro ar y prism o fewn ongl arbennig yn cael ei adlewyrchu'n fewnol yn gyfan gwbl.

11) a)

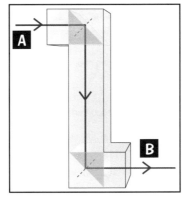

b) Mae golau bob amser yn taro'r prism ar hyd y normal felly nid yw'n gwasgaru.

c) B

d) Byddwch yn gallu gweld o gwmpas rhwystrau mwy o faint.

12) Mewn llong danfor (yn arbennig i weld wyneb y môr tra bydd y llong danfor o dan y môr). Edrych dros dyrfa o bobl. Fe welwch chi lawer o bobl yn eu defnyddio mewn twrnamaint golff.

13) a)

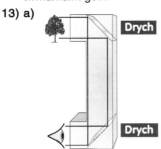

b) Byddai'r ddelwedd ben i lawr!

c)

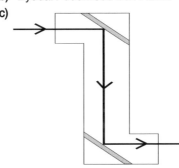

d) Mae drychau yn ysgafnach ac yn rhatach i'w gwneud.

14) a) Bydd y pelydryn trawol a roddwyd yn adlewyrchu oddi ar ddau arwyneb, bydd y pelydryn a fydd wedi'i adlewyrchu yn cael ei ddadleoli oddi ar y pelydryn trawol ond yn baralel iddo.

b) Bydd y pelydryn trawol o E yn cwrdd â'r wyneb ar ongl yn llai na'r ongl gritigol ac felly ni fydd yn adlewyrchu'n ôl tuag at yr un cyfeiriad y daeth ohono.

c) Ni fydd yn cael ei adlewyrchu ac ni fydd yn mynd drwy'r adlewyrchydd.

15) Maen nhw i gyd yn brismau isosgeles gyda dwy ongl 45°.

TUDALENNAU 65, 66

1) a) sbectrwm, buanedd, cyfrwng, gwactod, buanedd, saith, tonnau radio, microdonnau, isgoch, golau gweladwy, uwchfioled, pelydrau X, pelydrau gama.

   b) radio, hiraf, pelydrau gama, byrraf, gweladwy.

2) Cywir: a, c, e, h, i, j. Mae ychydig o amheuaeth ynglŷn ag F gan fod pelydrau X yn *gymharol* ddiogel o'u cymharu â'r risg uchel o wneud llawdriniaeth ymchwiliol a all gynnwys marw o dan anaesthetig, sioc wedi'r llawdriniaeth a haint, ond maen nhw'n dal i fod yn hynod o beryglus.

   b) Isgoch yn lle microdonnau.

   d) Tonnau EM yn lle golau gweladwy.

   g) Uwchfioled yn lle isgoch.

   f) Gallai uwchsain gael ei awgrymu yn lle pelydrau X i greu delweddau meddygol ond byddai canlyniadau'r ddwy dechneg yn wahanol iawn i'w gilydd. Dyma'r rheswm bod pelydrau X yn dal i gael eu defnyddio'n rheolaidd.

3) a) **Dyma'r drefn yn y diagram:**

		c)
Pelydrau gama: 10^{-12}m		3×10^{20}Hz
Pelydrau X: 10^{-10}m		3×10^{18}Hz
Uwchfioled: 10^{-8}m		3×10^{16}Hz
Golau gweladwy: 10^{-7}m		3×10^{15}Hz
Isgoch: 10^{-5}m		3×10^{13}Hz
Microdonnau: 10^{-2}m		3×10^{10}Hz
Tonnau radio: 10^{0}m		3×10^{8}Hz

   b) 300,000,000 m/s.

   d) 1000.

   e) 100,000.

4) Microdon neu don radio fer.

5) 1×10^{10}Hz (10,000,000,000Hz).

6) **Gweler y tabl ar y dudalen nesaf.**

Adran Saith — Atebion

tudalennau 66–72

Tabl ar gyfer C6 ar dudalen 66

Math o belydriad	Effaith ar feinweoedd byw	Defnyddiau
Gama	• mewn dos uchel gall ladd celloedd byw • mewn dos llai gall achosi i gelloedd droi'n rhai â chanser • mae'n lladd celloedd â chanser	• lladd bacteria mewn bwyd • diheintio offer meddygol • trin tyfiant
Pelydr X	• mewn dos uchel gall ladd celloedd byw • mewn dos llai gall achosi i gelloedd droi'n rhai â chanser	• delweddu ffurfiau mewnol yn y corff • astudio ffurf atomig defnyddiau
Uwchfioled	• mewn dos uchel gall ladd celloedd byw • mewn dos llai gall achosi i gelloedd droi'n rhai â chanser • mae'n achosi i'r croen dywyllu	• tiwbiau fflwroleuol • troi'r croen yn dywyll • labeli diogelwch
Gweladwy	• mae'n egnïo celloedd sensitif yn y retina	• gweld • cyfathrebu gyda ffibrau optegol
Isgoch	• mae'n achosi llosgi'r meinweoedd	• gwresogydd pelydrol • griliau • teclynnau rheoli o bell • delweddau thermol
Microdon	• mae gwresogi dŵr yn y meinweoedd yn gallu achosi 'llosgi'	• cyfathrebu â lloeren • coginio
Radio	• dim fwy na thebyg	• cyfathrebu • darlledu • radar

TUDALENNAU 67, 68

1) Daeargrynfeydd
2) Cramen
3) Wyneb
4) Seismograff
5) tonnau C a thonnau E
6) tonnau C, solidau, hylifau
7) tonnau E, solidau
8) tonnau C, tonnau E
9) 4, cramen, mantell, craidd allanol, craidd mewnol
10) Plygiant
11) Crwm, dwysedd
12) a)

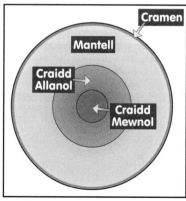

b) Am na allwn ddrilio i lawr yn is na chramen y Ddaear.

13) Ton ardraws a fydd ond yn teithio drwy solidau.
14) Ardal gysgod.
15) Ni all y tonnau hyn deithio drwy'r craidd allanol.
16) Solid.
17) a) Dwysedd
   b) Mae'r dwysedd yn newid yn barhaus, gan achosi i'r don blygu wrth iddi arafu neu gyflymu.
18) Maen nhw'n arhydol, yn gyflymach na thonnau E ac yn teithio drwy solidau a hylifau.
19) a) Y fantell a'r craidd allanol.
   b) Mae'r dwysedd yn newid yn sydyn yno.
   c) Rhwng pwyntiau R ac S a rhwng pwyntiau P a Q.
   d) Maen nhw'n teithio drwy solidau a hylifau.
20) Ton C; mae'n teithio'n gyflymach.
21) Mae'r cyflymder yn cynyddu wrth i'r dwysedd gynyddu ac mae'n newid yn sydyn ar y ffin.
22) Yr un fath â C21 ond mae'n stopio'n sydyn ar bwynt D oherwydd mai dyma'r ffin rhwng y fantell a'r craidd.
23) Chwilio am olew, rhagfynegi daeargrynfeydd ayb.
24) Bydd diwydiant ac unrhyw beth arall a all achosi dirgryniadau yn difetha'r canlyniadau.

TUDALENNAU 69, 70

1) a) Anghywir – mae'r haul yn cynhyrchu egni drwy ymasiad niwclear, yn bennaf o hydrogen i heliwm.
   b) Cywir – mae arwyneb creigiog i blanedau Mercher, Gwener, y Ddaear a Mawrth.
   c) Anghywir – gellir gweld planedau oherwydd y golau sy'n cael ei adlewyrchu oddi arnynt o'r haul.
   d) Cywir – mae pob planed yng nghysawd yr haul yn troi o amgylch yr haul, gwrthrych â màs mawr iawn.
   e) Cywir – Plwton yw'r unig blaned allanol greigiog. Mae ei orbit eliptig yn rhyfedd iawn hefyd.
   f) Anghywir – mae pob planed yn dilyn orbitau eliptig gyda'r haul yn un ffocws o'r elips.
   g) Anghywir – y prif reswm y mae'r sêr eraill yn edrych yn llai disglair na'r Haul yw eu bod lawer ymhellach i ffwrdd.

2)

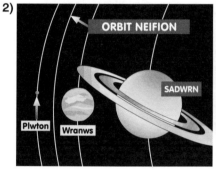

3) a) seren, gwres, ymasiad, niwclear, hydrogen, heliwm, sêr, anferth, golau, planed, adlewyrchu, llai, orbit, eliptig.
   b) Mae sêr yn allyrru golau gweladwy o'u rhan eu hunain, y cyfan a wna planedau yw adlewyrchu golau. Adwaith ymasiad thermoniwclear yw sêr ond nid oes adwaith o'r fath mewn planedau.
4) O orbit Sadwrn, byddai Mercher, Gwener, y Ddaear, Mawrth ac Iau yn dangos gweddau.

TUDALENNAU 71, 72

1) a)

b) Mae'r planedau filiynau o weithiau'n agosach at y Ddaear na'r sêr agosaf hyd yn oed.

tudalennau 72-77

Felly, pan fydd y sêr yn symud (fel y byddant yn ei wneud), mae'r pellter y byddant yn ei deithio yn fach iawn o'i gymharu â'r pellter y mae'n ymddangos y mae'r planedau'n ei deithio.

c) Cytser.
2) Mawrth ac Iau.
3) Craig ac iâ.
4) Mae'r asteroidau yn aros yn eu horbit a fydd y mwyafrif llethol ohonyn nhw ddim yn croesi llwybr y Ddaear.
5) Storm feteorau yn cynhyrchu meteorynnau (sêr gwib) sy'n croesi'r awyr.
6) Meteoryn yn taro wyneb y Ddaear.
7) Mae'r rhan fwyaf o'r meteorynnau yn llosgi yn atmosffer y Ddaear cyn y byddant yn cyrraedd yr wyneb. Hefyd, mae atmosffer y Ddaear yn erydu unrhyw graterau a gaiff eu ffurfio ar y Ddaear. Nid oes gan y Lleuad atmosffer felly dydy'r meteorau ddim yn llosgi wrth iddyn nhw ddisgyn a hefyd dydy'r craterau a gaiff eu ffurfio o ganlyniad i'r gwrthdrawiad ddim yn cael eu herydu chwaith.
8) Orbit
9)

Orbit comed o gwmpas yr haul

10) Elips (eliptig).
11) Mae orbit comed yn fwy echreiddig (hirgul) nag orbit planed sydd bron â bod yn gylch.
12) Dim ond pan fydd comedau'n agos at yr Haul y byddant i'w gweld (ar yr adeg yma bydd pelydrau'r Haul yn 'berwi'r' iâ.) Bydd hyn yn lleihau màs y comed bob tro y bydd yn dychwelyd felly, gydag amser, bydd y comed yn mynd yn llai disglair.
13) Tua 76 o flynyddoedd.
14) 1758.
15) Iau.
16) Byddant yn llai disglair. Maen nhw wedi aros yn agosach at yr Haul am fwy o amser, felly mae'r rhan fwyaf o'r nwy a'r gronynnau llwch wedi'u colli yn y gofod.
17) 1. Dyma'r tro cyntaf erioed, felly pwy a ŵyr beth all ddigwydd. Mae llawer o longau gofod wedi'u hanfon i'r blaned Mawrth fodd bynnag.
2. Bydd glanio yn debygol o fod ychydig yn anodd oherwydd yr

ansicrwydd ynglŷn â'r tir yno (mae Mawrth, ar y llaw arall, wedi'i fapio'n dda).
3. Mae asteroidau lawer yn llai na Mawrth. Rhaid bod yn hynod o ofalus wrth lywio felly, yn arbennig wrth lanio.
4. Mae asteroidau yn cylchdroi lawer yn gyflymach na Mawrth ac maen nhw'n aml yn debyg o ran siâp i daten. Bydd hyn hefyd yn ei gwneud hi'n anodd i lanio.

TUDALEN 73

1) a) A, C, E, G, I.
   b) B, D, E, F, H.
   c) B, D, E, F, H.
   d) A, C, E, G, I.
2) a) 1. Nid yw'r atmosffer yn amharu ar y ddelwedd.
   2. Gall dderbyn pelydriadau o bob tonfedd.
   3. Gellir eu gweld am 24 awr, i unrhyw gyfeiriad i ffwrdd o'r Haul.
   b) 1. Mae'n haws gweld mwy o fanylion ac ymhellach i'r gofod.
   2. Gall nifer o wahanol offer i ganfod gwahanol belydriadau gael eu gosod wrth un telesgop.
   3. Cost-effeithiol ac ni fydd y tywydd yn amharu arno.
3) Nid yw'r wennol ofod yn troi o amgylch y Ddaear mewn orbit geosefydlog, felly ni ellir gweld un pwynt ar wyneb y Ddaear yn uniongyrchol bob amser (lle byddai'r orsaf).
4) a) 2.8 x 10⁻⁵ N/kg
   b) Y llanw.
   c) 3.4 x 10⁻³ N/kg; 3.4 x 10⁻³ N/kg; grym cydeffaith disgyrchiant o sero – pwynt Lagrangian.

TUDALEN 74

1) a) Disgyrchiant.
   b) Mae egni potensial disgyrchiant yn cael ei newid yn egni gwres sy'n achosi'r adweithiau niwclear.
   c) Mae'r adweithiau ymasiad yn newid H yn He, gan ryddhau egni yn ystod y broses. Mae llawer o'r egni yma ar ffurf pelydriad electromagnetig sydd yn y pen draw yn dianc o'r seren.
   d) Gall y lympiau ffurfio planedau a lleuadau.
   e) Bydd y cymylau nwy gwreiddiol yn troi yn araf felly bydd popeth a ffurfiwyd ganddynt yn troi hefyd (cadwraeth momentwm onglaidd).
2) a) Y Llwybr Llaethog yw ein galaeth ni.
   b) Sbiral yw'r Llwybr Llaethog,

galaeth siâp disg. Pan fyddwch yn edrych ar y band gwyn llaethog ar draws yr awyr, byddwch yn edrych i mewn i'r disg yma o sêr ac ar ei draws.
3) a) Cywir b) Anghywir c) Anghywir
   d) Anghywir e) Anghywir f) Cywir
   g) Cywir h) Cywir i) Anghywir
   j) Cywir k) Cywir l) Anghywir

TUDALEN 75

1) Seren sy'n fwy masfawr na'n Haul ni (mae'r arsylwadau a wnaed yn awgrymu masau mwy na tua 4 x màs Solar).
2) Seren prif ddilyniant sydd â màs llai o faint. (Ni fydd yn mynd drwy'r cam uwchnofa).
3) Nid ydynt yn allyrru golau gweladwy eu hunain ar yr adeg yma, dim ond pelydriad isgoch. Hefyd, mae'r cynser wedi'u gorchuddio gan gymylau nwy a llwch cymharol drwchus.
4) Mae'r gwres y tu mewn i'r seren yn arwain at wasgedd uchel iawn sy'n cael eu cydbwyso gan ddisgyrchiant.
5) Prif Ddilyniant (C).
6) E. Uwchnofa.
7) Mae wyneb y seren yn oeri.
8) Mae **lawer** yn fwy dwys (tunelli y cm³).
9) Mae oes seren arferol yn filiynau o flynyddoedd. Yn anffodus, dydy seryddwyr ddim yn para mor hir! Rhaid iddynt, felly, astudio sêr o wahanol gyfnodau er mwyn cael y darlun cyflawn.
10) Hydrogen a heliwm (H a He).
11) Ymasiad niwclear.
12) Cwmwl o lwch a nwy → Cwmwl yn crebachu i ffurfio Cynseren → Seren Prif Ddilyniant → Cawr Coch → Corrach Gwyn → Corrach Du

TUDALENNAU 76, 77

1) Damcaniaeth y Cyflwr Cyson a Damcaniaeth y Glec Fawr.
2) a) Y naill neu'r llall.
   b) Y naill neu'r llall.
   c) Y naill neu'r llall.
   d) Y Glec Fawr.
   e) Y naill neu'r llall.
3) a) Effaith Doppler.
   b) Bydd yr amledd yn cynyddu.
   c) Bydd yr amledd yn lleihau.
   d) Os bydd car yn canu ei gorn wrth fynd heibio i chi, bydd y sain yn uwch wrth i'r car nesáu atoch ac yn is wrth iddo bellhau. Hefyd, mae traw y sain o'r injan yn ymddangos fel petai'n gostwng wrth iddo fynd heibio i chi.
   Gyrru heibio i siop a'r larwm yn canu – bydd traw y sain yn ymddangos fel petai'n gostwng.

4) a) Y pelydriad cefndir.
   b) O ble y daw'r mater newydd.

5) a)

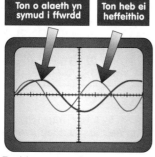

   b) Bydd traw y sain yn gostwng.
   c) Pelydriad electromagnetig gyda thonfedd fach iawn ac amledd uchel (pelydriad gama).

6) a) Cywir b) Anghywir c) Cywir
   d) Cywir e) Anghywir f) Cywir
   g) Anghywir h) Cywir i) Cywir

TUDALEN 78

1) a) Pa mor gyflym y mae'r galaethau yn symud oddi wrth ei gilydd, cyfanswm y màs yn y Bydysawd.
   b) Mae'r buanedd yn hawdd i'w fesur, mae cyfanswm y màs yn fwy anodd.

2) **Gweladwy** – Sêr uwchgawr, sêr corrach gwyn, sêr prif ddilyniant.
   Anweladwy – Llwch rhyngserol, tyllau duon, corachod du, llwch rhwng y galaethau

3) a) Disgyrchiant.
   b) Y mater yn y Bydysawd.
   c) Byddai'r Bydysawd yn parhau i ehangu am byth.

4) a) Mae'r gyfradd ehangu yn mynd yn llai.
   b)

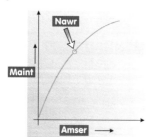

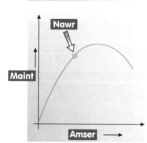

5) Bydysawd, 2 biliwn o flynyddoedd, ymbelydredd, Daear, Lleuad, 4.5 biliwn o flynyddoedd, Cysawd yr Haul, Bydysawd.

6) a) Mae'r crebachiad mawr yn un posibilrwydd ar gyfer y Bydysawd yn y dyfodol. Hyn fydd yn digwydd i'r Bydysawd os na fydd yn ehangu mwyach ac yna yn crebachu. Dyma'r gwrthwyneb i'r Glec Fawr.
   b) O leiaf 15 biliwn o flynyddoedd (oes y bydysawd). Bydd yn cymryd yr un amser i grebachu ag a wnaeth i ehangu.

7)

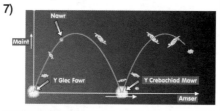

TUDALEN 79

1) a) Potensial elastig
   b) Thermol / gwres
   c) Niwclear
   d) Golau / gwres
   e) Potensial disgyrchiant
   f) Trydanol
   g) Cemegol
   h) Cinetig

2) a) Potensial disgyrchiant i ginetig (a hefyd sain a gwres)
   b) Cinetig i sain a gwres
   c) Sain i drydanol
   d) Cinetig i drydanol
   e) Cinetig i botensial disgyrchiant
   f) Cemegol i olau a gwres
   g) Pelydrol i thermol (a golau hefyd)
   h) Cemegol i drydanol i ginetig
   i) Cinetig i botensial elastig

3) a) Trydanol i sain
   b) Cemegol i olau a gwres
   c) Trydanol i olau a gwres
   d) Potensial elastig i ginetig
   e) Potensial disgyrchiant (i ginetig) i drydanol
   f) Trydanol i wres a golau
   g) Niwclear i wres, golau a sain
   h) Sain i drydanol
   i) Cemegol i wres a chinetig
   j) Cemegol i wres a chinetig

TUDALENNAU 80, 81

1) a) Creu; dinistrio; newid/trosglwyddo/trawsnewid.
2) b) Egni trydanol → bwlb golau → egni golau; egni gwres yn wastraff
   c) Egni trydanol → modur → egni cinetig; sain a gwres yn wastraff
   d) Egni cemegol → injan → egni cinetig; sain a gwres yn wastraff
   e) Egni trydanol → tegell → egni gwres y dŵr; gwresogi'r ystafell yn wastraff
   f) Egni cemegol → cyhyrau → egni potensial y pwysau; egni gwres yn wastraff
   g) Egni golau → cell solar → egni trydanol; egni gwres yn wastraff

h) Egni trydanol → monitor → egni golau; egni gwres yn wastraff
   i) Egni cemegol y gyrrwr → egni cinetig → dynamo → egni trydanol; sain a gwres yn wastraff

3) a) Egni sain a gwres.
   b) Yn yr injan a'r breciau yn arbennig.
   c) Egni cinetig.
   d) Bydd yn cyflymu.
4) Na. Daw'r egni o'r haul.
5) Gwres a sain
6) a) Mae'r egni trydanol sy'n wastraff yn cael ei ryddhau fel gwres, sef yr hyn sydd ei angen arnom. Yn yr un modd, bydd golau a phelydriadau eraill a ryddheir yn cael eu newid yn wres pan gânt eu hamsugno.
   b) Mae llawer o egni yn cael ei wastraffu wrth gynhyrchu a throsglwyddo trydan.

TUDALENNAU 82, 83

1) a) 360 000 J (360 kJ).
   b) 90%
   c) Ffrithiant yn y recordydd tâp, ychydig fel gwres yn y gwifrau, sain/dirgryniad heb eu trosglwyddo i'r aer (e.e. yng nghas y seinydd).
   d) Byddai'r batrïau yn para'n hirach gan y byddai llai o egni'n cael ei wastraffu gan nad oedd yna rannau'n symud ac felly llai o ffrithiant.

2) a) 2000 J.
   b) 67% (gan dybio bod yr holl danwydd yn cael ei ddefnyddio ac nad oes gwrthiant aer).
   c) Caiff egni ei newid yn wres a sain yn hytrach na mudiant, bydd ychydig bach o wrthiant aer yn achosi i ragor o egni gael ei golli.

3) a) 2000 J
   b) 80%

4) a) Gweler y tabl isod:

Llwyth (N)	Egni a ddefnyddir (J)	Egni a enillwyd gan y llwyth (J)	Effeith-lonrwydd (%)
1000	30000	20000	67
1500	34000	30000	88
2000	43400	40000	92

   b) Wrth i'r llwyth gynyddu, bydd yr effeithlonrwydd yn cynyddu hefyd.
   c) Tryma'n byd y bydd y llwyth, llai pwysig y bydd yr egni a fydd yn ofynnol i godi pwysau corff y lifft a'r cebl ayb, o'i gymharu â'r pwysau yn y lifft.

5) a) 208333 J
   b) Gwresogi corff y tegell a'r hyn sydd o'i amgylch.

6) a) Traddodiadol = 3,600 MJ; egni isel = 720 MJ.

tudalennau 83-89

b) £72.00; £14.40
c) £2.50; £9.50
d) Y bwlb egni isel gan mai cyfanswm y gost fydd £23.90 o'i gymharu â £74.50 am y bwlb traddodiadol.
e) Ystyriaethau amgylcheddol – e.e. bydd yr arbedion yn y trydan o les i'r amgylchedd.

7) a) 4500 J
b) 75%
c) Byddai iro'r system pwli yn ei gwneud yn fwy effeithlon oherwydd byddai llai o egni'n cael ei wastraffu fel gwres a gâi ei gynhyrchu o ganlyniad i ffrithiant.

8) a) 60 J
b) 100 J
c) Caiff gwaith ei wneud yn codi'r rhaff/gadwyn ac yn erbyn y ffrithiant yn y pwli. Gallent ddweud hefyd fod ansicrwydd (cyfeiliornad) arbrofol yn ffactor.

TUDALENNAU 84, 85

1) Mae'r llawlyfr adolygu yn cynnig tanwydd, bwyd a thrydan. Mae enghreifftiau eraill yn bosib hefyd.
2) b, c, f.
3) Gweler y tabl isod:

Math o esgid ymarfer	Grym (N)	Pellter (m)	Gwaith a wneir (J)
Dwy linell	4.2	1.6	6.72
Croes Fawr	5.6	0.8	4.48
Anghytbwys	4.8	1.2	5.76
Gwrthwyneb	5.9	1.4	8.26
Fest Uchel	4.5	0.9	4.05

a) JOULEAU (J). **b)** FFRITHIANT.
4) a) 1 050 000 J = 1050 kJ = 1.05 MJ
b) 1170 kJ
c) 955 kJ. Byddwn yn arbed egni cyn belled ag y gallwn wthio'r car i fyny'r rhiw.
5) a) Sam – 190 kJ; Sioned – 170 kJ.
b) Ni fyddai'r modur yn 100% effeithlon a byddai'r modur hefyd yn gwneud gwaith yn gwthio'r cwch a'r gyrrwr yn eu blaen.
c) 214.4 kJ
6) a) 24 kJ   **b)** 400 W
7) a) 250 J   **b)** 4.2 s
8) a) 120 s = 2 funud
b) Byddai egni'n cael ei golli yn gwresogi corff y tegell a'r hyn o'i amgylch.
9) 1 marchnerth = 750 W
10) Gweler y tabl isod:

Enw'r modur	Gwaith a wneir (J)	Amser a gymerwyd	Pŵer (W)
Taran	150	30s	5
Apolo	900	45s	20
Gefaill	300	10s	30
Fostoc	4000	5 mun	13.3
Roced	2700	3 mun	15

TUDALENNAU 86, 87

1) a) EC = ½mv²
b) m = màs gwrthrych, v = cyflymder y gwrthrych.
c) Mae gan bopeth sy'n symud egni cinetig.

2) a) EP = mgh
b) m = màs gwrthrych; g = cyflymiad oherwydd disgyrchiant; h = uchder a enillwyd neu a gollwyd
c) Mae gwrthrych yn ennill neu'n colli egni potensial disgyrchiant pan fydd ei uchder yn newid.

3) a) C
b) A
c) A
d) A
e) C
f) A
g) A
h) A (ond cywir os oes iddynt yr un màs)

4) Gweler y tabl isod:

Amser (s)	Cyflymder (m/s)	Egni Cinetig (J)
0.0	0	0
0.5	10	131,500
1.0	30	1,183,500
1.5	45	2,662,875

5) 320,875 (mwyaf), 750, 180, 156 (i gyd mewn jouleau)
6) a) 4.5 MJ
b) 2.7 MJ
c) 1.275 MJ
7) a) 772 kJ   **b)** 35 MJ
c) 12 kJ   **d)** 35 m/s
e) Mae egni'n cael ei golli oherwydd gwrthiant aer ac unrhyw wrthdrawiad ag ochr y mynydd – caiff sain a gwres eu cynhyrchu.

8)

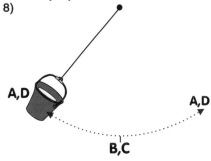

9) a) 9 J
b) 7.75 m/s
c) 7.4 J
d) 2.5 m
e) Mae egni yn cael ei droi'n egni gwres a sain wrth iddo daro'r ddaear.
10) Gweler y tabl isod:

Enw	Pwysau (N)	Amser (s)	Egni Potensial a enillwyd (J)	Pŵer (W)
Gwilym	520	14	6240	446
Dafydd	450	16	5400	338
Siân	600	15	7200	480

TUDALENNAU 88, 89

1) a) Y tri gyda'i gilydd
b) Dargludiad   **c)** Pelydriad
d) Darfudiad   **e)** Pelydriad
f) Pelydriad   **g)** Darfudiad
2) solidau, agos, dirgrynu, cyfagos, da, electronau, cario, gwrthdaro.
3) Llawer o bosibiliadau gan gynnwys:

Enw'r defnydd	Ynysydd neu Ddargludydd	Sut gaiff ei ddefnyddio
Copr	Dargludydd	Cyrff sosbenni
Alwminiwm	Dargludydd	Tegellau
Haearn	Dargludydd	Esgyll oeri
Ffelt	Ynysydd	Lagio toeau
Porslen	Ynysydd	Llestri
Corcyn	Ynysydd	Matiau bwrdd

4) a)

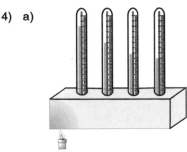

b) Mae egni gwres yn symud ar hyd y bar drwy ddargludiad. Mae hefyd yn cael ei belydru i ffwrdd o'r dargludydd, felly bydd y tymheredd yn nes at dymheredd y cefndir po bellaf i ffwrdd yr ydych o'r gwresogydd.

c)

5) a) Os yw ochr arall y bwrdd yn hanner gwyn ac yn hanner tywyll, bydd yr hanner tywyll yn amsugno mwy o belydriad gwres ac felly'n boethach. Byddai'r ochr wen yn adlewyrchu mwy o belydriad gwres ac felly'n oerach.
b) Mae'r breichiau yn boethach gan eu bod yn amsugno mwy o egni gwres. Mae'r aer uwch eu pen yn codi oherwydd darfudiad, gan achosi tawch o wres.
6) a) Byddai'r car golau yn adlewyrchu mwy o belydrau gwres yn ystod y dydd ac felly'n aros yn oerach yn hirach.
b) Byddai'r car golau yn pelydru llai o wres yn y nos ac felly'n aros yn gynhesach yn hirach.

Adran Saith — Atebion

tudalennau 89–94

7) a) Mae mwy o wres yn cael ei golli drwy belydriad ar noson glir, felly mae'n fwy tebygol o rewi (byddai cymylau yn adlewyrchu llawer o'r gwres yma yn ôl).

b) Bydd darfudiad yn sicrhau y bydd y dŵr a gaiff ei wresogi yn codi i'r ollyngfa ar y top, tra bydd y dŵr oerach yn suddo i'r gwaelod lle gall gael ei wresogi.

c) Mae eira yn ynysydd (mae'n dal aer a hefyd yn adlewyrchu pelydriad yn ôl), felly caiff gwres ei ddal.

d) Mae lliwiau sgleiniog yn wael am belydru gwres felly mae'r te yn cadw'n boeth yn hirach.

e) Mae aer yn cael ei ddal yn y plu ac felly yn ffurfio haen sy'n ynysu'r corff.

f) Mae egni gwres yn cael ei ddargludo i'r gefel ac mae hyn yn atal y bwrdd cylched rhag mynd yn rhy boeth.

TUDALENNAU 90, 91

1) Mae'r holl enghreifftiau yn a)-d) yn dibynnu ar eu gallu i ddal aer i fod yn effeithiol. Nid yw'r aer sydd wedi ei ddal yn gallu darfudo; mae hefyd yn lleihau dargludiad am ei fod yn ynysydd. Bydd y deunydd solet hefyd yn rhwystro pelydriad ac yn gweithredu fel ynysydd ond effeithiau eilaidd fydd y rhain.

e) Ffenestri dwbl – bydd y bwlch aer yn lleihau llawer o'r darfudiad.

f) Deunydd atal drafftiau – bydd stribedi o sbwng a phlastig o gwmpas drysau yn rhwystro'r aer cynnes rhag dianc ac yn rhwystro'r aer oer rhag mynd i mewn.

g) Thermostatau – maent yn gweithio i leihau'r tri math o drosglwyddiad gwres drwy rwystro'r tŷ rhag mynd yn rhy boeth.

2) b) Ynysydd wal ceudod
c) Siaced tanc dŵr poeth
d) Ynysydd llofft: 6.25 o flynyddoedd; Siaced tanc dŵr poeth: blwyddyn; Ffenestri dwbl: 53.3 o flynyddoedd; Deunydd atal drafftiau: 1.1 flwyddyn; Ynysydd wal ceudod: 8 mlynedd; Thermostatau: 4.8 blynedd.
e) Siaced tanc dŵr poeth a deunydd atal drafftiau
f) Ffenestri dwbl
g) Gwell ansawdd i'r gwydr, llai o sŵn, llai o waith cynnal a chadw ar y fframiau.

3) a) 23.8W, 8.5W
b) 7.5×10^8J, 2.7×10^8J
c) £9.65

4) a) Mae pren yn ddargludydd gwres gwael felly, cyn belled nad oedd unrhyw ddrafft, yna fe ddylai fod yn rhesymol.

b) Mae pren yn ynysydd, ond mae'r ddolen bres yn ddargludydd, felly mae'n dargludo gwres i ffwrdd o law Esyllt i'r tu allan. Mae'n teimlo'n oer felly.

5) a) 0.196 m³ **b)** 1.96 m²
c) Pelydriad
d) Na – bydd yn dal i golli llawer o wres drwy ddargludiad a darfudiad.
e) 196 kg **f)** 41.2 MJ
g) 1.65 MJ **h)** 8.4×10^5J/m²
i) 233.3 W/m² **j)** 3.53 kJ
k) 0.00429°C

6) a) Mae plastig yn ddargludydd gwael. Bydd y caead yn atal gwres rhag cael ei golli drwy ddarfudiad o'r top.

b) Mae corcyn yn ddargludydd gwael ac mae hefyd yn cynnwys llawer o aer, sydd hefyd yn ddargludydd gwael.

c) Mae gwydr yn ddargludydd gwael.

d) Po fwyaf yw'r trwch, gwaetha i gyd yw'r dargludiad.

e) Dim ond drwy belydriad y caniateir i wres gael ei drosglwyddo mewn gwactod. Ni chaniateir dargludiad na darfudiad.

f) Mae wyneb allanol arian yn wael am belydru gwres.

g) Mae wyneb arian yn wael am amsugno pelydriad gwres; bydd yn adlewyrchu gwres yn ôl i mewn.

h) Mae aer yn ddargludydd gwael.

i) Mae sbwng yn ddargludydd gwres gwael. Bydd hefyd yn atal llawer o ddarfudiad drwy'r aer a fydd wedi'i drapio.

TUDALENNAU 92, 93

1) Haul – egni golau – ffotosynthesis – planhigion/anifeiliaid – biomas/bwyd.
Haul – egni golau – ffotosynthesis – planhigion/anifeiliaid – tanwydd ffosil.
Haul – gwresogi'r atmosffer – gwynt/tonnau.
Haul – gwresogi dŵr y môr – cymylau – glaw – trydan dŵr.
Haul – egni golau – pŵer solar.

a) Mae'r haul yn cynhyrchu egni drwy adweithiau ymasiad niwclear.

b) Bydd yr egni yn teithio fel pelydriad electromagnetig (gan gynnwys gwres pelydrol)

2) a) Niwclear, llanw, geothermol
b) Niwclear
c) Llanw
d) Geothermol

3) a) Niwclear – nid tanwydd ffosil (hefyd nid yw'n ddibynnol ar yr Haul).
b) Geothermol – nid yw'n ddibynnol ar yr Haul.
c) Niwclear – adnodd anadnewyddadwy.
d) Trydan dŵr – yr unig un nad yw'n dibynnu'n anuniongyrchol ar ffotosynthesis.
e) Geothermol – yr unig adnodd adnewyddadwy.
f) Tonnau – nid yw'n cynnwys egni golau yn y gadwyn.

4) a) Mae'n cynhyrchu pŵer yn lân ond mae gwastraff niwclear yn beryglus iawn ac yn anodd ei storio/ei waredu.
b) Mae'r gost at ei gilydd yn uchel oherwydd cost y pwerdy a'r costau dadgomisiynu.
c) Rhaid sicrhau diogelwch er mwyn osgoi damwain fel Chernobyl – ac ni allwch chi byth â bod yn siŵr o lwyddo i ddileu camgymeriadau gan bobl.

5) Mae'r egni sy'n cael ei gynhyrchu gan orsaf bŵer niwclear yn dod o ymholltiad niwclear. Mae'r egni a geir fel egni geothermol yn dod o ddadfeiliad ymbelydrol naturiol.

6) Ydyn, maen nhw'n dal i gael eu creu ond maen nhw hefyd yn cael eu defnyddio ar raddfa sydd lawer yn gyflymach nag y maen nhw'n cael eu creu.

7) Mae llawer o lygredd – tirweddau sydd wedi'u creithio, olew yn cael ei ollwng, glaw asid, nwyon tŷ gwydr (hefyd mae deunyddiau crai cemegol gwerthfawr yn cael eu llosgi).

8) a) Ocsigen.
b) Carbon deuocsid a dŵr.
c) Carbon deuocsid.
d) Cynhesu byd-eang / yr haenau iâ yn toddi / lefel y môr yn codi.
e) Planed Gwener.
f) Nwyon asidig / glaw asid.
g) Difrod i bethau byw – coed creaduriaid dŵr. Difrod hefyd i adeiladau.

TUDALEN 94

1) a) Glo, olew, nwy, niwclear.
b) Glo, olew, nwy.
c) Storfa tanwydd → boeler → tyrbin → generadur → grid cenedlaethol
d) Yn y boeler.
e) Yn y pibellau cynhyrchu ager sy'n rhedeg drwy'r boeler.
f) Daw'r egni cinetig o ehangiad y dŵr pan fydd yn cael ei wresogi i ffurfio ager.
g) Yn y tyrbin.
h) Yn y generadur.
i) Drwy'r grid.
j) Cemegol → gwres → cinetig → trydanol.

Adran Saith — Atebion

tudalennau 95-99

2) Gweler y tabl isod:

Problem	Glo	Olew	Nwy	Niwclear
Rhyddau CO_2, yn cyfrannu at yr Effaith Tŷ Gwydr	✓	✓	✓	
Cynhyrchu glaw asid	✓	✓		
Dinistrio'r dirwedd	✓			
Problemau amgylcheddol oherwydd colledion i'r môr		✓		
Adeiladau drud, a drud i'w clirio ar ddiwedd eu hoes				✓
Cynhyrchu gwastraff peryglus sy'n para'n hir				✓
Perygl trychineb fawr				✓

3) Defnyddiau – plastigion, moddion, paent, olew iro. Defnyddiau eraill – pren, rhin planhigion, paent yn seiliedig ar resin planhigion, olew planhigion.

TUDALEN 95

1) 2.5×10^{10} W

2) **b)** Tua 22.00

c) Tua 20.30

d) Byddai angen i'r orsaf gynhyrchu trydan ar lefel yr oriau brig am amser hir.

e) Dechrau o bosib am 20.15 ac eto am 21.45.

f) Yn y nos pan fyddai'r galw am bŵer yn isel.

g) Yr orsaf bŵer lo.

3) P = y gronfa uwch
Q = y cyfeiriad pan fydd y galw ar ei fwyaf
R = tyrbinau
S = generadur
T = grid cenedlaethol
U = pwmp
V = y cyfeiriad yn ystod y nos
W = y gronfa is

4) **a)** Mantais
b) Anfantais
c) Mantais
d) Ddim yn fantais nac yn anfantais
e) Anfantais
f) Mantais
g) Anfantais

TUDALEN 96

1) Melinau gwynt, tyrbinau gwynt, anghysbell, arfordiroedd, rhosdir, generadur, llafnau, sŵn, golygfa, 5000, mawr, mawr, dim, cynyddu.

2) **a)** Mae'r molecylau yn symud i fyny ac i lawr yn bennaf.

b) Caiff symudiad y dŵr ar i fyny ei ddefnyddio i yrru aer drwy dyrbin a fydd yn ei dro yn gyrru generadur.

c) Daw'r egni ar gyfer y tonnau o aer sy'n symud (gwynt), sy'n cael ei egni o ganlyniad i'r Haul yn gwresogi'r atmosffer yn anwastad.

3) Bydd dŵr hallt y môr yn cyrydu nifer o fetelau yn gyflym. Gall y tymheredd fod yn isel iawn. Byddai'n anodd eu cynnal a'u cadw petaent ymhell o'r tir. Byddent yn cael eu coloneiddio gan greaduriaid a phlanhigion y môr.

4) Byddai'n rhaid i bysgotwyr a pherchenogion cychod wybod ble oedd y generaduron fel na fyddai unrhyw berygl i longau a chychod. Byddai nifer fawr o eneraduron a'r gwaith peirianyddol a fyddai'n gysylltiedig â nhw yn difetha unigedd y lleoliad. Gallent hefyd effeithio ar dwristiaeth.

5) **a)** Anodd eu cynnal a'u cadw petai rhywbeth yn mynd o'i le; problemau'n cael trydan i'r lan; yr angen i rybuddio llongau i gadw i ffwrdd o'r ardal.

b) Rhaid iddynt gael eu hangori a bod yn ddigon cryf i ymdopi â stormydd.

TUDALEN 97

1) **a)** 1.76×10^7 m^3
b) 1.81×10^{10} kg
c) 7.25×10^{11} J
d) 5.04×10^6 W
e) Cyn belled ag y bo popeth arall ynglŷn â'r orsaf yn gyfartal byddai hyn yn golygu y gallai gynhyrchu mwy o bŵer – tua 2.25 gwaith yn fwy.

2) Bydd pwerdy llanw yn gallu cynhyrchu mwy o bŵer yn ystod llanw mawr a llai yn ystod llanw bach. Byddai'n rhaid sicrhau bod y pwerdy'n gallu parhau i gynhyrchu digon o drydan i ateb y galw yn ystod llanw bach.

3) Byddai'n rhaid i ddŵr gael ei storio y tu ôl i'r bared ac yna ei ryddhau pan fydd galw mawr, cyn belled ag y bydd y rhain yn cyfateb â llanw isel.

4) Byddai'r costau adeiladu ar y dechrau yn uchel iawn. Mae'n bosib hefyd na fydd digon o safleoedd addas. Edrychwch hefyd ar yr atebion i Gwestiwn 6.

5) Daw'r egni o fudiant orbital system yr Haul, y Ddaear a'r Lleuad. Gellir anwybyddu ei effaith ar y system yn ei chyfanrwydd.

6) **a)** Byddai'n rhaid cyfyngu ar allu'r cyhoedd i fynd at y pwll llanw o'r môr.

b) Ni fyddai cysylltiad uniongyrchol rhwng yr harbyrau sydd wedi'u lleoli y tu ôl i'r bared a'r môr mawr.

c) Gallai twristiaid beidio â mynd i'r ardaloedd hynnny sydd y tu ôl i'r bared.

d) Gallai'r datblygiad effeithio ar drefn bywyd anifeiliaid a phlanhigion sy'n byw yn yr ardal wrth ymyl.

e) Gallai fod yn fwy anodd i bysgod fel eog a llyswennod fynd at yr afon.

f) Gallai pwll y llanw lenwi â gwaddod a fyddai'n gwneud y bared yn llai effeithiol.

7) Aber Afon Hafren, Solway Firth, Moray Firth, Aber Afon Tay, Firth of Forth, Aber Afon Humber, Solent. Llawer o bosibiliadau eraill hefyd.

TUDALEN 98

1) **a)** Mae'r creigiau poeth yn agos iawn i'r wyneb.

b) Mae Gwlad yr Iâ ar hyd cefnen Canol Iwerydd lle mae cramen y Ddaear yn denau iawn ac mae'r magma poeth yn cyrraedd yr wyneb neu'n agos iawn at yr wyneb.

c) 4.8×10^{12} J
d) 56 MW
e) Pyllau nofio, hamdden ayb.

2) Presenoldeb creigiau poeth yn weddol agos at yr wyneb / elfennau ymbelydrol sy'n dadfeilio'n araf i gynhyrchu'r gwres.

3) Mae sawl kg o elfennau ymbelydrol o dan yr wyneb. Bydd y broses o ddadfeilio yn digwydd yn araf iawn.

4) Gall dŵr ar dymheredd uchel ac o dan bwysedd mawr hydoddi mineralau a gall hyn arwain at waddod peryglus yn y peiriannau.

5) Po fwyaf y gwasgedd, po fwyaf y tymheredd y gall ei gyrraedd heb ferwi.

6) Y prif anhawster yw'r pellter cyn cyrraedd y creigiau poeth.

7) Roedd y gwyddonwyr yn gobeithio dod o hyd i siambr fagma yn llawn magma neu greigiau poeth o dan y llosgfynyddoedd mud.

TUDALEN 99

1) Amaethu coed sy'n tyfu'n gyflym; cynaeafu'r coed; torri'r coed yn fân; llosgi mewn ffwrnais yn y pwerdy; cynhyrchu ager; pweru'r tyrbin; cynhyrchu trydan.

2) **a)** 648 kJ **b)** 15.6 MJ
c) 5.7×10^9 J **d)** 2.8×10^{10} J

3) $(180) \times (5 \times 10^3)^2 \times (1.57 \times 10^8) = 7.1 \times 10^{17}$ J

4) Nid yw'r coed yn casglu golau haul o bob m^2 o'r goedwig. Hefyd, mae rhywfaint o'r egni cemegol sy'n cael ei gynhyrchu yn cael ei ddefnyddio gan y coed yn ystod resbiradaeth.

5) 7.1×10^{15} J

6) 0.0225 o flynyddoedd

7) Os bydd 2.5×10^7 m^2 (=5km x 5km) o'r goedwig yn cael digon o olau haul am 0.0225 o flynyddoedd, yna bydd angen (2.5×10^7) x $(5 \div 0.0225)$ m^2 o goedwig am y 5 mlynedd. Yr ardal fydd ei hangen felly fydd 5556km^2.

8) Mae angen coedwigoedd anferth eu maint.

9) Mae coed sy'n tyfu yn tynnu carbon deuocsid o'r atmosffer. Pan gânt eu llosgi bydd y carbon deuocsid yn cael ei ryddhau a'r cydbwysedd yn cael ei ailsefydlu. Dydy hyn ddim yn wir am losgi tanwydd ffosil.

tudalennau 99-102

10) Y prif gostau rhedeg fyddai cynaeafu a phrosesu'r coed ac yna eu cludo i'r pwerdy. Gallech hefyd gyfrif yr incwm a gâi ei golli petai'r tir yn cael ei ddefnyddio ar gyfer cnydau eraill.

11) Mae cynefinoedd a bioamrywiaeth unigryw yn perthyn i'r coedwigoedd glaw ac maen nhw'n adnoddau gwerthfawr iawn. Maen nhw hefyd yn aml iawn yn gartref i lwythau brodorol. Mae tuedd wedi bod i'r coed gael eu cynaeafu'n ddifeddwl heb blannu coed eraill yn eu lle.

12) Ni fyddech yn plannu un math o goed yn unig yn y coedwigoedd – coed cymysg yw'r arferiad erbyn hyn. O safbwynt colli'r tir, fe allai gael ei ddefnyddio i hybu gweithgareddau hamdden – e.e. llwybrau cerdded, llwybrau natur, beicio mynydd, marchogaeth ayb.

13) Byddai llygredd sylffwr, a'r problemau cysylltiedig, yn dal i fod yn broblem. Byddai mwg a gronynnau eraill yn cael eu cynhyrchu wrth losgi'r coed.

14)

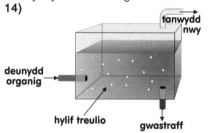

TUDALEN 100

1) a) Celloedd solar, paneli solar, ffwrnais solar.
   b) i) ffwrnais
      ii) celloedd
      iii) ffwrnais
      iv) paneli
      v) ffwrnais
      vi) y tri gyda'i gilydd
      vii) paneli
      viii) ffwrnais
2) a) 24.4m^2
   b) Ni fyddai'r paneli yn gallu gweithio petai'r lloeren yn symud i gysgod y Ddaear.
   c) Er mwyn cynhyrchu'r un pŵer, byddai'n rhaid i arae ar wyneb y Ddaear fod yn fwy, gan fod rhywfaint o belydriad solar yn cael ei amsugno gan yr atmosffer, hyd yn oed ar ddiwrnod heulog.
3) Y lliw gorau ar gyfer y paneli fyddai du gan mai hyn fyddai fwyaf effeithiol am amsugno pelydriad solar. Y cyfan y byddai'r lliw arian yn ei wneud fyddai adlewyrchu'r pelydriad. Dylai'r paneli fod ar y to, a gorau oll os byddant yn wynebu'r de.

4) Costau uchel iawn ar y dechrau. Costau rhedeg yn gymharol uchel hefyd. Dydy'r wlad yma ddim yn cael digon o haul. Mae gormod o gymylau yma a dydy'r haul ddim yn ddigon uchel yn yr awyr yn y gaeaf (ac yn ystod diwrnodau cymylog ac yn ystod y gaeaf mae'r galw am egni ar ei uchaf). Yn y gaeaf mae'r dydd yn rhy fyr. Gall araeau drych ar gyfer ffwrneisiau gymryd llawer o le; gall hyn fod yn broblem ym Mhrydain. Byddai dulliau eraill yn llai costus.

TUDALENNAU 101, 102

1) a) **A** = niwtron, **B** = proton, **C** = electron (mewn orbit).
   b) Y grym atyniad rhwng yr electronau a'r niwclews sydd wedi'i wefru'n bositif.
   c) 8
2) niwclews, electronau, niwclews, protonau, protonau, niwtronau, màs, cyfaint (neu *le)*, electronau, niwclews, bach, 1/2000m, niwtron, unfath (neu *yr un fath).*
3)

Gronyn	Màs Cymharol	Gwefr Drydanol
Proton	1	+1
Niwtron	1	0
Electron	1/2000	−1

4) a) Gronynnau alffa.
   b) Rhaid i ronynnau alffa deithio mewn llinellau syth, heb eu rhwystro gan foleciwlau nwy.
   c) X
   d) Bydd y rhan fwyaf o'r gronynnau yn mynd drwy'r atomau heb wrthdaro (gwactod sydd mewn atomau aur yn bennaf), ond daw rhai gronynnau alffa yn ddigon agos at niwclews aur i'w hallwyro. (Mae'r niwclews a'r gronyn alffa wedi'u gwefru'n bositif felly maen nhw'n gwrthyrru ei gilydd.)
   e) Rhaid i'r niwclews fod yn fach iawn ond yn drwm hefyd. **Yn fach** oherwydd mae gwrthdrawiad benben â'i gilydd yn brin iawn ac **yn drwm** oherwydd bod y gronyn alffa yn bownsio oddi ar y niwclews.
   f) Rhesymau posibl: mae atomau aur wedi'u pacio'n agos at ei gilydd felly mae mwy o wrthdrawiadau'n debygol; mae gan niwclysau aur wefr bositif fawr a allai allwyro gronynnau alffa yn mynd cryn bellter i ffwrdd o'r niwclews. Mae'r ddau reswm yn **cynyddu** nifer y gronynnau a gaiff eu

hallwyro felly ceir mesuriadau ar bob ongl allwyriad.
   Hefyd, mae niwclysau aur yn anferth, felly bydd gronynnau alffa yn bownsio oddi arnynt heb roi llawer o'u hegni i'r aur; byddant yn dod allan ar oddeutu'r un buanedd ag yr aethant i mewn.
   g) Dim ond ychydig o wrthdrawiadau fyddai rhwng yr atomau nwy a'r gronynnau alffa oherwydd dwysedd isel nwy.

5) a) 'Rhif màs' yw cyfanswm nifer y gronynnau (protonau + niwtronau) mewn niwclews atom.
   b) 126
   c) Bydd nifer y niwtronau yn niwclews yr atom ansefydlog yn wahanol (sef isotop).

6)

	Nifer yr electronau	Nifer y protonau	Nifer y niwtronau	Rhif Màs	Symbol
Ocsigen–16	8	8	8	16	$^{16}_{8}O$
Alwminiwm–27	13	13	14	27	$^{27}_{13}Al$
Radiwm–226	88	88	138	226	$^{226}_{88}Ra$
Strontiwm–90	38	38	52	90	$^{90}_{38}Sr$
Hydrogen–3	1	1	2	3	$^{3}_{1}H$

7) elfen, protonau, electronau, niwtronau, atomig, màs, elfen, tri, sefydlog, alffa, beta, elfen.
8) Atomau B, C, F.
9) a) Hydrogen, diwteriwm, tritiwm.
   b) Diwteriwm. Caiff ei alw'n 'ddŵr trwm' am fod iddo ddwysedd uwch na dŵr cyffredin.
   c) Mae priodweddau cemegol yn cael eu penderfynu gan drefniant electron atom, ac mae'r trefniant yn union yr un fath ar gyfer isotopau hydrogen (ac ar gyfer holl isotopau elfen).
   d) Mae'r grymoedd atyniad rhwng atomau yr un fath ar gyfer y tri isotop, ond oherwydd y bydd màs yr isotopau yn wahanol, bydd angen mwy o egni cinetig ar dritiwm na hydrogen er mwyn dianc rhag y grymoedd atynnol. Bydd tritiwm felly yn berwi ar dymheredd uwch.

tudalennau 103–109

TUDALEN 103

1) a) Mae'r llaw yn atal alffa, mae'r alwminiwm tenau yn atal beta. Mae'r plwm trwchus yn atal gama.

b) Mae gronynnau alffa yn symud yn gymharol araf ac wedi'u gwefru. Maen nhw hefyd yn colli eu hegni yn gyflym yn ystod gwrthdrawiad (wrth ïoneiddio atomau'r defnydd).

2) a) **Alffa**: α, niwclews heliwm, rhif màs = 4.

b) **Beta**: β, electronau, gwefr = -1

c) **Gama**: γ, tonnau electromagnetig, tonfedd fer iawn, màs sero

3) a) Alffa   b) Gama
c) Alffa   d) Gama
e) Y tri   f) Alffa
g) Alffa   h) Beta

4) a) Ïoneiddiad yw'r broses o dynnu elctronau o atom.

b) Electron, ïon argon.

c) Mae'r electronau yn symud i'r plât top (+if) ac mae'r ïonau argon yn symud i'r plât (-if). Bydd electronau yn symud o gwmpas y gylched er mwyn cyfuno â'r ïonau argon hyn. (Caiff atomau argon niwtral eu ffurfio ar y plât –if).

d) Ni all ïoneiddiad ddigwydd mewn gwactod (dim atomau i'w hïoneiddio), felly nid oes yno wefrau'n symud na cherrynt chwaith.

TUDALENNAU 104, 105

1) a) Olinydd yw sylwedd sy'n cael ei ddefnyddio i ddilyn symudiad cemegyn arbennig. (Dylai'r olinydd lifo yn yr un modd â'r cemegyn dan sylw a dylai gael ei ganfod yn hawdd.)

b) Y chwarren thyroid. Dyma'r man lle caiff ïodin y corff ei amsugno.

c) Pelydriad gama.

d) 1. Byddai gronynnau alffa yn cael eu hamsugno yn y gwddf ac ni fyddai modd eu canfod.
2. Byddai'r pelydriad yn fwy niweidiol.

2) a) Mae pelydrau gama yn lladd celloedd byw.

b) Mae dosiau o belydrau gama yn lladd celloedd byw hefyd. Gall dinistrio nifer fawr o gelloedd amharu ar brosesau bywyd, fel ymladd yn erbyn heintiau, a gall cyflwr y claf waethygu.

c) Bydd angen i leoliad y tyfiant gael ei ddarganfod yn fanwl gywir. Bydd angen cyfrif hefyd beth fydd lleiafswm y dos fydd ei angen i ladd y tyfiant a pha driniaeth fydd ei hangen.

3) gama, diheintio, ffres, microbau, niwed, tymheredd, ymbelydrol, diogel, allyrrydd, offer, llawfeddygol.

4) a) Wraniwm
b) Hanner oes
c) Adwaith cadwyn
d) Carbon-14
e) Gwres
f) Trydan
g) Dadfeiliad ymbelydrol

5) a) A = rheolydd i addasu'r bwlch rhwng rholeri
B = teclyn canfod pelydriad (gama)
C = ffynhonnell pelydriad gama
D = pelydriad gama

b) Mae dwysedd y pelydriad sy'n cyrraedd y canfodydd yn lleihau. Mae'r prosesydd yn cyfeirio uned rheoli'r rholer i leihau'r bwlch rhwng y rholeri hyd nes y bydd y pelydriad sydd wedi'i ganfod yn ôl i'w werth gwreiddiol.

c) Byddai dwysedd y pelydriad sy'n cael ei ganfod yn lleihau yn raddol, a byddai'r rholeri yn cau (gan feddwl bod yr haenen fetel yn rhy drwchus).

d) Pelydriad beta.

e) Ni fyddai bron dim newid yn nwysedd y pelydriad canfyddedig pan fyddai trwch y cardbord yn newid (oherwydd does braidd dim pelydriad gama yn cael ei amsugno pan fydd yn mynd drwyddo).

6) a) Llenwi'r bibell â dŵr sy'n cludo olinydd sy'n allyrru gama. Ar y palmant, ewch â chanfodydd dros linell y bibell er mwyn edrych am y man(nau) lle bo'r gyfradd sy'n cael ei chofnodi yn anarferol o uchel. Bydd hyn yn dangos mai dyma'r man lle mae'r bibell yn gollwng.

b) Byrrach: mae'n bosib na fydd digon o amser i orffen chwilio cyn bydd lefel yr isotop yn gostwng yn sylweddol ac y bydd hi'n amhosib dod o hyd i'r man sy'n gollwng o lefel y palmant. Hirach: Bydd angen mwy a bydd yr isotop yn dianc i'r amgylchedd ac yn parhau i allyrru pelydriad – bydd hyn yn achosi llygredd diangen.

7) Olinyddion mewn meddygaeth – gama, byr, ni ddylai'r ymbelydredd barhau yn y claf am gyfnod yn rhy hir.
Olinyddion mewn diwydiant – gama, byr, ni fydd yn beryg os bydd yn casglu rhywle.
Diheintio bwyd – gama, hir, ni fydd angen ei newid yn rhy aml.
Rheoli trwch (papur) – beta, hir, bydd y dirywiad graddol yng nghryfder hanner oes byr yn andwyol i'r system.
Rheoli trwch (haenau metel) – gama, hir, bydd y dirywiad graddol yng nghryfder hanner oes byr yn rhoi canlyniadau anghywir.

TUDALENNAU 106, 107

1) ymbelydredd, lleihau, alffa, beta, gama, niwclews, sero, amser, hanner, atomau, dadfeilio, byr, hir.

2) b) 3 munud

3) a) 15 munud
b) 45 munud
c) Tua 31 cyfrif yr eiliad
d) 3 awr

4) b) 23 ± 1 eiliad.
c) Dulliau posibl: Mesur yr actifedd dros gyfnod hir o amser; mesur sampl mawr; cysgodi'r sampl a'r offer mesur.

5) a) 28,000 o flynyddoedd
b) 16,800 o flynyddoedd
c) 5,600 o flynyddoedd

6) miliynfed, 12, cyson, byw, marw, dadfeilio, actifedd, pell yn ôl, byw, hanner oes.

7) a) 4.5 biliwn o flynyddoedd
b) 13.5 biliwn o flynyddoedd
c) 0
d) 9 biliwn o flynyddoedd

8) a) $^{210}_{82}\text{Pb} \rightarrow {}^{210}_{83}\text{Bi} + {}^{0}_{-1}\beta$

    $\rightarrow {}^{210}_{84}\text{Po} + 2({}^{0}_{-1}\beta)$

b) 5 niwrnod (i'r diwrnod agosaf).
c) $^{206}_{82}\text{Pb}$ (Rhif màs = 206)

9) a) 25s (Mae'r rhifiad cefndir yn ddigon bach i'w anwybyddu.)
b) Mae'r gyfradd rifo yn isel iawn. Mae angen o leiaf ychydig funudau i gofnodi nifer ystyrlon o rifiadau.

TUDALENNAU 108, 109

1) a) Alffa, beta a gama (pelydrau X hefyd).
b) Ïoneiddiad
c) Y niwclews
d) Cell fwtan
e) Maen nhw'n rhannu'n ddireolaeth (gan greu tyfiant weithiau).
f) Canser

2) a) Alffa sy'n achosi'r niwed mwyaf.
b) Alffa sy'n achosi'r ïoneiddiad mwyaf oherwydd ei wefr gymharol fawr. Golyga hyn y bydd y pelydriad alffa yn cael ei amsugno'n gyfan gwbl mewn pellter byr – bydd o niwed wedi'i grynhoi ac felly'n fwy tebygol o ladd celloedd.

3) a) Ar ôl amsugno llawer iawn o ymbelydredd, e.e. rhywun a fu'n sefyll gerllaw bom niwclear yn ffrwydro, rhywun a gafodd driniaeth radiotherapi.
b) Bydd llawer o gelloedd yn cael eu dinistrio ac ni fydd prosesau bywyd, e.e. ymladd heintiau, yn gweithio mwyach.

tudalennau 109–110

4)
  i) Y math o ymbelydredd ydoedd.
  ii) Egni'r ymbelydredd.
  iii) Faint o'r ymbelydredd a gafodd ei amsugno.
  iv) Y rhan o'r corff a ddinoethwyd.
  v) Am ba hyd y cafodd yr unigolyn ei effeithio gan yr ymbelydredd.
  vi) Lwc. Gall niwed gael ei achosi ar hap.

5) Beta a gama. Maen nhw'n fwy pwerus i dreiddio a mynd drwy'r croen. Bydd y rhan fwyaf o belydriad alffa yn cael ei atal gan y croen.

6) Alffa. Mae ei holl egni yn cael ei amsugno gan yr organau y tu mewn i'r corff, mewn man penodol yn aml. Bydd beta a gama fel arfer yn mynd drwy'r corff heb achosi llawer o niwed.

7) croen, gefel, pell i ffwrdd, i ffwrdd, uniongyrchol, plwm, cadw.

8) **a)** Gwisgo siwt ddiogelwch a dadlygru.
  b) Defnyddio siwtiau sydd wedi'u leinio â phlwm, gweithio y tu ôl i rwystrau plwm/concrid, arsylwi drwy ffenestri trwchus, gwydr plwm. Peidio ag aros yn rhy hir yn yr ardal dan sylw.
  c) Defnyddio robotiaid rheoli o bell a breichiau robot.

9) **a)** Ffynhonnell alffa.
  b) Mae'r mwg yn lleihau nifer y gronynnau alffa sy'n cyrraedd y bwlch rhwng yr electrodau, felly caiff llai o ïonau eu cynhyrchu a bydd y cerrynt yn lleihau. Bydd hyn yn ddigon i gychwyn y larwm.
  c) Dweud bod y ffynhonnell yn wan iawn a bod y cas yn atal unrhyw belydriad rhag dianc.

10) **a)** Gama.
  b) Lladd celloedd.
  c) Er mwyn osgoi lladd celloedd iach.
  d) Ni fydd yr holl gelloedd ganser yn cael eu lladd.
  e) Gallai gormod o'r celloedd iach gael eu lladd.

11) Gall niwed i niwclews cell olygu na allant drwsio eu hunain yn iawn ac felly na fydd y croen yn gwella.

12) Mae eu celloedd yn atgynhyrchu eu hunain yn gyflym iawn, felly bydd y canser yn datblygu'n gyflym.

13) **a)** Bydd y gyfradd cynhyrchu yn is.
  b) Byddai'r system imiwn yn torri i lawr ac ni fyddai modd ymladd yn erbyn heintiau.

14) Eu gobaith oedd y byddai'r ïodin o'r tabledi ïodin yn cael ei amsugno gan chwarennau thyroid y bobl. Byddai hyn yn rhwystro'r ïodin ymbelydrol rhag cael ei amsugno gan y thyroid ac felly byddai'n osgoi'r bygythiad o ganser.

TUDALEN 110

1)

Pelydriad	Rhif màs	Rhif atomig	Gwefr
alffa	4	2	+2
beta	0	0	-1
gama	0	0	0

2) **a)** Rhif atomig -2, rhif màs -4
  b) Rhif atomig +1, rhif màs heb ei newid
  c) Rhif atomig heb ei newid, rhif màs heb ei newid

3) **a)** $^{226}_{88}Ra \rightarrow ^{222}_{86}Rn$
  b) $^{232}_{90}Th \rightarrow ^{228}_{88}Ra$
  c) $^{228}_{90}Th \rightarrow ^{224}_{88}Ra$
  d) $^{224}_{88}Ra \rightarrow ^{220}_{86}Rn$
  e) $^{216}_{84}Po \rightarrow ^{212}_{82}Pb$
  f) $^{220}_{86}Rn \rightarrow ^{216}_{84}Po$
  g) $^{212}_{83}Bi \rightarrow ^{208}_{81}Tl$
  h) $^{212}_{84}Po \rightarrow ^{208}_{82}Pb$
  i) $^{217}_{85}At \rightarrow ^{213}_{83}Bi$

4) **a)** $^{14}_{6}C \rightarrow ^{14}_{7}N$
  b) $^{237}_{92}U \rightarrow ^{237}_{93}Np$
  c) $^{241}_{94}Pu \rightarrow ^{241}_{95}Am$
  d) $^{233}_{91}Pa \rightarrow ^{233}_{92}U$
  e) $^{213}_{83}Bi \rightarrow ^{213}_{84}Po$
  f) $^{209}_{82}Pb \rightarrow ^{209}_{83}Bi$
  g) $^{209}_{81}Tl \rightarrow ^{209}_{82}Pb$
  h) $^{225}_{88}Ra \rightarrow ^{225}_{89}Ac$
  i) $^{223}_{87}Fr \rightarrow ^{223}_{88}Ra$

5) **a)** $^{234}_{90}Th \rightarrow ^{234}_{91}Pa + ^{0}_{-1}\beta$
  b) $^{230}_{90}Th \rightarrow ^{226}_{88}Ra + ^{4}_{2}\alpha$
  c) $^{234}_{91}Pa \rightarrow ^{234}_{92}U + ^{0}_{-1}\beta$
  d) $^{232}_{90}Th \rightarrow ^{228}_{88}Ra + ^{4}_{2}\alpha$